最高人民法院诉讼文书样式丛书

民事起诉状、答辩状示范文本

制作规范与法律依据

法律应用研究中心◎编

中国法制出版社

CHINA LEGAL PUBLISHING HOUSE

目　　录

最高人民法院　司法部　中华全国律师协会
关于印发部分案件民事起诉状、答辩状
示范文本（试行）的通知

（2024 年 3 月 4 日　法〔2024〕46 号）

各省、自治区、直辖市高级人民法院、司法厅（局）、律师协会，解放军军事法院，新疆维吾尔自治区高级人民法院生产建设兵团分院，新疆生产建设兵团司法局、律师协会：

为适应我国经济社会高质量发展，满足人民群众对于诉讼便利以及提升司法质效的更高需求，针对金融借款、民间借贷、劳动争议等 11 类常见多发的民事案件，最高人民法院商司法部、中华全国律师协会研究制定了《民事起诉状、答辩状示范文本（试行）》。该示范文本自 2024 年 3 月 4 日起试行，试行期一年。试行过程中，请注意以下问题：

一、充分认识发布民事起诉状、答辩状示范文本的重要意义，做好应用及宣传工作。制作起诉状、答辩状是当事人参与诉讼程序的第一道关口，也是实现庭审优质化的前端要件，直接关系到人民群众诉讼权利的保障和实现，关系到人民法院解决纠纷的质量和效率。此次发布的起诉状、答辩状示范文本，坚持问题导向，针对常见多发的民事纠纷类型，为当事人起诉、答辩提供规范全面的诉讼指引，方便人民群众聚焦诉讼请求、争议问题、事实理由，有针对性地提供诉讼材料，回应人民群众对于司法审判质效的更高需求，加快推进司法审判工作现代化。各级人民法院、司法行政机关和各律师协会要提高政治站位，充分认识起诉状、答辩状规范化工作的价值取向、重要作用，做好应用及宣传工作，通过为人民群众提供优质高效的诉讼服务，实现"公正与效率"工作目标，不断提升人民群众司法获得感和满意度。

二、坚持以人民为中心，牢固树立方便人民群众诉讼的工作理念。此次发布的示范文本采用表格化、要素化方式，意在让人民群众看得明白、用得方便。各级人民法院、司法行政机关和各律师协会要引导、指导好当事人使用示范文本。

各级人民法院、人民法庭要在官方网站醒目位置提供示范文本下载渠道，在诉讼服务大厅提供空白文书样式和实例参考文本，方便当事人现场取用。对于未委托诉讼代理人、在立案窗口起诉的当事人，人民法院要根据当事人的需要，耐心询问、指导、帮助当事人依照示范文本填写有关内容。当事人坚持提交其他形式起诉状、答辩状的，要充分尊重当事人的选择，不得以格式或者内容不符合示范文本要求为由，拒绝立案或强制要求反复修改，不合理增加当事人的诉讼负担。

三、注重发现总结问题。试行中注意梳理和积累发现的问题及意见建议，及时层报最高人民法院、司法部、中华全国律师协会，为下一步正式施行打牢基础。

民事起诉状、答辩状示范文本（试行）

一、民间借贷纠纷

（一）示范文本

民事起诉状
（民间借贷纠纷）

说明：
为了方便您参加诉讼，保护您的合法权利，请填写本表。
1. 起诉时需向人民法院提交证明您身份的材料，如身份证复印件、营业执照复印件等。
2. 本表所列内容是您提起诉讼以及人民法院查明案件事实所需，请务必如实填写。
3. 本表所涉内容系针对民间借贷纠纷案件，有些内容可能与您的案件无关，您认为与案件无关的项目可以填"无"或不填；对于本表中勾选项可以在对应项打"√"；您认为另有重要内容需要列明的，可以在本表尾部或者另附页填写。
★ 特别提示 ★
《中华人民共和国民事诉讼法》第十三条第一款规定："民事诉讼应当遵循诚信原则。"
如果诉讼参加人违反上述规定，进行虚假诉讼、恶意诉讼，人民法院将视违法情形依法追究责任。

当事人信息	
原告（自然人）	姓名： 性别：男□ 女□ 出生日期： 年 月 日 民族： 工作单位： 职务： 联系电话： 住所地（户籍所在地）： 经常居住地： 证件类型： 证件号码：

原告（法人、非法人组织）	名称： 住所地（主要办事机构所在地）： 注册地/登记地： 法定代表人/主要负责人：　　　　职务：　　　　联系电话： 统一社会信用代码： 类型：有限责任公司□　股份有限公司□　上市公司□　其他企业法人□ 　　　事业单位□　社会团体□　基金会□　社会服务机构□ 　　　机关法人□　农村集体经济组织法人□　城镇农村的合作经济组织法人□　基层群众性自治组织法人□ 　　　个人独资企业□　合伙企业□　不具有法人资格的专业服务机构□ 　　　国有□（控股□参股□）民营□
委托诉讼代理人	有□ 　　　姓名： 　　　单位：　　　　职务：　　　　联系电话： 　　　代理权限：一般授权□　特别授权□ 无□
送达地址（所填信息除书面特别声明更改外，适用于案件一审、二审、再审所有后续程序）及收件人、电话	地址： 收件人： 电话：
是否接受电子送达	是□　方式：短信＿＿＿＿　微信＿＿＿＿　传真＿＿＿＿　邮箱＿＿＿＿ 　　　　其他＿＿＿＿ 否□
被告（自然人）	姓名： 性别：男□　女□ 出生日期：　　年　　月　　日　　　　民族： 工作单位：　　　　职务：　　　　联系电话： 住所地（户籍所在地）： 经常居住地：

被告（法人、非法人组织）	名称： 住所地（主要办事机构所在地）： 注册地/登记地： 法定代表人/主要负责人：　　　　职务：　　　　联系电话： 统一社会信用代码： 类型：有限责任公司□　股份有限公司□　上市公司□　其他企业法人□ 事业单位□　社会团体□　基金会□　社会服务机构□ 机关法人□　农村集体经济组织法人□　城镇农村的合作经济组织法人□　基层群众性自治组织法人□ 个人独资企业□　合伙企业□　不具有法人资格的专业服务机构□ 国有□（控股□参股□）民营□
第三人（自然人）	姓名： 性别：男□　女□ 出生日期：　　　年　　月　　日　　　　民族： 工作单位：　　　　职务：　　　　联系电话： 住所地（户籍所在地）： 经常居住地：
第三人（法人、非法人组织）	名称： 住所地（主要办事机构所在地）： 注册地/登记地： 法定代表人/主要负责人：　　　　职务：　　　　联系电话： 统一社会信用代码： 类型：有限责任公司□　股份有限公司□　上市公司□　其他企业法人□ 事业单位□　社会团体□　基金会□　社会服务机构□ 机关法人□　农村集体经济组织法人□　城镇农村的合作经济组织法人□　基层群众性自治组织法人□ 个人独资企业□　合伙企业□　不具有法人资格的专业服务机构□ 国有□（控股□参股□）民营□
诉讼请求和依据	
1. 本金	截至　　　年　　月　　日止，尚欠本金　　　　　元（人民币，下同；如外币需特别注明）

2. 利息	截至　　　年　　月　　日止，欠利息　　　　元；计算方式： 是否请求支付至实际清偿之日止：是□　否□
3. 是否要求提前还款或解除合同	是□　提前还款（加速到期）□/解除合同□ 否□
4. 是否主张担保权利	是□　内容： 否□
5. 是否主张实现债权的费用	是□　明细： 否□
6. 其他请求	
7. 标的总额	
8. 请求依据	合同约定： 法律规定：
约定管辖和诉讼保全	
1. 有无仲裁、法院管辖约定	有□　合同条款及内容： 无□
2. 是否申请财产保全措施	已经诉前保全：是□　　　保全法院：　　　保全时间： 　　　　　　　　否□ 申请诉讼保全：是□ 　　　　　　　　否□
事实和理由	
1. 合同签订情况（名称、编号、签订时间、地点等）	
2. 签订主体	贷款人： 借款人：
3. 借款金额	约定： 实际提供：
4. 借款期限	是否到期：是□　否□ 约定期限：　　　年　　月　　日起至　　　年　　月　　日止
5. 借款利率	利率□　%/年（季/月）（合同条款：第　条）
6. 借款提供时间	年　　月　　日，　　　　　元

6

7. 还款方式	等额本息□ 等额本金□ 到期一次性还本付息□ 按月计息、到期一次性还本□ 按季计息、到期一次性还本□ 按年计息、到期一次性还本□ 其他□
8. 还款情况	已还本金：　　　　元 已还利息：　　　　元，还息至　　年　　月　　日
9. 是否存在逾期还款	是□　逾期时间：　　　　至今已逾期 否□
10. 是否签订物的担保（抵押、质押）合同	是□　签订时间： 否□
11. 担保人、担保物	担保人： 担保物：
12. 是否最高额担保（抵押、质押）	是□ 否□ 担保债权的确定时间： 担保额度：
13. 是否办理抵押、质押登记	是□　正式登记□ 　　　预告登记□ 否□
14. 是否签订保证合同	是□　签订时间：　　　　保证人： 　　　主要内容： 否□
15. 保证方式	一般保证　　□ 连带责任保证□
16. 其他担保方式	是□　形式：　　　　签订时间： 否□
17. 其他需要说明的内容（可另附页）	
18. 证据清单（可另附页）	

具状人（签字、盖章）：

日期：

民事答辩状
（民间借贷纠纷）

说明：

为了方便您参加诉讼，保护您的合法权利，请填写本表。

1. 应诉时需向人民法院提交证明您身份的材料，如身份证复印件、营业执照复印件等。

2. 本表所列内容是您参加诉讼以及人民法院查明案件事实所需，请务必如实填写。

3. 本表所涉内容系针对一般民间借贷纠纷案件，有些内容可能与您的案件无关，您认为与案件无关的项目可以填"无"或不填；对于本表中勾选项可以在对应项打"√"；您认为另有重要内容需要列明的，可以在本表尾部或者另附页填写。

★ 特别提示 ★

《中华人民共和国民事诉讼法》第十三条第一款规定："民事诉讼应当遵循诚信原则。"

如果诉讼参加人违反上述规定，进行虚假诉讼、恶意诉讼，人民法院将视违法情形依法追究责任。

案号		案由	

当事人信息			

答辩人（自然人）	姓名： 性别：男□　女□ 出生日期：　　年　　月　　日　　　民族： 工作单位：　　　职务：　　　联系电话： 住所地（户籍所在地）： 经常居住地：
答辩人（法人、非法人组织）	名称： 住所地（主要办事机构所在地）： 注册地/登记地： 法定代表人/主要负责人：　　职务：　　联系电话： 统一社会信用代码： 类型：有限责任公司□　股份有限公司□　上市公司□　其他企业法人□ 事业单位□　社会团体□　基金会□　社会服务机构□ 机关法人□　农村集体经济组织法人□　城镇农村的合作经济组织法人□　基层群众性自治组织法人□ 个人独资企业□　合伙企业□　不具有法人资格的专业服务机构□ 国有□（控股□参股□）民营□

委托诉讼代理人	有□ 　　姓名： 　　单位：　　　　　　职务：　　　　　　联系电话： 　　代理权限：一般授权□　特别授权□ 无□
送达地址（所填信息除书面特别声明更改外，适用于案件一审、二审、再审所有后续程序）及收件人、联系电话	地址： 收件人： 联系电话：
是否接受电子送达	是□　方式：短信_____　微信_____　传真_____　邮箱_____ 　　　　其他_____ 否□

答辩事项和依据
（对原告诉讼请求的确认或者异议）

1. 对本金有无异议	无□ 有□　事实和理由：
2. 对利息有无异议	无□ 有□　事实和理由：
3. 对提前还款或解除合同有无异议	无□ 有□　事实和理由：
4. 对担保权利诉请有无异议	无□ 有□　事实和理由：
5. 对实现债权的费用有无异议	无□ 有□　事实和理由：
6. 对其他请求有无异议	无□ 有□　事实和理由：
7. 对标的总额有无异议	无□ 有□　事实和理由：
8. 答辩依据	合同约定： 法律规定：

事实和理由 （对起诉状事实和理由的确认或者异议）		
1. 对合同签订情况（名称、编号、签订时间、地点等）有无异议	无□ 有□	事实和理由：
2. 对签订主体有无异议	无□ 有□	事实和理由：
3. 对借款金额有无异议	无□ 有□	事实和理由：
4. 对借款期限有无异议	无□ 有□	事实和理由：
5. 对借款利率有无异议	无□ 有□	事实和理由：
6. 对借款提供时间有无异议	无□ 有□	事实和理由：
7. 对还款方式有无异议	无□ 有□	事实和理由：
8. 对还款情况有无异议	无□ 有□	事实和理由：
9. 对是否逾期还款有无异议	无□ 有□	事实和理由：
10. 对是否签订物的担保合同有无异议	无□ 有□	事实和理由：
11. 对担保人、担保物有无异议	无□ 有□	事实和理由：
12. 对最高额抵押担保有无异议	无□ 有□	事实和理由：
13. 对是否办理抵押/质押登记有无异议	无□ 有□	事实和理由：
14. 对是否签订保证合同有无异议	无□ 有□	事实和理由：
15. 对保证方式有无异议	无□ 有□	事实和理由：

16. 对其他担保方式有无异议	无□
	有□ 事实和理由：
17. 有无其他免责/减责事由	无□
	有□ 事实和理由：
18. 其他需要说明的内容（可另附页）	无□
	有□ 内容：
19. 证据清单（可另附页）	

答辩人（签字、盖章）：
日期：

实例：

民事起诉状
（民间借贷纠纷）

当事人信息	
原告（自然人）	姓名：沈×× 性别：男□ 女☑ 出生日期：1985 年 5 月 25 日　　　　民族：汉族 工作单位：无　　　职务：无　　　联系电话：×××××××× 住所地（户籍所在地）：福建省惠安县螺阳镇村下村×组
委托诉讼代理人	有☑ 　　姓名：李×× 　　单位：福建省惠安县×法律服务所　职务：法律服务工作者 　　联系电话：×××××××× 　　代理权限：一般授权☑　特别授权□ 无□
送达地址（所填信息除书面特别声明更改外，适用于案件一审、二审、再审所有后续程序）及收件人、联系电话	地址：惠安县×××路 1 号 收件人：李×× 联系电话：××××××××
是否接受电子送达	是☑　方式：短信_____　微信_____　传真_____ 　　　　电子邮箱×××@QQ. COM　其他_____ 否□

被告（自然人）	姓名：董×× 性别：男☑ 女☐ 出生日期：1955 年 5 月 25 日　　　　民族：汉族 工作单位：无　　　职务：无　　　联系电话：××××××× 住所地（户籍所在地）：福建省惠安县 住所地：福建省惠安县螺阳镇村下村×组
诉讼请求和依据	
1. 本金	截至 2023 年 2 月 10 日止，尚欠本金 590065 元（人民币，下同）
2. 利息	截至 2023 年 2 月 10 日止，欠利息 46261.85 元 是否请求支付至实际清偿之日止：是☑ 否☐
3. 是否要求提前还款或解除合同	是☐ 提前还款（加速到期）☐/解除合同☐ 否☐
4. 是否主张担保权利	是☑ 内容： 否☐
5. 是否主张实现债权的费用	是☑ 费用明细：律师费、财产保全费（已实际发生为准） 否☐
6. 其他请求	本案诉讼费用由被告承担。
7. 标的总额	636327 元（暂计至 2023 年 2 月 10 日）
8. 请求依据	合同约定：《借款合同》第 3 条、第 8 条等 法律规定：《最高人民法院关于适用〈中华人民共和国民法典〉时间效力的若干规定》第一条第二款、《中华人民共和国合同法》第一百零七条、第二百零五条、第二百零六条，《中华人民共和国担保法》第十八条、第二十一条
约定管辖和诉讼保全	
1. 有无仲裁、法院管辖约定	有☑ 合同条款及内容：第 15 条　发生争议由被告所在地人民法院管辖 无☐
2. 是否申请财产保全措施	已经诉前保全：是☐　　保全法院：　　　　保全时间： 　　　　　　　否☑ 申请诉讼保全：是☑ 　　　　　　　否☐

事实和理由	
1. 合同签订情况（名称、编号、签订时间、地点等）	2019 年 7 月 16 日，在原告所在地签订《借款合同》
2. 签订主体	出借人：沈× 借款人：董×
3. 借款金额	约定：10 万元整 实际提供：10 万元
4. 借款期限	是否到期：是☑ 否☐ 约定期限：2019 年 7 月 16 日起至 2020 年 7 月 15 日止
5. 借款利率	利率☑ 10%/年（季/月）（合同条款：第 3 条）
6. 借款发放时间	2019 年 7 月 16 日，银行转账 10 万元
7. 还款方式	等额本息☐ 等额本金☐ 到期一次性还本付息☐ 到期一次性还本☑ 按季计息、到期一次性还本☐ 按年计息、到期一次性还本☐ 其他☐
8. 还款情况	已还本金：0 元 已还利息：0 元，还息至 年 月 日
9. 是否存在逾期还款	是☑ 逾期时间：2020 年 7 月 16 日至起诉时已逾期 100 天 否☐
10. 是否签订物的担保（抵押、质押）合同	是☐ 签订时间： 否☑
11. 担保人、担保物	担保人： 担保物：
12. 是否最高额担保（抵押、质押）	是☐ 否☑ 担保债权的确定时间： 担保额度：
13. 是否办理抵押、质押登记	是☐ 正式登记☐ 　　　预告登记☐ 否☑

14. 是否签订保证合同	是☐ 否☑
15. 保证方式	一般保证　　☐ 连带责任保证☑
16. 其他担保方式	是☐　形式：　　　　签订时间： 否☑
17. 其他需要说明的内容（可另附页）	
18. 证据清单（可另附页）	附页

具状人（签字、盖章）：沈×
日期：2020 年 10 月 26 日

民事答辩状
（民间借贷纠纷）

案号	（2023）闽×××民初×××号	案由	民间借贷纠纷

当事人信息			
答辩人（自然人）	姓名：董×× 性别：男☑ 女□ 出生日期：1955年5月25日　　　民族：汉族 工作单位：无　　职务：无　　联系电话：×××××××× 住所地（户籍所在地）：福建省惠安县		
委托诉讼代理人	有☑ 　　姓名：杨××　单位：福建省泉州市××律师事务所 　　职务：律师 　　联系电话：136××××× 　　代理权限：一般授权☑ 特别授权□ 无□		
送达地址（所填信息除书面特别声明更改外，适用于案件一审、二审、再审所有后续程序）及收件人、电话	地址：福建省惠安县螺阳镇村下村×组 收件人：董× 电话：136××××		
是否接受电子送达	是☑ 方式：短信_____ 微信_____ 传真_____ 邮箱×××@QQ.COM 　　　其他_____ 否□		

答辩事项和依据 （对原告诉讼请求的确认或者异议）	
1. 对本金有无异议	无☐ 有☐　事实和理由：
2. 对利息（复利、罚息）有无异议	无☐ 有☐　事实和理由：合同未约定复利，不应支付复利
3. 对提前还款或解除合同有无异议	无☐ 有☐　事实和理由：
4. 对担保权利诉请有无异议	无☐ 有☐　事实和理由：
5. 对实现债权的费用有无异议	无☐ 有☐　事实和理由：
6. 对其他请求有无异议	无☐ 有☑　事实和理由：诉讼费用由法院判决
7. 对标的总额有无异议	无☐ 有☑　事实和理由：
8. 答辩依据	合同约定：《民间借贷合同》 法律规定：《最高人民法院关于适用〈中华人民共和国民法典〉时间效力的若干规定》第一条第二款、《中华人民共和国合同法》第三十九条、第四十条、第二百零六条，《中华人民共和国担保法》第十八条、第二十一条
事实和理由 （对起诉状事实和理由的确认或者异议）	
1. 对合同签订情况（名称、编号、签订时间、地点）有无异议	无☑ 有☐
2. 对签订主体有无异议	无☑ 有☐
3. 对借款金额有无异议	无☑ 有☐　事实和理由：
4. 对借款期限有无异议	无☑ 有☐　事实和理由：

5. 对借款利率有无异议	无☑ 有□　事实和理由：
6. 对借款提供时间有无异议	无☑ 有□　事实和理由：
7. 对还款方式有无异议	无☑ 有□　事实和理由：
8. 对还款情况有无异议	无☑ 有□　事实和理由：
9. 对是否逾期还款有无异议	无☑ 有□
10. 对是否签订物的担保合同有无异议	无☑ 有□
11. 对担保人、担保物有无异议	无□ 有□　事实和理由：
12. 对最高额抵押担保有无异议	无□ 有□　事实和理由：
13. 对是否办理抵押/质押登记有无异议	无□ 有□　事实和理由：
14. 对是否签订保证合同有无异议	无☑ 有□　事实和理由：
15. 对保证方式有无异议	无☑ 有□　事实和理由：
16. 对其他担保方式有无异议	无□ 有□　事实和理由：
17. 有无其他免责/减责事由	无□ 有□　内容：
18. 其他需要说明的内容（可另附页）	本人暂时经济困难，请求宽限还款
19. 证据清单（可另附页）	

答辩人（签字、盖章）：董××

日期：××年××月××日

（二）法律依据[1]

1.《中华人民共和国民法典》（2020 年 5 月 28 日）[2]

第六百六十七条　借款合同是借款人向贷款人借款，到期返还借款并支付利息的合同。

第六百六十八条　借款合同应当采用书面形式，但是自然人之间借款另有约定的除外。

借款合同的内容一般包括借款种类、币种、用途、数额、利率、期限和还款方式等条款。

第六百六十九条　订立借款合同，借款人应当按照贷款人的要求提供与借款有关的业务活动和财务状况的真实情况。

第六百七十条　借款的利息不得预先在本金中扣除。利息预先在本金中扣除的，应当按照实际借款数额返还借款并计算利息。

第六百七十一条　贷款人未按照约定的日期、数额提供借款，造成借款人损失的，应当赔偿损失。

借款人未按照约定的日期、数额收取借款的，应当按照约定的日期、数额支付利息。

第六百七十二条　贷款人按照约定可以检查、监督借款的使用情况。借款人应当按照约定向贷款人定期提供有关财务会计报表或者其他资料。

第六百七十三条　借款人未按照约定的借款用途使用借款的，贷款人可以停止发放借款、提前收回借款或者解除合同。

第六百七十四条　借款人应当按照约定的期限支付利息。对支付利息的期限没有约定或者约定不明确，依据本法第五百一十条的规定仍不能确定，借款期间不满一年的，应当在返还借款时一并支付；借款期间一年以上的，应当在每届满一年时支付，剩余期间不满一年的，应当在返还借款时一并支付。

---

① 为方便读者直接、高效使用文书样式，本书在示范文本后增设"法律依据"，列明该民事案件领域中常用的法律、司法解释及文件。

② 本书中的时间为法律文件的公布时间或最后一次修订、修正的公布时间。

第六百七十五条 借款人应当按照约定的期限返还借款。对借款期限没有约定或者约定不明确，依据本法第五百一十条的规定仍不能确定的，借款人可以随时返还；贷款人可以催告借款人在合理期限内返还。

第六百七十六条 借款人未按照约定的期限返还借款的，应当按照约定或者国家有关规定支付逾期利息。

第六百七十七条 借款人提前返还借款的，除当事人另有约定外，应当按照实际借款的期间计算利息。

第六百七十八条 借款人可以在还款期限届满前向贷款人申请展期；贷款人同意的，可以展期。

第六百七十九条 自然人之间的借款合同，自贷款人提供借款时成立。

第六百八十条 禁止高利放贷，借款的利率不得违反国家有关规定。

借款合同对支付利息没有约定的，视为没有利息。

借款合同对支付利息约定不明确，当事人不能达成补充协议的，按照当地或者当事人的交易方式、交易习惯、市场利率等因素确定利息；自然人之间借款的，视为没有利息。

2. 《最高人民法院关于审理民间借贷案件适用法律若干问题的规定》（2020年12月29日）

为正确审理民间借贷纠纷案件，根据《中华人民共和国民法典》《中华人民共和国民事诉讼法》《中华人民共和国刑事诉讼法》等相关法律之规定，结合审判实践，制定本规定。

第一条 本规定所称的民间借贷，是指自然人、法人和非法人组织之间进行资金融通的行为。

经金融监管部门批准设立的从事贷款业务的金融机构及其分支机构，因发放贷款等相关金融业务引发的纠纷，不适用本规定。

第二条 出借人向人民法院提起民间借贷诉讼时，应当提供借据、收据、欠条等债权凭证以及其他能够证明借贷法律关系存在的证据。

当事人持有的借据、收据、欠条等债权凭证没有载明债权人，持有债权凭证的当事人提起民间借贷诉讼的，人民法院应予受理。被告对原告的债权人资格提出有事实依据的抗辩，人民法院经审查认为原告不具有债权人资格的，裁定驳回起诉。

第三条 借贷双方就合同履行地未约定或者约定不明确，事后未达成补充协议，按照合同相关条款或者交易习惯仍不能确定的，以接受货币一方所在地为合同履行地。

第四条 保证人为借款人提供连带责任保证，出借人仅起诉借款人的，人民法院可以不追加保证人为共同被告；出借人仅起诉保证人的，人民法院可以追加借款人为共同被告。

保证人为借款人提供一般保证，出借人仅起诉保证人的，人民法院应当追加借款人为共同被告；出借人仅起诉借款人的，人民法院可以不追加保证人为共同被告。

第五条 人民法院立案后，发现民间借贷行为本身涉嫌非法集资等犯罪的，应当裁定驳回起诉，并将涉嫌非法集资等犯罪的线索、材料移送公安或者检察机关。

公安或者检察机关不予立案，或者立案侦查后撤销案件，或者检察机关作出不起诉决定，或者经人民法院生效判决认定不构成非法集资等犯罪，当事人又以同一事实向人民法院提起诉讼的，人民法院应予受理。

第六条 人民法院立案后，发现与民间借贷纠纷案件虽有关联但不是同一事实的涉嫌非法集资等犯罪的线索、材料的，人民法院应当继续审理民间借贷纠纷案件，并将涉嫌非法集资等犯罪的线索、材料移送公安或者检察机关。

第七条 民间借贷纠纷的基本案件事实必须以刑事案件的审理结果为依据，而该刑事案件尚未审结的，人民法院应当裁定中止诉讼。

第八条 借款人涉嫌犯罪或者生效判决认定其有罪，出借人起诉请求担保人承担民事责任的，人民法院应予受理。

第九条 自然人之间的借款合同具有下列情形之一的，可以视为合同成立：

（一）以现金支付的，自借款人收到借款时；

（二）以银行转账、网上电子汇款等形式支付的，自资金到达借款人账户时；

（三）以票据交付的，自借款人依法取得票据权利时；

（四）出借人将特定资金账户支配权授权给借款人的，自借款人取得对该账户实际支配权时；

（五）出借人以与借款人约定的其他方式提供借款并实际履行完成时。

第十条 法人之间、非法人组织之间以及它们相互之间为生产、经营需要订立的民间借贷合同，除存在民法典第一百四十六条、第一百五十三条、第一百五十四条以及本规定第十三条规定的情形外，当事人主张民间借贷合同有效的，人民法院应予支持。

第十一条 法人或者非法人组织在本单位内部通过借款形式向职工筹集资

金，用于本单位生产、经营，且不存在民法典第一百四十四条、第一百四十六条、第一百五十三条、第一百五十四条以及本规定第十三条规定的情形，当事人主张民间借贷合同有效的，人民法院应予支持。

第十二条　借款人或者出借人的借贷行为涉嫌犯罪，或者已经生效的裁判认定构成犯罪，当事人提起民事诉讼的，民间借贷合同并不当然无效。人民法院应当依据民法典第一百四十四条、第一百四十六条、第一百五十三条、第一百五十四条以及本规定第十三条之规定，认定民间借贷合同的效力。

担保人以借款人或者出借人的借贷行为涉嫌犯罪或者已经生效的裁判认定构成犯罪为由，主张不承担民事责任的，人民法院应当依据民间借贷合同与担保合同的效力、当事人的过错程度，依法确定担保人的民事责任。

第十三条　具有下列情形之一的，人民法院应当认定民间借贷合同无效：

（一）套取金融机构贷款转贷的；

（二）以向其他营利法人借贷、向本单位职工集资，或者以向公众非法吸收存款等方式取得的资金转贷的；

（三）未依法取得放贷资格的出借人，以营利为目的向社会不特定对象提供借款的；

（四）出借人事先知道或者应当知道借款人借款用于违法犯罪活动仍然提供借款的；

（五）违反法律、行政法规强制性规定的；

（六）违背公序良俗的。

第十四条　原告以借据、收据、欠条等债权凭证为依据提起民间借贷诉讼，被告依据基础法律关系提出抗辩或者反诉，并提供证据证明债权纠纷非民间借贷行为引起的，人民法院应当依据查明的案件事实，按照基础法律关系审理。

当事人通过调解、和解或者清算达成的债权债务协议，不适用前款规定。

第十五条　原告仅依据借据、收据、欠条等债权凭证提起民间借贷诉讼，被告抗辩已经偿还借款的，被告应当对其主张提供证据证明。被告提供相应证据证明其主张后，原告仍应就借贷关系的存续承担举证责任。

被告抗辩借贷行为尚未实际发生并能作出合理说明的，人民法院应当结合借贷金额、款项交付、当事人的经济能力、当地或者当事人之间的交易方式、交易习惯、当事人财产变动情况以及证人证言等事实和因素，综合判断查证借贷事实是否发生。

第十六条　原告仅依据金融机构的转账凭证提起民间借贷诉讼，被告抗辩转账系偿还双方之前借款或者其他债务的，被告应当对其主张提供证据证明。被告提供相应证据证明其主张后，原告仍应就借贷关系的成立承担举证责任。

第十七条 依据《最高人民法院关于适用〈中华人民共和国民事诉讼法〉的解释》第一百七十四条第二款之规定，负有举证责任的原告无正当理由拒不到庭，经审查现有证据无法确认借贷行为、借贷金额、支付方式等案件主要事实的，人民法院对原告主张的事实不予认定。

第十八条 人民法院审理民间借贷纠纷案件时发现有下列情形之一的，应当严格审查借贷发生的原因、时间、地点、款项来源、交付方式、款项流向以及借贷双方的关系、经济状况等事实，综合判断是否属于虚假民事诉讼：

（一）出借人明显不具备出借能力；

（二）出借人起诉所依据的事实和理由明显不符合常理；

（三）出借人不能提交债权凭证或者提交的债权凭证存在伪造的可能；

（四）当事人双方在一定期限内多次参加民间借贷诉讼；

（五）当事人无正当理由拒不到庭参加诉讼，委托代理人对借贷事实陈述不清或者陈述前后矛盾；

（六）当事人双方对借贷事实的发生没有任何争议或者诉辩明显不符合常理；

（七）借款人的配偶或者合伙人、案外人的其他债权人提出有事实依据的异议；

（八）当事人在其他纠纷中存在低价转让财产的情形；

（九）当事人不正当放弃权利；

（十）其他可能存在虚假民间借贷诉讼的情形。

第十九条 经查明属于虚假民间借贷诉讼，原告申请撤诉的，人民法院不予准许，并应当依据民事诉讼法第一百一十二条之规定，判决驳回其请求。

诉讼参与人或者其他人恶意制造、参与虚假诉讼，人民法院应当依据民事诉讼法第一百一十一条、第一百一十二条和第一百一十三条之规定，依法予以罚款、拘留；构成犯罪的，应当移送有管辖权的司法机关追究刑事责任。

单位恶意制造、参与虚假诉讼的，人民法院应当对该单位进行罚款，并可以对其主要负责人或者直接责任人员予以罚款、拘留；构成犯罪的，应当移送有管辖权的司法机关追究刑事责任。

第二十条 他人在借据、收据、欠条等债权凭证或者借款合同上签名或者盖章，但是未表明其保证人身份或者承担保证责任，或者通过其他事实不能推定其为保证人，出借人请求其承担保证责任的，人民法院不予支持。

第二十一条　借贷双方通过网络贷款平台形成借贷关系，网络贷款平台的提供者仅提供媒介服务，当事人请求其承担担保责任的，人民法院不予支持。

　　网络贷款平台的提供者通过网页、广告或者其他媒介明示或者有其他证据证明其为借贷提供担保，出借人请求网络贷款平台的提供者承担担保责任的，人民法院应予支持。

　　第二十二条　法人的法定代表人或者非法人组织的负责人以单位名义与出借人签订民间借贷合同，有证据证明所借款项系法定代表人或者负责人个人使用，出借人请求将法定代表人或者负责人列为共同被告或者第三人的，人民法院应予准许。

　　法人的法定代表人或者非法人组织的负责人以个人名义与出借人订立民间借贷合同，所借款项用于单位生产经营，出借人请求单位与个人共同承担责任的，人民法院应予支持。

　　第二十三条　当事人以订立买卖合同作为民间借贷合同的担保，借款到期后借款人不能还款，出借人请求履行买卖合同的，人民法院应当按照民间借贷法律关系审理。当事人根据法庭审理情况变更诉讼请求的，人民法院应当准许。

　　按照民间借贷法律关系审理作出的判决生效后，借款人不履行生效判决确定的金钱债务，出借人可以申请拍卖买卖合同标的物，以偿还债务。就拍卖所得的价款与应偿还借款本息之间的差额，借款人或者出借人有权主张返还或者补偿。

　　第二十四条　借贷双方没有约定利息，出借人主张支付利息的，人民法院不予支持。

　　自然人之间借贷对利息约定不明，出借人主张支付利息的，人民法院不予支持。除自然人之间借贷的外，借贷双方对借贷利息约定不明，出借人主张利息的，人民法院应当结合民间借贷合同的内容，并根据当地或者当事人的交易方式、交易习惯、市场报价利率等因素确定利息。

　　第二十五条　出借人请求借款人按照合同约定利率支付利息的，人民法院应予支持，但是双方约定的利率超过合同成立时一年期贷款市场报价利率四倍的除外。

　　前款所称"一年期贷款市场报价利率"，是指中国人民银行授权全国银行间同业拆借中心自2019年8月20日起每月发布的一年期贷款市场报价利率。

　　第二十六条　借据、收据、欠条等债权凭证载明的借款金额，一般认定为本金。预先在本金中扣除利息的，人民法院应当将实际出借的金额认定为本金。

　　第二十七条　借贷双方对前期借款本息结算后将利息计入后期借款本金并重

新出具债权凭证，如果前期利率没有超过合同成立时一年期贷款市场报价利率四倍，重新出具的债权凭证载明的金额可认定为后期借款本金。超过部分的利息，不应认定为后期借款本金。

按前款计算，借款人在借款期间届满后应当支付的本息之和，超过以最初借款本金与以最初借款本金为基数、以合同成立时一年期贷款市场报价利率四倍计算的整个借款期间的利息之和的，人民法院不予支持。

第二十八条 借贷双方对逾期利率有约定的，从其约定，但是以不超过合同成立时一年期贷款市场报价利率四倍为限。

未约定逾期利率或者约定不明的，人民法院可以区分不同情况处理：

（一）既未约定借期内利率，也未约定逾期利率，出借人主张借款人自逾期还款之日起参照当时一年期贷款市场报价利率标准计算的利息承担逾期还款违约责任的，人民法院应予支持；

（二）约定了借期内利率但是未约定逾期利率，出借人主张借款人自逾期还款之日起按照借期内利率支付资金占用期间利息的，人民法院应予支持。

第二十九条 出借人与借款人既约定了逾期利率，又约定了违约金或者其他费用，出借人可以选择主张逾期利息、违约金或者其他费用，也可以一并主张，但是总计超过合同成立时一年期贷款市场报价利率四倍的部分，人民法院不予支持。

第三十条 借款人可以提前偿还借款，但是当事人另有约定的除外。

借款人提前偿还借款并主张按照实际借款期限计算利息的，人民法院应予支持。

第三十一条 本规定施行后，人民法院新受理的一审民间借贷纠纷案件，适用本规定。

2020年8月20日之后新受理的一审民间借贷案件，借贷合同成立于2020年8月20日之前，当事人请求适用当时的司法解释计算自合同成立到2020年8月19日的利息部分的，人民法院应予支持；对于自2020年8月20日到借款返还之日的利息部分，适用起诉时本规定的利率保护标准计算。

本规定施行后，最高人民法院以前作出的相关司法解释与本规定不一致的，以本规定为准。

3.《最高人民法院关于依法妥善审理民间借贷案件的通知》（2018年8月1日）

各省、自治区、直辖市高级人民法院，解放军军事法院，新疆维吾尔自治区高级人民法院生产建设兵团分院：

民间借贷在一定程度上满足了社会多元化融资需求，促进了多层次信贷市场的形成和完善。与此同时，民间借贷纠纷案件也呈现爆炸式增长，给人民法院的审判工作带来新的挑战。近年来，社会上不断出现披着民间借贷外衣，通过"虚增债务""伪造证据""恶意制造违约""收取高额费用"等方式非法侵占财物的"套路贷"诈骗等新型犯罪，严重侵害了人民群众的合法权益，扰乱了金融市场秩序，影响社会和谐稳定。为充分发挥民商事审判工作的评价、教育、指引功能，妥善审理民间借贷纠纷案件，防范化解各类风险，现将有关事项通知如下：

一、加大对借贷事实和证据的审查力度。"套路贷"诈骗等犯罪设局者具备知识型犯罪特征，善于通过虚增债权债务、制造银行流水痕迹、故意失联制造违约等方式，形成证据链条闭环，并借助民事诉讼程序实现非法目的。因此，人民法院在审理民间借贷纠纷案件中，除根据《最高人民法院关于审理民间借贷案件适用法律若干问题的规定》第十五条、第十六条规定，对借据、收据、欠条等债权凭证及银行流水等款项交付凭证进行审查外，还应结合款项来源、交易习惯、经济能力、财产变化情况、当事人关系以及当事人陈述等因素综合判断借贷的真实情况。有违法犯罪等合理怀疑，代理人对案件事实无法说明的，应当传唤当事人本人到庭，就有关案件事实接受询问。要适当加大调查取证力度，查明事实真相。

二、严格区分民间借贷行为与诈骗等犯罪行为。人民法院在审理民间借贷纠纷案件中，要切实提高对"套路贷"诈骗等犯罪行为的警觉，加强对民间借贷行为与诈骗等犯罪行为的甄别，发现涉嫌违法犯罪线索、材料的，要及时按照《最高人民法院关于在审理经济纠纷案件中涉及经济犯罪嫌疑若干问题的规定》和《最高人民法院关于审理民间借贷案件适用法律若干问题的规定》依法处理。民间借贷行为本身涉及违法犯罪的，应当裁定驳回起诉，并将涉嫌犯罪的线索、材料移送公安机关或检察机关，切实防范犯罪分子将非法行为合法化，利用民事判决堂而皇之侵占被害人财产。刑事判决认定出借人构成"套路贷"诈骗等犯罪的，人民法院对已按普通民间借贷纠纷作出的生效判决，应当及时通过审判监督程序予以纠正。

三、依法严守法定利率红线。《最高人民法院关于审理民间借贷案件适用法律若干问题的规定》依法确立了法定利率的司法红线，应当从严把握。人民法院在民间借贷纠纷案件审理过程中，对于各种以"利息""违约金""服务费""中介费""保证金""延期费"等突破或变相突破法定利率红线的，应当依法不予支持。对于"出借人主张系以现金方式支付大额贷款本金""借款人抗辩所谓现金支付本金系出借人预先扣除的高额利息"的，要加强对出借人主张的现金支付款项来源、交付情况等证据的审查，依法认定借贷本金数额和高额利息扣收事实。发现交易平台、交易对手、交易模式等以"创新"为名行高利贷之实的，应当及时采取发送司法建议函等有效方式，坚决予以遏制。

四、建立民间借贷纠纷防范和解决机制。人民法院在防范和化解民间借贷各类风险中，要紧密结合党和国家工作大局，紧紧依靠党委领导和政府支持，探索审判机制创新，加强联动效应，探索建立跨部门综合治理机制。要加大法制宣传力度，引导社会良好风气，认真总结审判经验，加强调查研究。

各级人民法院在审理民间借贷纠纷案件中发现新情况、新问题，请及时层报最高人民法院。

二、离婚纠纷

（一）示范文本

民事起诉状
（离婚纠纷）

说明：
为了方便您更好地参加诉讼，保护您的合法权利，请填写本表。 1. 起诉时需向人民法院提交证明您身份的材料，如身份证复印件、营业执照复印件等。 2. 本表所列内容是您提起诉讼以及人民法院查明案件事实所需，请务必如实填写。 3. 本表所涉内容系针对一般离婚纠纷案件，有些内容可能与您的案件无关，您认为与案件无关的项目可以填"无"或不填；对于本表中勾选项可以在对应项打"√"；您认为另有重要内容需要列明的，可以在本表尾部或者另附页填写。 ★ 特别提示 ★ 《中华人民共和国民事诉讼法》第十三条第一款规定："民事诉讼应当遵循诚信原则。" 如果诉讼参加人违反上述规定，进行虚假诉讼、恶意诉讼，人民法院将视违法情形依法追究责任。

当事人信息	
原告	姓名： 性别：男□　女□ 出生日期：　　　年　　月　　日 民族： 工作单位：　　　　职务：　　　　联系电话： 住所地（户籍所在地）： 经常居住地：
委托诉讼代理人	有□ 　　姓名： 　　单位：　　　　职务：　　　　联系电话： 　　代理权限：一般授权□　特别授权□ 无□

送达地址（所填信息除书面特别声明更改外，适用于案件一审、二审、再审所有后续程序）及收件人、电话	地址： 收件人： 电话：
是否接受电子送达	是□ 方式：短信_____ 微信_____ 传真_____ 邮箱_____ 其他_____ 否□
被告	姓名： 性别：男□ 女□ 出生日期： 年 月 日 民族： 工作单位： 职务： 联系电话： 住所地（户籍所在地）： 经常居住地：

诉讼请求和依据

1. 解除婚姻关系	（具体主张）
2. 夫妻共同财产	无财产□ 有财产□： （1）房屋明细： 归属：原告□/被告□/其他□（ ）； （2）汽车明细： 归属：原告□/被告□/其他□（ ）； （3）存款明细： 归属：原告□/被告□/其他□（ ）； （4）其他（按照上述样式列明） ……
3. 夫妻共同债务	无债务□ 有债务□ （1）债务1： 承担主体：原告□/被告□/其他□（ ）； （2）债务2： 承担主体：原告□/被告□/其他□（ ）； ……
4. 子女直接抚养	无此问题□ 有此问题□ 子女1： 归属：原告□/被告□ 子女2： 归属：原告□/被告□ ……

5. 子女抚养费	无此问题□ 有此问题□ 抚养费承担主体：原告□/被告□ 金额及明细： 支付方式：
6. 探望权	无此问题□ 有此问题□ 探望权行使主体：原告□/被告□ 行使方式：
7. 离婚损害赔偿/离婚经济补偿/离婚经济帮助	无此问题□ 离婚损害赔偿□ 金额： 离婚经济补偿☑ 金额： 离婚经济帮助□ 金额：
8. 诉讼费用	（金额明细）
9. 本表未列明的其他请求	
约定管辖和诉讼保全	
1. 有无仲裁、法院管辖约定	有□　合同条款及内容： 无□
2. 是否申请财产保全措施	已经诉前保全：是□　　保全法院：　　保全时间： 　　　　　　　　否□ 申请诉讼保全：是□ 　　　　　　　　否□
事实和理由	
1. 婚姻关系基本情况	结婚时间： 生育子女情况： 双方生活情况： 离婚事由： 之前有无提起过离婚诉讼：
2. 夫妻共同财产情况	事实和理由

3. 夫妻共同债务情况	事实和理由
4. 子女直接抚养情况	子女应归原告或者被告直接抚养的事由
5. 子女抚养费情况	原告或者被告应支付抚养费及相应金额、支付方式的事由
6. 子女探望权情况	不直接抚养子女一方应否享有探望权以及具体行使方式的事由
7. 赔偿/补偿/经济帮助相关情况	符合离婚损害赔偿、离婚经济补偿或离婚经济帮助的相关事实等
8. 其他	
9. 诉请依据	法律及司法解释的规定，要写明具体条文
10. 证据清单（可另附页）	附页

具状人（签字、盖章）：

日　期：

民事答辩状
（离婚纠纷）

案号		案由	

当事人信息			
答辩人	姓名： 性别：男□　女□ 出生日期：　　　年　　　月　　　日 民族： 工作单位：　　　　职务：　　　　联系电话： 住所地（户籍所在地）： 经常居住地：		
委托诉讼代理人	有□ 　　姓名： 　　单位：　　　　职务：　　　　联系电话： 　　代理权限：一般授权□　特别授权□ 无□		
送达地址（所填信息除书面特别声明更改外，适用于案件一审、二审、再审所有后续程序）及收件人、电话	地址： 收件人： 电话：		
是否接受电子送达	是□　方式：短信_____ 微信_____ 传真_____ 邮箱_____ 　　　其他_____ 否□		

<table>
<tr><td colspan="2" align="center">答辩事项和依据
（对原告诉讼请求的确认或者异议）</td></tr>
<tr><td>1. 对解除婚姻关系的确认和异议</td><td>确认□　异议□
事由：</td></tr>
<tr><td>2. 对夫妻共同财产诉请的确认和异议</td><td>确认□　异议□
事由：</td></tr>
<tr><td>3. 对夫妻共同债务诉请的确认和异议</td><td>确认□　异议□
事由：</td></tr>
<tr><td>4. 对子女直接抚养诉请的确认和异议</td><td>确认□　异议□
事由：</td></tr>
<tr><td>5. 对子女抚养费诉请的确认和异议</td><td>确认□　异议□
事由：</td></tr>
<tr><td>6. 对子女探望权诉请的确认和异议</td><td>确认□　异议□
事由：</td></tr>
<tr><td>7. 对赔偿/补偿/经济帮助的确认和异议</td><td>确认□　异议□
事由：</td></tr>
<tr><td>8. 其他事由</td><td></td></tr>
<tr><td>9. 答辩的依据</td><td>法律及司法解释的规定，要写明具体条文</td></tr>
<tr><td>10. 证据清单（可另附页）</td><td>附页</td></tr>
</table>

答辩人（签字、盖章）：

日期：

33

实例：

民事起诉状
（离婚纠纷）

<table>
<tr>
<td colspan="2">

说明：

    为了方便您更好地参加诉讼，保护您的合法权利，请填写本表。

    1. 起诉时需向人民法院提交证明您身份的材料，如身份证复印件、营业执照复印件等。

    2. 本表所列内容是您提起诉讼以及人民法院查明案件事实所需，请务必如实填写。

    3. 本表所涉内容系针对一般离婚纠纷案件，有些内容可能与您的案件无关，您认为与案件无关的项目可以填"无"或不填；对于本表中勾选项可以在对应项打"√"；您认为另有重要内容需要列明的，可以在本表尾部或者另附页填写。

★ 特别提示 ★

    《中华人民共和国民事诉讼法》第十三条第一款规定："民事诉讼应当遵循诚信原则。"

    如果诉讼参加人违反上述规定，进行虚假诉讼、恶意诉讼，人民法院将视违法情形依法追究责任。

</td>
</tr>
<tr>
<td colspan="2" align="center">

当事人信息

</td>
</tr>
<tr>
<td>原告</td>
<td>

姓名：王××

性别：男□ 女☑

出生日期：1982 年××月××日

民族：汉族

工作单位：××公司   职务：职员   联系电话：×××××

住所地（户籍所在地）：北京市××区××街道×××小区×××号

经常居住地：北京市××区××街道×××小区×××号

</td>
</tr>
<tr>
<td>委托诉讼代理人</td>
<td>

有☑

    姓名：简××

    单位：××律师事务所   职务：律师   联系电话：×××××

    代理权限：一般授权□ 特别授权☑

无□

</td>
</tr>
<tr>
<td>送达地址（所填信息除书面特别声明更改外，适用于案件一审、二审、再审所有后续程序）及收件人、电话</td>
<td>

地址：北京市××区××大厦××室

收件人：简××

电话：×××××

</td>
</tr>
<tr>
<td>是否接受电子送达</td>
<td>

是☑ 方式：短信××××× 微信_____ 传真_____ 邮箱_____

    其他_____

否□

</td>
</tr>
</table>

被告	姓名：江×× 性别：男☑　女☐ 出生日期：1980 年××月××日 民族：汉族 工作单位：××公司　　　职务：　职员　　　联系电话：××××× 住所地（户籍所在地）：河北省××市××区×××街道××小区×××号 经常居住地：北京市××区××街道×××小区×××号
诉讼请求和依据	
1. 解除婚姻关系	（具体主张）请求准予王××与江××离婚
2. 夫妻共同财产	无财产☐ 有财产☑： （1）房屋明细：归属：原告☑/被告☐/其他☐（坐落于北京市丰台区××小区××号房屋一处）； （2）汽车明细：归属：原告☐/被告☑/其他☐（××牌，牌照号码京×××××小汽车一辆）； （3）存款明细：归属：原告☐/被告☐/其他☑（双方存款归各自所有）； （4）其他（按照上述样式列明） ……
3. 夫妻共同债务	无债务☑ 有债务☐ （1）债务 1：承担主体：原告☐/被告☐/其他☐（　　）； （2）债务 2：承担主体：原告☐/被告☐/其他☐（　　）； ……
4. 子女直接抚养	无此问题☐ 有此问题☑ 子女 1：江×　　归属：原告☑/被告☐ 子女 2：　　　　归属：原告☐/被告☐ ……
5. 子女抚养费	无此问题☐ 有此问题☑ 抚养费承担主体：原告☐/被告☑ 金额及明细：每月 2000 元抚养费 支付方式：按月向王××转账

6. 探望权	无此问题☐ 有此问题☑ 探望权行使主体：原告☐/被告☑ 行使方式：江××每两周探望江×一次，时间、地点可由双方协商
7. 离婚损害赔偿/离婚经济补偿/离婚经济帮助	无此问题☐ 离婚损害赔偿☑ 金额：50000元 离婚经济补偿☐ 金额： 离婚经济帮助☐ 金额：
8. 诉讼费用	（金额明细）全部诉讼费用由被告承担
9. 本表未列明的其他请求	

约定管辖和诉讼保全	
1. 有无仲裁、法院管辖约定	有☐　合同条款及内容： 无☐
2. 是否申请财产保全措施	已经诉前保全：是☐　　　保全法院：　　　保全时间： 　　　　　　　否☐ 申请诉讼保全：是☐ 　　　　　　　否☐

事实和理由	
1. 婚姻关系基本情况	结婚时间：2016年××月××日 生育子女情况：2019年××月××日生育女儿江× 双方生活情况：已经分居1年 离婚事由：江××对王××实施家庭暴力存在重大过错，双方感情确已破裂 之前有无提起过离婚诉讼：无
2. 夫妻共同财产情况	王××除与江××婚后共同购买的位于北京市丰台区××小区××号房屋外，无其他房屋居住，需要稳定的生活环境抚养女儿。被告江××另有住房，位于北京市朝阳区×小区××号
3. 夫妻共同债务情况	无

4. 子女直接抚养情况	女儿江×年幼，自出生一直由王××照顾，江××存在实施家庭暴力行为，不利于江×的健康成长
5. 子女抚养费情况	根据江×入学、医疗、生活等方面的日常支出情况，原、被告各自承担抚养费的一半，由被告承担 2000 元/月
6. 子女探望权情况	从利于孩子成长的角度考虑，江××每两周探望江×一次，时间、地点可由双方协商
7. 赔偿/补偿/经济帮助情况	江××酗酒，对王××实施家庭暴力，经常因为生活琐事对原告拳脚相加，有公安机关报警记录、王××就医记录、向妇联报案记录等证实。符合离婚损害赔偿的情形
8. 其他	无
9. 诉请依据	解除婚姻关系：《中华人民共和国民法典》第 1079 条 子女直接抚养以及抚养费：《中华人民共和国民法典》第 1084 条、第 1085 条、第 1086 条 夫妻共同财产处理：《中华人民共和国民法典》第 1087 条 离婚损害赔偿：《中华人民共和国民法典》第 1091 条
10. 证据清单（可另附页）	附页

具状人（签字、盖章）：王××
日期：2024 年××月××日

民事答辩状
（离婚纠纷）

说明：

为了方便您更好地参加诉讼，保护您的合法权利，请填写本表。

1. 应诉时需向人民法院提交证明您身份的材料，如身份证复印件、营业执照复印件等。

2. 本表所列内容是您参加诉讼以及人民法院查明案件事实所需，请务必如实填写。

3. 本表所涉内容系针对一般离婚纠纷案件，有些内容可能与您的案件无关，您认为与案件无关的项目可以填"无"或不填；对于本表中勾选项可以在对应项打"√"；您认为另有重要内容需要列明的，可以在本表尾部或者另附页填写。

★特别提示★

《中华人民共和国民事诉讼法》第十三条第一款规定："民事诉讼应当遵循诚信原则。"

如果诉讼参加人违反上述规定，进行虚假诉讼、恶意诉讼，人民法院将视违法情形依法追究责任。

案号	（2024）京××××民初××号	案由	离婚纠纷

当事人信息			
答辩人	姓名：江×× 性别：男☑女□ 出生日期：1980 年××月××日 民族：汉族 工作单位：××公司　职务：　职员　联系电话：××××× 住所地（户籍所在地）：河北省××市××区×××街道××小区×××号 经常居住地：北京市××区××街道×××小区×××号		
委托诉讼代理人	有☑ 　　姓名：李×× 　　单位：××律师事务所　职务：律师　联系电话：××××× 　　代理权限：一般授权□　特别授权☑ 无□		
送达地址（所填信息除书面特别声明更改外，适用于案件所有后续程序）及收件人、电话	地址：北京市××区××街道×××小区×××号 收件人：江×× 电话：×××××		
是否接受电子送达	是□　方式：短信_____ 微信_____ 传真_____ 邮箱_____ 　　其他_____ 否☑		

答辩事项和依据	
（对原告诉讼请求的确认或者异议）	
1. 对解除婚姻关系的确认和异议	确认☑ 异议☐ 事由：
2. 对夫妻共同财产诉请的确认和异议	确认☐ 异议☑ 事由：北京市丰台区××小区××号房屋是双方婚后共同购买，登记在双方名下，应当均分。其他同意原告诉请
3. 对夫妻共同债务诉请的确认和异议	确认☑ 异议☐ 事由：
4. 对子女直接抚养诉请的确认和异议	确认☑ 异议☐ 事由：同意江×由王××直接抚养
5. 对子女抚养费诉请的确认和异议	确认☐ 异议☑ 事由：王××提出的抚养费数额不实，应当调整为每月1500元，按月支付
6. 对子女探望权诉请的确认和异议	确认☑ 异议☐ 事由：
7. 赔偿/补偿/经济帮助情况的确认和异议	确认☐ 异议☑ 事由：王××关于家庭暴力的陈述不实
8. 其他事由	无
9. 答辩的依据	解除婚姻关系：《中华人民共和国民法典》第1079条 子女直接抚养以及抚养费：《中华人民共和国民法典》第1084条、第1085条、第1086条 夫妻共同财产处理：《中华人民共和国民法典》第1087条 离婚损害赔偿：《中华人民共和国民法典》第1091条
10. 证据清单（可另附页）	附页

答辩人（签字、盖章）：江××

日期：2024年××月××日

（二）法律依据

1.《中华人民共和国民法典》（2020 年 5 月 28 日）

第一千零七十六条　夫妻双方自愿离婚的，应当签订书面离婚协议，并亲自到婚姻登记机关申请离婚登记。

离婚协议应当载明双方自愿离婚的意思表示和对子女抚养、财产以及债务处理等事项协商一致的意见。

第一千零七十七条　自婚姻登记机关收到离婚登记申请之日起三十日内，任何一方不愿意离婚的，可以向婚姻登记机关撤回离婚登记申请。

前款规定期限届满后三十日内，双方应当亲自到婚姻登记机关申请发给离婚证；未申请的，视为撤回离婚登记申请。

第一千零七十八条　婚姻登记机关查明双方确实是自愿离婚，并已经对子女抚养、财产以及债务处理等事项协商一致的，予以登记，发给离婚证。

第一千零七十九条　夫妻一方要求离婚的，可以由有关组织进行调解或者直接向人民法院提起离婚诉讼。

人民法院审理离婚案件，应当进行调解；如果感情确已破裂，调解无效的，应当准予离婚。

有下列情形之一，调解无效的，应当准予离婚：

（一）重婚或者与他人同居；

（二）实施家庭暴力或者虐待、遗弃家庭成员；

（三）有赌博、吸毒等恶习屡教不改；

（四）因感情不和分居满二年；

（五）其他导致夫妻感情破裂的情形。

一方被宣告失踪，另一方提起离婚诉讼的，应当准予离婚。

经人民法院判决不准离婚后，双方又分居满一年，一方再次提起离婚诉讼的，应当准予离婚。

第一千零八十条　完成离婚登记，或者离婚判决书、调解书生效，即解除婚姻关系。

第一千零八十一条　现役军人的配偶要求离婚，应当征得军人同意，但是军人一方有重大过错的除外。

第一千零八十二条 女方在怀孕期间、分娩后一年内或者终止妊娠后六个月内，男方不得提出离婚；但是，女方提出离婚或者人民法院认为确有必要受理男方离婚请求的除外。

第一千零八十三条 离婚后，男女双方自愿恢复婚姻关系的，应当到婚姻登记机关重新进行结婚登记。

第一千零八十四条 父母与子女间的关系，不因父母离婚而消除。离婚后，子女无论由父或者母直接抚养，仍是父母双方的子女。

离婚后，父母对于子女仍有抚养、教育、保护的权利和义务。

离婚后，不满两周岁的子女，以由母亲直接抚养为原则。已满两周岁的子女，父母双方对抚养问题协议不成的，由人民法院根据双方的具体情况，按照最有利于未成年子女的原则判决。子女已满八周岁的，应当尊重其真实意愿。

第一千零八十五条 离婚后，子女由一方直接抚养的，另一方应当负担部分或者全部抚养费。负担费用的多少和期限的长短，由双方协议；协议不成的，由人民法院判决。

前款规定的协议或者判决，不妨碍子女在必要时向父母任何一方提出超过协议或者判决原定数额的合理要求。

第一千零八十六条 离婚后，不直接抚养子女的父或者母，有探望子女的权利，另一方有协助的义务。

行使探望权利的方式、时间由当事人协议；协议不成的，由人民法院判决。

父或者母探望子女，不利于子女身心健康的，由人民法院依法中止探望；中止的事由消失后，应当恢复探望。

第一千零八十七条 离婚时，夫妻的共同财产由双方协议处理；协议不成的，由人民法院根据财产的具体情况，按照照顾子女、女方和无过错方权益的原则判决。

对夫或者妻在家庭土地承包经营中享有的权益等，应当依法予以保护。

第一千零八十八条 夫妻一方因抚育子女、照料老年人、协助另一方工作等负担较多义务的，离婚时有权向另一方请求补偿，另一方应当给予补偿。具体办法由双方协议；协议不成的，由人民法院判决。

第一千零八十九条 离婚时，夫妻共同债务应当共同偿还。共同财产不足清偿或者财产归各自所有的，由双方协议清偿；协议不成的，由人民法院判决。

第一千零九十条 离婚时，如果一方生活困难，有负担能力的另一方应当给予适当帮助。具体办法由双方协议；协议不成的，由人民法院判决。

第一千零九十一条 有下列情形之一，导致离婚的，无过错方有权请求损害赔偿：

（一）重婚；

（二）与他人同居；

（三）实施家庭暴力；

（四）虐待、遗弃家庭成员；

（五）有其他重大过错。

第一千零九十二条 夫妻一方隐藏、转移、变卖、毁损、挥霍夫妻共同财产，或者伪造夫妻共同债务企图侵占另一方财产的，在离婚分割夫妻共同财产时，对该方可以少分或者不分。离婚后，另一方发现有上述行为的，可以向人民法院提起诉讼，请求再次分割夫妻共同财产。

2.《最高人民法院关于适用〈中华人民共和国民法典〉婚姻家庭编的解释（一）》（2020 年 12 月 29 日）

第六十二条 无民事行为能力人的配偶有民法典第三十六条第一款规定行为，其他有监护资格的人可以要求撤销其监护资格，并依法指定新的监护人；变更后的监护人代理无民事行为能力一方提起离婚诉讼的，人民法院应予受理。

第六十三条 人民法院审理离婚案件，符合民法典第一千零七十九条第三款规定"应当准予离婚"情形的，不应当因当事人有过错而判决不准离婚。

第六十四条 民法典第一千零八十一条所称的"军人一方有重大过错"，可以依据民法典第一千零七十九条第三款前三项规定及军人有其他重大过错导致夫妻感情破裂的情形予以判断。

第六十五条 人民法院作出的生效的离婚判决中未涉及探望权，当事人就探望权问题单独提起诉讼的，人民法院应予受理。

第六十六条 当事人在履行生效判决、裁定或者调解书的过程中，一方请求中止探望的，人民法院在征询双方当事人意见后，认为需要中止探望的，依法作出裁定；中止探望的情形消失后，人民法院应当根据当事人的请求书面通知其恢复探望。

第六十七条 未成年子女、直接抚养子女的父或者母以及其他对未成年子女负担抚养、教育、保护义务的法定监护人，有权向人民法院提出中止探望的请求。

第六十八条 对于拒不协助另一方行使探望权的有关个人或者组织，可以由人民法院依法采取拘留、罚款等强制措施，但是不能对子女的人身、探望行为进行强制执行。

第六十九条 当事人达成的以协议离婚或者到人民法院调解离婚为条件的财产以及债务处理协议，如果双方离婚未成，一方在离婚诉讼中反悔的，人民法院应当认定该财产以及债务处理协议没有生效，并根据实际情况依照民法典第一千零八十七条和第一千零八十九条的规定判决。

当事人依照民法典第一千零七十六条签订的离婚协议中关于财产以及债务处理的条款，对男女双方具有法律约束力。登记离婚后当事人因履行上述协议发生纠纷提起诉讼的，人民法院应当受理。

第七十条 夫妻双方协议离婚后就财产分割问题反悔，请求撤销财产分割协议的，人民法院应当受理。

人民法院审理后，未发现订立财产分割协议时存在欺诈、胁迫等情形的，应当依法驳回当事人的诉讼请求。

第七十一条 人民法院审理离婚案件，涉及分割发放到军人名下的复员费、自主择业费等一次性费用的，以夫妻婚姻关系存续年限乘以年平均值，所得数额为夫妻共同财产。

前款所称年平均值，是指将发放到军人名下的上述费用总额按具体年限均分得出的数额。其具体年限为人均寿命七十岁与军人入伍时实际年龄的差额。

第七十二条 夫妻双方分割共同财产中的股票、债券、投资基金份额等有价证券以及未上市股份有限公司股份时，协商不成或者按市价分配有困难的，人民法院可以根据数量按比例分配。

第七十三条 人民法院审理离婚案件，涉及分割夫妻共同财产中以一方名义在有限责任公司的出资额，另一方不是该公司股东的，按以下情形分别处理：

（一）夫妻双方协商一致将出资额部分或者全部转让给该股东的配偶，其他股东过半数同意，并且其他股东均明确表示放弃优先购买权的，该股东的配偶可以成为该公司股东；

（二）夫妻双方就出资额转让份额和转让价格等事项协商一致后，其他股东半数以上不同意转让，但愿意以同等条件购买该出资额的，人民法院可以对转让出资所得财产进行分割。其他股东半数以上不同意转让，也不愿意以同等条件购买该出资额的，视为其同意转让，该股东的配偶可以成为该公司股东。

用于证明前款规定的股东同意的证据，可以是股东会议材料，也可以是当事人通过其他合法途径取得的股东的书面声明材料。

第七十四条　人民法院审理离婚案件，涉及分割夫妻共同财产中以一方名义在合伙企业中的出资，另一方不是该企业合伙人的，当夫妻双方协商一致，将其合伙企业中的财产份额全部或者部分转让给对方时，按以下情形分别处理：

（一）其他合伙人一致同意的，该配偶依法取得合伙人地位；

（二）其他合伙人不同意转让，在同等条件下行使优先购买权的，可以对转让所得的财产进行分割；

（三）其他合伙人不同意转让，也不行使优先购买权，但同意该合伙人退伙或者削减部分财产份额的，可以对结算后的财产进行分割；

（四）其他合伙人既不同意转让，也不行使优先购买权，又不同意该合伙人退伙或者削减部分财产份额的，视为全体合伙人同意转让，该配偶依法取得合伙人地位。

第七十五条　夫妻以一方名义投资设立个人独资企业的，人民法院分割夫妻在该个人独资企业中的共同财产时，应当按照以下情形分别处理：

（一）一方主张经营该企业的，对企业资产进行评估后，由取得企业资产所有权一方给予另一方相应的补偿；

（二）双方均主张经营该企业的，在双方竞价基础上，由取得企业资产所有权的一方给予另一方相应的补偿；

（三）双方均不愿意经营该企业的，按照《中华人民共和国个人独资企业法》等有关规定办理。

第七十六条　双方对夫妻共同财产中的房屋价值及归属无法达成协议时，人民法院按以下情形分别处理：

（一）双方均主张房屋所有权并且同意竞价取得的，应当准许；

（二）一方主张房屋所有权的，由评估机构按市场价格对房屋作出评估，取得房屋所有权的一方应当给予另一方相应的补偿；

（三）双方均不主张房屋所有权的，根据当事人的申请拍卖、变卖房屋，就所得价款进行分割。

第七十七条　离婚时双方对尚未取得所有权或者尚未取得完全所有权的房屋有争议且协商不成的，人民法院不宜判决房屋所有权的归属，应当根据实际情况判决由当事人使用。

当事人就前款规定的房屋取得完全所有权后，有争议的，可以另行向人民法院提起诉讼。

第七十八条　夫妻一方婚前签订不动产买卖合同，以个人财产支付首付款并在银行贷款，婚后用夫妻共同财产还贷，不动产登记于首付款支付方名下的，离婚时该不动产由双方协议处理。

依前款规定不能达成协议的，人民法院可以判决该不动产归登记一方，尚未归还的贷款为不动产登记一方的个人债务。双方婚后共同还贷支付的款项及其相对应财产增值部分，离婚时应根据民法典第一千零八十七条第一款规定的原则，由不动产登记一方对另一方进行补偿。

第七十九条 婚姻关系存续期间，双方用夫妻共同财产出资购买以一方父母名义参加房改的房屋，登记在一方父母名下，离婚时另一方主张按照夫妻共同财产对该房屋进行分割的，人民法院不予支持。购买该房屋时的出资，可以作为债权处理。

第八十条 离婚时夫妻一方尚未退休、不符合领取基本养老金条件，另一方请求按照夫妻共同财产分割基本养老金的，人民法院不予支持；婚后以夫妻共同财产缴纳基本养老保险费，离婚时一方主张将养老金账户中婚姻关系存续期间个人实际缴纳部分及利息作为夫妻共同财产分割的，人民法院应予支持。

第八十一条 婚姻关系存续期间，夫妻一方作为继承人依法可以继承的遗产，在继承人之间尚未实际分割，起诉离婚时另一方请求分割的，人民法院应当告知当事人在继承人之间实际分割遗产后另行起诉。

第八十二条 夫妻之间订立借款协议，以夫妻共同财产出借给一方从事个人经营活动或者用于其他个人事务的，应视为双方约定处分夫妻共同财产的行为，离婚时可以按照借款协议的约定处理。

第八十三条 离婚后，一方以尚有夫妻共同财产未处理为由向人民法院起诉请求分割的，经审查该财产确属离婚时未涉及的夫妻共同财产，人民法院应当依法予以分割。

第八十四条 当事人依据民法典第一千零九十二条的规定向人民法院提起诉讼，请求再次分割夫妻共同财产的诉讼时效期间为三年，从当事人发现之日起计算。

第八十五条 夫妻一方申请对配偶的个人财产或者夫妻共同财产采取保全措施的，人民法院可以在采取保全措施可能造成损失的范围内，根据实际情况，确定合理的财产担保数额。

第八十六条 民法典第一千零九十一条规定的"损害赔偿"，包括物质损害赔偿和精神损害赔偿。涉及精神损害赔偿的，适用《最高人民法院关于确定民事侵权精神损害赔偿责任若干问题的解释》的有关规定。

第八十七条 承担民法典第一千零九十一条规定的损害赔偿责任的主体，为离婚诉讼当事人中无过错方的配偶。

人民法院判决不准离婚的案件，对于当事人基于民法典第一千零九十一条提出的损害赔偿请求，不予支持。

在婚姻关系存续期间，当事人不起诉离婚而单独依据民法典第一千零九十一条提起损害赔偿请求的，人民法院不予受理。

第八十八条 人民法院受理离婚案件时，应当将民法典第一千零九十一条等规定中当事人的有关权利义务，书面告知当事人。在适用民法典第一千零九十一条时，应当区分以下不同情况：

（一）符合民法典第一千零九十一条规定的无过错方作为原告基于该条规定向人民法院提起损害赔偿请求的，必须在离婚诉讼的同时提出。

（二）符合民法典第一千零九十一条规定的无过错方作为被告的离婚诉讼案件，如果被告不同意离婚也不基于该条规定提起损害赔偿请求的，可以就此单独提起诉讼。

（三）无过错方作为被告的离婚诉讼案件，一审时被告未基于民法典第一千零九十一条规定提出损害赔偿请求，二审期间提出的，人民法院应当进行调解；调解不成的，告知当事人另行起诉。双方当事人同意由第二审人民法院一并审理的，第二审人民法院可以一并裁判。

第八十九条 当事人在婚姻登记机关办理离婚登记手续后，以民法典第一千零九十一条规定为由向人民法院提出损害赔偿请求的，人民法院应当受理。但当事人在协议离婚时已经明确表示放弃该项请求的，人民法院不予支持。

第九十条 夫妻双方均有民法典第一千零九十一条规定的过错情形，一方或者双方向对方提出离婚损害赔偿请求的，人民法院不予支持。

三、买卖合同纠纷

（一）示范文本

民事起诉状
（买卖合同纠纷）

说明：
为了方便您更好地参加诉讼，保护您的合法权利，请填写本表。

说明：

　　为了方便您更好地参加诉讼，保护您的合法权利，请填写本表。

　　1. 起诉时需向人民法院提交证明您身份的材料，如身份证复印件、营业执照复印件等。

　　2. 本表所列内容是您提起诉讼以及人民法院查明案件事实所需，请务必如实填写。

　　3. 本表所涉内容系针对一般买卖合同纠纷案件，有些内容可能与您的案件无关，您认为与案件无关的项目可以填"无"或不填；对于本表中勾选项可以在对应项打"√"；您认为另有重要内容需要列明的，可以在本表尾部或者另附页填写。

★ 特别提示 ★

　　《中华人民共和国民事诉讼法》第十三条第一款规定："民事诉讼应当遵循诚信原则。"

　　如果诉讼参加人违反上述规定，进行虚假诉讼、恶意诉讼，人民法院将视违法情形依法追究责任。

当事人信息	
原告（法人、非法人组织）	名称： 住所地（主要办事机构所在地）： 注册地/登记地： 法定代表人/主要负责人：　　职务：　　联系电话： 统一社会信用代码： 类型：有限责任公司□　股份有限公司□　上市公司□　其他企业法人□ 　　　事业单位□　社会团体□　基金会□　社会服务机构□ 　　　机关法人□　农村集体经济组织法人□　城镇农村的合作经济组织法人□　基层群众性自治组织法人□ 　　　个人独资企业□　合伙企业□　不具有法人资格的专业服务机构□ 　　　国有□（控股□参股□）民营□

原告（自然人）	姓名： 性别：男□　女□ 出生日期：　　年　　月　　日　　　　民族： 工作单位：　　　　职务：　　　　联系电话： 住所地（户籍所在地）： 经常居住地：
委托诉讼代理人	有□ 　　姓名： 　　单位：　　　　职务：　　　　联系电话： 　　代理权限：一般授权□　特别授权□ 无□
送达地址（所填信息除书面特别声明更改外，适用于案件一审、二审、再审所有后续程序）及收件人、电话	地址： 收件人： 电话：
是否接受电子送达	是□　方式：短信_____　微信_____　传真_____　邮箱_____ 　　　　其他_____ 否□
被告（法人、非法人组织）	名称： 住所地（主要办事机构所在地）： 注册地/登记地： 法定代表人/主要负责人：　　　职务：　　　联系电话： 统一社会信用代码： 类型：有限责任公司□　股份有限公司□　上市公司□　其他企业法人□ 　　　事业单位□　社会团体□　基金会□　社会服务机构□ 　　　机关法人□　农村集体经济组织法人□　城镇农村的合作经济组织法人□　基层群众性自治组织法人□ 　　　个人独资企业□　合伙企业□　不具有法人资格的专业服务机构□ 　　　国有□（控股□参股□）民营□

被告（自然人）	姓名： 性别：男□　女□ 出生日期：　　年　　月　　日　　　　民族： 工作单位：　　　　　职务：　　　　　联系电话： 住所地（户籍所在地）： 经常居住地：
第三人（法人、非法人组织）	名称： 住所地（主要办事机构所在地）： 注册地/登记地： 法定代表人/主要负责人：　　　　职务：　　　　联系电话： 统一社会信用代码： 类型：有限责任公司□　股份有限公司□　上市公司□　其他企业法人□ 　　　事业单位□　社会团体□　基金会□　社会服务机构□ 　　　机关法人□　农村集体经济组织法人□　城镇农村的合作经济组织法人□　基层群众性自治组织法人□ 　　　个人独资企业□　合伙企业□　不具有法人资格的专业服务机构□ 　　　国有□（控股□参股□）民营□
第三人（自然人）	姓名： 性别：男□　女□ 出生日期：　　年　　月　　日　　　　民族： 工作单位：　　　　　职务：　　　　　联系电话： 住所地（户籍所在地）： 经常居住地：

诉讼请求和依据

（原告为卖方时，填写第 1 项、第 2 项；原告为买方时，填写第 3 项、第 4 项；第 5 项至第 10 项为共同项）

1. 给付价款（元）	元（人民币，下同；如外币需特别注明）
2. 迟延给付价款的利息（违约金）	截至　　　年　　月　　日止，迟延给付价款的利息　　元、违约金　　元，自　　之后的逾期利息、违约金，以　　元为基数按照　　标准计算； 计算方式： 是否请求支付至实际清偿之日止：是□　否□

3. 赔偿因卖方违约所受的损失	支付赔偿金　　　　元 违约类型：迟延履行□　不履行□　其他□ 具体情形： 损失计算依据：
4. 是否对标的物的瑕疵承担责任	是□　修理□　重作□　更换□　退货□　减少价款或者报酬□ 　　　其他□： 否□
5. 要求继续履行或是解除合同	继续履行□　　　　日内履行完毕付款□供货□义务 判令解除合同□ 确认买卖合同已于　　　年　　月　　日解除□
6. 是否主张担保权利	是□　内容： 否□
7. 是否主张实现债权的费用	是□　费用明细： 否□
8. 其他请求	
9. 标的总额	
10. 请求依据	合同约定： 法律规定：
约定管辖和诉讼保全	
1. 有无仲裁、法院管辖约定	有□　合同条款及内容： 无□
2. 是否申请财产保全措施	已经诉前保全：是□　　　　保全法院：　　　　保全时间： 　　　　　　　　否□ 申请诉讼保全：是□ 　　　　　　　　否□
事实与理由	
1. 合同的签订情况（名称、编号、签订时间、地点等）	
2. 签订主体	出卖人（卖方）： 买受人（买方）：

3. 买卖标的物情况（标的物名称、规格、质量、数量等）	
4. 合同约定的价格及支付方式	单价　　元；总价　　元； 以现金□转账□票据□_____（写明票据类型）其他□_____方式一次性□分期□支付 分期方式：
5. 合同约定的交货时间、地点、方式、风险承担、安装、调试、验收	
6. 合同约定的质量标准及检验方式、质量异议期限	
7. 合同约定的违约金（定金）	违约金□　　元（合同条款：第　条） 定金□　　元（合同条款：第　条） 迟延履行违约金□　%/日（合同条款：第　条）
8. 价款支付及标的物交付情况	按期支付价款　　元，逾期付款　　元，逾期未付款　　元 按期交付标的物　　件，逾期交付　　件，逾期未交付　　件
9. 是否存在迟延履行	是□　迟延时间：　　逾期付款□　逾期交货□ 否□
10. 是否催促过履行	是□　催促情况：　　年　月　日通过　　方式进行了催促 否□
11. 买卖合同标的物有无质量争议	有□　具体情况： 无□
12. 标的物质量规格或履行方式是否存在不符合约定的情况	是□　具体情况： 否□
13. 是否曾就标的物质量问题进行协商	是□　具体情况： 否□
14. 被告应当支付的利息、违约金、赔偿金	利息□　　元 违约金□　　元 赔偿金□　　元 共计　　元　计算方式：

15. 是否签订物的担保（抵押、质押）合同	是□　签订时间： 否□
16. 担保人、担保物	担保人： 担保物：
17. 是否最高额担保（抵押、质押）	是□　担保债权的确定时间： 　　　担保额度： 否□
18. 是否办理抵押、质押登记	是□　正式登记□ 　　　预告登记□ 否□
19. 是否签订保证合同	是□　签订时间：　　　保证人：　　　主要内容： 否□
20. 保证方式	一般保证　　□ 连带责任保证□
21. 其他担保方式	是□　形式： 否□
22. 其他需要说明的内容（可另附页）	
23. 证据清单（可另附页）	

具状人（签字、盖章）：
日期：

民事答辩状
（买卖合同纠纷）

说明：

为了方便您更好地参加诉讼，保护您的合法权利，请填写本表。

1. 应诉时需向人民法院提交证明您身份的材料，如身份证复印件、营业执照复印件等。

2. 本表所列内容是您参加诉讼以及人民法院查明案件事实所需，请务必如实填写。

3. 本表所涉内容系针对一般买卖合同纠纷案件，有些内容可能与您的案件无关，您认为与案件无关的项目可以填"无"或不填；对于本表中勾选项可以在对应项打"√"您认为另有重要内容需要列明的，可以在本表尾部或者另附页填写。

★特别提示★

《中华人民共和国民事诉讼法》第十三条第一款规定："民事诉讼应当遵循诚信原则。"

如果诉讼参加人违反上述规定，进行虚假诉讼、恶意诉讼，人民法院将视违法情形依法追究责任。

案号		案由	

当事人信息			

答辩人（法人、非法人组织）	名称： 住所地（主要办事机构所在地）： 注册地/登记地： 法定代表人/主要负责人：　　　职务：　　　联系电话： 统一社会信用代码： 类型：有限责任公司□　股份有限公司□　上市公司□　其他企业法人□ 　　　事业单位□　社会团体□　基金会□　社会服务机构□ 　　　机关法人□　农村集体经济组织法人□　城镇农村的合作经济组织法人□　基层群众性自治组织法人□ 　　　个人独资企业□　合伙企业□　不具有法人资格的专业服务机构□ 　　　国有□（控股□参股□）民营□
答辩人（自然人）	姓名： 性别：男□　女□ 出生日期：　　年　　月　　日　　　民族： 工作单位：　　　职务：　　　联系电话： 住所地（户籍所在地）： 经常居住地：

委托诉讼代理人	有□ 　　姓名： 　　单位：　　　　　职务：　　　　　联系电话： 　　代理权限：一般授权□　特别授权□ 无□
送达地址（所填信息除书面特别声明更改外，适用于案件一审、二审、再审所有后续程序）及收件人、电话	地址： 收件人： 电话：
是否接受电子送达	是□　方式：短信＿＿＿＿　微信＿＿＿＿　传真＿＿＿＿　邮箱＿＿＿＿ 　　　　其他＿＿＿＿ 否□

答辩事项
（对原告诉讼请求的确认或者异议）

1. 对给付价款的诉请有无异议	无□ 有□　事实和理由：
2. 对迟延给付价款的利息（违约金）有无异议	无□ 有□　事实和理由：
3. 对要求继续履行或是解除合同有无异议	无□ 有□　事实和理由：
4. 对赔偿因违约所受的损失有无异议	无□ 有□　事实和理由：
5. 对就标的物的瑕疵承担责任有无异议	无□ 有□　事实和理由：
6. 对担保权利的诉请有无异议	无□ 有□　事实和理由：
7. 对实现债权的费用有无异议	无□ 有□　事实和理由：
8. 对其他请求有无异议	无□ 有□　事实和理由：
9. 对标的总额有无异议	无□ 有□　事实和理由：

10. 答辩依据	合同约定： 法律规定：
	事实和理由 （对起诉状事实与理由的确认或者异议）
1. 对合同签订情况（名称、编号、签订时间、地点）有无异议	无□ 有□ 事实和理由：
2. 对签订主体有无异议	无□ 有□ 事实和理由：
3. 对标的物情况有无异议	无□ 有□ 事实和理由：
4. 对合同约定的价格及支付方式有无异议	无□ 有□ 事实和理由：
5. 对合同约定的交货时间、地点、方式、风险承担、安装、调试、验收有无异议	无□ 有□ 事实和理由：
6. 对合同约定的质量标准及检验方式、质量异议期限有无异议	无□ 有□ 事实和理由：
7. 对合同约定的违约金（定金）有无异议	无□ 有□ 事实和理由：
8. 对价款支付及标的物交付情况有无异议	无□ 有□ 事实和理由：
9. 对是否存在迟延履行有无异议	无□ 有□ 事实和理由：
10. 对是否催促过履行有无异议	无□ 有□ 事实和理由：
11. 对买卖合同标的物有无质量争议有无异议	无□ 有□ 事实和理由：
12. 对标的物质量规格或履行方式是否存在不符合约定的情况有无异议	无□ 有□ 事实和理由：

13. 对是否曾就标的物质量问题进行协商有无异议	无☐ 有☐	事实和理由：
14. 对应当支付的利息、违约金、赔偿金有无异议	无☐ 有☐	事实和理由：
15. 对是否签订物的担保合同有无异议	无☐ 有☐	事实和理由：
16. 对担保人、担保物有无异议	无☐ 有☐	事实和理由：
17. 对最高额抵押担保有无异议	无☐ 有☐	事实和理由：
18. 对是否办理抵押/质押登记有无异议	无☐ 有☐	事实和理由：
19. 对是否签订保证合同有无异议	无☐ 有☐	事实和理由：
20. 对保证方式有无异议	无☐ 有☐	事实和理由：
21. 对其他担保方式有无异议	无☐ 有☐	事实和理由：
22. 有无其他免责/减责事由	无☐ 有☐	事实和理由：
23. 其他需要说明的内容（可另附页）		
24. 证据清单（可另附页）		

答辩人（签字、盖章）：
日期：

实例：

民事起诉状
（买卖合同纠纷）

说明：

为了方便您更好地参加诉讼，保护您的合法权利，请填写本表。

1. 起诉时需向人民法院提交证明您身份的材料，如身份证复印件、营业执照复印件等。

2. 本表所列内容是您提起诉讼以及人民法院查明案件事实所需，请务必如实填写。

3. 本表所涉内容系针对一般买卖合同纠纷案件，有些内容可能与您的案件无关，您认为与案件无关的项目可以填"无"或不填；对于本表中勾选项可以在对应项打"√"；您认为另有重要内容需要列明的，可以在本表尾部或者另附页填写。

★特别提示★

《中华人民共和国民事诉讼法》第十三条第一款规定："民事诉讼应当遵循诚信原则。"

如果诉讼参加人违反上述规定，进行虚假诉讼、恶意诉讼，人民法院将视违法情形依法追究责任。

当事人信息	
原告（法人、非法人组织）	名称：南通××混凝土有限公司 住所地（主要办事机构所在地）：南通市通州区川××镇××号 注册地/登记地：南通市通州区××镇××号 法定代表人/主要负责人：陈×× 职务：执行董事 联系电话：××××××××× 统一社会信用代码：911×××××××××× 类型：有限责任公司☑ 股份有限公司□ 上市公司□ 其他企业法人□ 事业单位□ 社会团体□ 基金会□ 社会服务机构□ 机关法人□ 农村集体经济组织法人□ 城镇农村的合作经济组织法人□ 基层群众性自治组织法人□ 个人独资企业□ 合伙企业□ 不具有法人资格的专业服务机构□ 国有□（控股□参股□）民营☑
原告（自然人）	姓名： 性别：男□ 女□ 出生日期： 年 月 日 民族： 工作单位： 职务： 联系电话： 住所地（户籍所在地）： 经常居住地：

委托诉讼代理人	有☑
	    姓名：袁××
	    单位：江苏××律师事务所　职务：律师
	    联系电话：×××××××××
	    代理权限：一般授权□　特别授权☑
	无□

送达地址（所填信息除书面特别声明更改外，适用于案件一审、二审、再审所有后续程序）及收件人、联系电话	地址：江苏省南通市××区××路××号江苏××律师事务所 收件人：袁×× 联系电话：××××××××××
是否接受电子送达	是☑　方式：短信 139××××× 微信 139××××× 传真_____ 邮箱×××@ QQ. COM 其他_____ 否□
被告（法人、非法人组织）	名称：上海××集团建筑工程有限公司 住所地（主要办事机构所在地）：上海市宝山区××路××幢××号 注册地/登记地：上海市宝山区××路××幢××号 法定代表人/主要负责人：黄××　职务：执行董事 联系电话：×××××××××× 统一社会信用代码：911××××××××× 类型：有限责任公司☑　股份有限公司□　上市公司□　其他企业法人□ 事业单位□　社会团体□　基金会□　社会服务机构□ 机关法人□　农村集体经济组织法人□　城镇农村的合作经济组织法人□　基层群众性自治组织法人□ 个人独资企业□　合伙企业□　不具有法人资格的专业服务机构□ 国有☑（控股☑参股□）民营□
被告（自然人）	姓名： 性别：男□　女□ 出生日期：　年　月　日　　民族： 工作单位：　　职务：　　联系电话： 住所地（户籍所在地）： 经常居住地：

58

第三人（法人、非法人组织）	名称： 住所地（主要办事机构所在地）： 注册地/登记地： 法定代表人/主要负责人：　　职务：　　联系电话： 统一社会信用代码： 类型：有限责任公司□　股份有限公司□　上市公司□　其他企业法人□ 事业单位□　社会团体□　基金会□　社会服务机构□ 机关法人□　农村集体经济组织法人□　城镇农村的合作经济组织法人□　基层群众性自治组织法人□ 个人独资企业□　合伙企业□　不具有法人资格的专业服务机构□ 国有□（控股□参股□）民营□
第三人（自然人）	姓名： 性别：男□　女□ 出生日期：　　年　　月　　日 民族： 工作单位：　　职务：　　联系电话： 住所地（户籍所在地）： 经常居住地：
诉讼请求和依据 （原告为卖方时，填写第 1 项、第 2 项；原告为买方时，填写第 3 项、第 4 项；第 5 项至第 10 项为共同填写项）	
1. 给付价款（元）	2395801.28 元（人民币，下同；如外币需特别注明）
2. 迟延给付价款的利息（违约金）	以 2395801.28 元为基数，自 2020 年 6 月 8 日起按照年利率 6%标准计算；是否请求支付至实际清偿之日止：是☑　否□
3. 赔偿因卖方违约所受的损失	支付赔偿金　　　　元 违约类型：迟延履行□　不履行□　其他□ 具体情形： 损失计算依据：
4. 是否对标的物的瑕疵承担责任	是□　修理□重作□　更换□　退货□　减少价款或者报酬□　其他□： 否□

5. 要求继续履行或是解除合同	继续履行□____日内履行完毕付款□供货□义务 判令解除买卖合同☑ 确认买卖合同已于　　年　　月　　日解除□
6. 是否主张担保权利	是□　内容： 否☑
7. 是否主张实现债权的费用	是☑　费用明细：律师费100000元 否□
8. 其他请求	
9. 标的总额	2558026.47（暂计至2020年11月16日起诉时）
10. 请求依据	合同约定：《南通××项目商品混凝土买卖合同》第六条 法律规定：《中华人民共和国民法典》第五百六十二条、五百六十三条、五百六十六条、第六百二十六条、第六百二十八条
约定管辖和诉讼保全	
1. 有无仲裁、法院管辖约定	有□　（合同条款：第　款） 无☑
2. 是否申请财产保全措施	已经诉前保全：是□　　　保全法院：　　　　保全时间： 　　　　　　　否☑ 申请诉讼保全：是□ 　　　　　　　否☑
事实和理由	
1. 合同的签订情况（名称、编号、签订时间、地点等）	2019年9月16日签订《南通××项目商品混凝土买卖合同》
2. 签订主体	出卖人（卖方）：南通××混凝土有限公司 买受人（买方）：上海××集团建筑工程有限公司
3. 买卖标的物情况（标的物名称、规格、质量、数量等）	GB×××混凝土×××吨
4. 合同约定的价格及支付方式	单价　　元；总价　　元；币种： 以现金☑　转账☑　票据□_____（写明票据类型）其他□ _____方式一次性□　分期☑　支付 分期方式：每月最后一日根据实际使用数量结账

5. 合同约定的交货时间、地点、方式、风险承担、安装、调试、验收	由卖方负责将混凝土运送至指定交付地点
6. 合同约定的质量标准及检验方式、质量异议期限	混凝土应符合 GB×××标准，质量异议期为收货后 15 日
7. 合同约定的违约金（定金）	定金□　　元（合同条款：第　条） 违约金□　　元（合同条款：第　条） 迟延履行违约金☑　银行同期活期存款利率%/日（合同条款：第六条）
8. 价款支付及标的物交付情况	支付价款：6950000 元，逾期付款　　元，逾期未付款 2395801.28 元 交付标的物：已交付金额为 9345801.28 元的混凝土；逾期交付　　件，逾期未交付　　件
9. 是否存在迟延履行	是☑　迟延时间：　逾期付款☑　逾期交货□ 否□
10. 是否催促过履行	是☑　催促情况：2020 年 3 月 24 日、2020 年 5 月 13 日，先后通过发送催款函件方式进行了催促 否□
11. 买卖合同标的物有无质量争议	有□　具体情况： 无☑
12. 标的物质量规格或履行方式是否存在不符合约定的情况	是□　具体情况： 否☑
13. 是否曾就标的物质量问题进行协商	是□　具体情况： 否☑
14. 被告应当支付的利息、违约金、赔偿金	利息☑ 62225.19 元 违约金□　　元 赔偿金□　　元 共计 62225.19 元（暂计至 2020 年 11 月 16 日起诉时） 计算方式：利息：2395801.28 元 * 0.06/365 * 158 日 = 62225.19 元
15. 是否签订物的担保（抵押、质押）合同	是□　签订时间： 否☑
16. 担保人、担保物	担保人： 担保物：

17. 是否最高额担保（抵押、质押）	是□　担保债权的确定时间： 　　　担保额度： 否☑
18. 是否办理抵押、质押登记	是□　正式登记□ 　　　预告登记□ 否☑
19. 是否签订保证合同	是□　签订时间：　　　保证人： 　　　主要内容： 否☑
20. 保证方式	一般保证　　□ 连带责任保证□
21. 其他担保方式	是□　形式：　　　　签订时间： 否☑
22. 其他需要说明的内容（可另附页）	
23. 证据清单（可另附页）	后附证据清单

具状人（签字、盖章）：
南通××混凝土有限公司　陈××
日期：2020 年 7 月 15 日

民事答辩状
（买卖合同纠纷）

说明：
为了方便您更好地参加诉讼，保护您的合法权利，请填写本表。 1. 应诉时需向人民法院提交证明您身份的材料，如身份证复印件、营业执照复印件等。 2. 本表所列内容是您参加诉讼以及人民法院查明案件事实所需，请务必如实填写。 3. 本表所涉内容系针对一般买卖合同纠纷案件，有些内容可能与您的案件无关，您认为与案件无关的项目可以填"无"或不填；对于本表中勾选项可以在对应项打"√"；您认为另有重要内容需要列明的，可以在本表尾部或者另附页填写。 ★ **特别提示** ★ 《中华人民共和国民事诉讼法》第十三条第一款规定："民事诉讼应当遵循诚信原则。" 　　如果诉讼参加人违反上述规定，进行虚假诉讼、恶意诉讼，人民法院将视违法情形依法追究责任。

案号	（2023）沪0×民初××号	案由	买卖合同纠纷

当事人信息			

| 答辩人（法人、非法人组织） | 名称：上海××集团建筑工程有限公司
住所地（主要办事机构所在地）：上海市宝山区××路××幢××号
注册地/登记地：上海市宝山区××路××幢××号
法定代表人/主要负责人：黄××　职务：执行董事
联系电话：×××××××××
统一社会信用代码：911××××××××××××××
类型：有限责任公司☑　股份有限公司☐　上市公司☐　其他企业法人☐
　　　事业单位☐　社会团体☐　基金会☐　社会服务机构☐
　　　机关法人☐　农村集体经济组织法人☐　城镇农村的合作经济组织法人☐　基层群众性自治组织法人☐
　　　个人独资企业☐　合伙企业☐　不具有法人资格的专业服务机构☐
　　　国有☑（控股☐参股☑）　民营☐ |
| 答辩人（自然人） | 姓名：
性别：男☐　女☐
出生日期：　　年　　月　　日　　　民族：
工作单位：　　　　职务：　　　　联系电话：
住所地（户籍所在地）：
经常居住地： |

委托诉讼代理人	有☑ 　　姓名：王×× 　　单位：上海××集团建筑工程有限公司　职务：员工 　　　联系电话：××××××××× 　　　代理权限：一般授权☑　特别授权□ 无□
送达地址（所填信息除书面特别声明更改外，适用于案件一审、二审、再审所有后续程序）及收件人、联系电话	地址：上海市宝山区××路××幢××号 收件人：王×× 联系电话：×××××××××
是否接受电子送达	是☑　方式：短信_____　微信_____　传真_____ 　　　邮箱×××@ QQ. COM 其他_____ 否□

答辩事项
（对原告诉讼请求的确认或者异议）

1. 对给付价款的诉请有无异议	无□ 有☑　事实和理由：案涉工程至今尚未结束，原告诉请要求答辩人支付全部合同款项的要求无合同依据，也没有法律依据
2. 对迟延给付价款的利息（违约金）有无异议	无□ 有☑　事实和理由：原告诉请按照年利率6%的标准支付逾期付款利息的标准过高，根据双方的合同约定，应当以中国人民银行同期活期存款利率来计算，原告的诉请有违双方当事人的意思表示
3. 对要求继续履行或是解除合同有无异议	无□ 有☑　事实和理由：答辩人已经支付了全部货款的74.36%，基本履行了合同义务，且剩余的526641.02元也准备马上支付，不属于合同法规定的迟延履行主要给付义务，亦不属于根本违约，不符合合同解除的条件
4. 对赔偿因违约所受的损失有无异议	无□ 有☑　事实和理由：原告诉请按照年利率6%的标准支付逾期付款利息的标准过高，根据双方的合同约定，应当以中国人民银行同期活期存款利率来计算
5. 对就标的物的瑕疵承担责任有无异议	无□ 有□　事实和理由：

6. 对担保权利的诉请有无异议	无□ 有□　事实和理由：
7. 对实现债权的费用有无异议	无□ 有☑　事实和理由：原告无证据证明其实际支付了 100000 元律师费，该主张无事实依据
8. 对其他请求有无异议	无□ 有□　事实和理由：
9. 对标的总额有无异议	无□ 有☑　事实和理由：同意支付原告 526641.02 元，不同意原告的其余诉讼请求
10. 答辩依据	合同约定：《南通××项目商品混凝土买卖合同》第四条、第九条 法律规定：《中华人民共和国民法典》第四百六十五条
事实与理由 （对起诉状事实与理由的确认或者异议）	
1. 对合同签订情况（名称、编号、签订时间、地点）有无异议	无☑ 有□　事实和理由：
2. 对签订主体有无异议	无☑ 有□　事实和理由：
3. 对标的物情况有无异议	无☑ 有□　事实和理由：
4. 对合同约定的价格及支付方式有无异议	无☑ 有□　事实和理由：
5. 对合同约定的交货时间、地点、方式、风险承担、安装、调试、验收有无异议	无☑ 有□　事实和理由：
6. 对合同约定的质量标准及检验方式、质量异议期限有无异议	无☑ 有□　事实和理由：
7. 对合同约定的违约金（定金）有无异议	无□ 有☑　事实和理由：答辩人已经向原告支付了相应的货款，并未构成违约

8. 对价款支付及标的物交付情况有无异议	无☑ 有□　事实和理由：
9. 对是否存在迟延履行有无异议	无□ 有☑　事实和理由：被告未迟延履行支付价款义务
10. 对是否催促过履行有无异议	无☑ 有□　事实和理由：
11. 对买卖合同标的物有无质量争议有无异议	无☑ 有□　事实和理由：
12. 对标的物质量规格或履行方式是否存在不符合约定的情况有无异议	无☑ 有□　事实和理由：
13. 对是否曾就标的物质量问题进行协商有无异议	无☑ 有□　事实和理由：
14. 对应当支付的利息、违约金、赔偿金有无异议	无□ 有☑　事实和理由：合同尚在履行期限内，被告不够成违约；且原告主张的逾期利率过高，不符合合同约定
15. 对是否签订物的担保合同有无异议	无□ 有□　事实和理由：
16. 对担保人、担保物有无异议	无□ 有□　事实和理由：
17. 对最高额抵押担保有无异议	无□ 有□　事实和理由：
18. 对是否办理抵押/质押登记有无异议	无□ 有□　事实和理由：
19. 对是否签订保证合同有无异议	无□ 有□　事实和理由：
20. 对保证方式有无异议	无□ 有□　事实和理由：
21. 对其他担保方式有无异议	无□ 有□　事实和理由：
22. 有无其他免责/减责事由	无□ 有□　事实和理由：

23. 其他需要说明的内容（可另附页）	
24. 证据清单（可另附页）	

答辩人（签字、盖章）：
上海××集团建筑工程有限公司　黄××
日期：2020 年 7 月 6 日

（二）法律依据

1.《中华人民共和国民法典》（2020年5月28日）

第五百九十五条 买卖合同是出卖人转移标的物的所有权于买受人，买受人支付价款的合同。

第五百九十六条 买卖合同的内容一般包括标的物的名称、数量、质量、价款、履行期限、履行地点和方式、包装方式、检验标准和方法、结算方式、合同使用的文字及其效力等条款。

第五百九十七条 因出卖人未取得处分权致使标的物所有权不能转移的，买受人可以解除合同并请求出卖人承担违约责任。

法律、行政法规禁止或者限制转让的标的物，依照其规定。

第五百九十八条 出卖人应当履行向买受人交付标的物或者交付提取标的物的单证，并转移标的物所有权的义务。

第五百九十九条 出卖人应当按照约定或者交易习惯向买受人交付提取标的物单证以外的有关单证和资料。

第六百条 出卖具有知识产权的标的物的，除法律另有规定或者当事人另有约定外，该标的物的知识产权不属于买受人。

第六百零一条 出卖人应当按照约定的时间交付标的物。约定交付期限的，出卖人可以在该交付期限内的任何时间交付。

第六百零二条 当事人没有约定标的物的交付期限或者约定不明确的，适用本法第五百一十条、第五百一十一条第四项的规定。

第六百零三条 出卖人应当按照约定的地点交付标的物。

当事人没有约定交付地点或者约定不明确，依据本法第五百一十条的规定仍不能确定的，适用下列规定：

（一）标的物需要运输的，出卖人应当将标的物交付给第一承运人以运交给买受人；

（二）标的物不需要运输，出卖人和买受人订立合同时知道标的物在某一地点的，出卖人应当在该地点交付标的物；不知道标的物在某一地点的，应当在出卖人订立合同时的营业地交付标的物。

第六百零四条 标的物毁损、灭失的风险，在标的物交付之前由出卖人承担，交付之后由买受人承担，但是法律另有规定或者当事人另有约定的除外。

第六百零五条 因买受人的原因致使标的物未按照约定的期限交付的，买受人应当自违反约定时起承担标的物毁损、灭失的风险。

第六百零六条 出卖人出卖交由承运人运输的在途标的物，除当事人另有约定外，毁损、灭失的风险自合同成立时起由买受人承担。

第六百零七条 出卖人按照约定将标的物运送至买受人指定地点并交付给承运人后，标的物毁损、灭失的风险由买受人承担。

当事人没有约定交付地点或者约定不明确，依据本法第六百零三条第二款第一项的规定标的物需要运输的，出卖人将标的物交付给第一承运人后，标的物毁损、灭失的风险由买受人承担。

第六百零八条 出卖人按照约定或者依据本法第六百零三条第二款第二项的规定将标的物置于交付地点，买受人违反约定没有收取的，标的物毁损、灭失的风险自违反约定时起由买受人承担。

第六百零九条 出卖人按照约定未交付有关标的物的单证和资料的，不影响标的物毁损、灭失风险的转移。

第六百一十条 因标的物不符合质量要求，致使不能实现合同目的的，买受人可以拒绝接受标的物或者解除合同。买受人拒绝接受标的物或者解除合同的，标的物毁损、灭失的风险由出卖人承担。

第六百一十一条 标的物毁损、灭失的风险由买受人承担的，不影响因出卖人履行义务不符合约定，买受人请求其承担违约责任的权利。

第六百一十二条 出卖人就交付的标的物，负有保证第三人对该标的物不享有任何权利的义务，但是法律另有规定的除外。

第六百一十三条 买受人订立合同时知道或者应当知道第三人对买卖的标的物享有权利的，出卖人不承担前条规定的义务。

第六百一十四条 买受人有确切证据证明第三人对标的物享有权利的，可以中止支付相应的价款，但是出卖人提供适当担保的除外。

第六百一十五条 出卖人应当按照约定的质量要求交付标的物。出卖人提供有关标的物质量说明的，交付的标的物应当符合该说明的质量要求。

第六百一十六条 当事人对标的物的质量要求没有约定或者约定不明确，依据本法第五百一十条的规定仍不能确定的，适用本法第五百一十一条第一项的规定。

第六百一十七条　出卖人交付的标的物不符合质量要求的，买受人可以依据本法第五百八十二条至第五百八十四条的规定请求承担违约责任。

第六百一十八条　当事人约定减轻或者免除出卖人对标的物瑕疵承担的责任，因出卖人故意或者重大过失不告知买受人标的物瑕疵的，出卖人无权主张减轻或者免除责任。

第六百一十九条　出卖人应当按照约定的包装方式交付标的物。对包装方式没有约定或者约定不明确，依据本法第五百一十条的规定仍不能确定的，应当按照通用的方式包装；没有通用方式的，应当采取足以保护标的物且有利于节约资源、保护生态环境的包装方式。

第六百二十条　买受人收到标的物时应当在约定的检验期限内检验。没有约定检验期限的，应当及时检验。

第六百二十一条　当事人约定检验期限的，买受人应当在检验期限内将标的物的数量或者质量不符合约定的情形通知出卖人。买受人怠于通知的，视为标的物的数量或者质量符合约定。

当事人没有约定检验期限的，买受人应当在发现或者应当发现标的物的数量或者质量不符合约定的合理期限内通知出卖人。买受人在合理期限内未通知或者自收到标的物之日起二年内未通知出卖人的，视为标的物的数量或者质量符合约定；但是，对标的物有质量保证期的，适用质量保证期，不适用该二年的规定。

出卖人知道或者应当知道提供的标的物不符合约定的，买受人不受前两款规定的通知时间的限制。

第六百二十二条　当事人约定的检验期限过短，根据标的物的性质和交易习惯，买受人在检验期限内难以完成全面检验的，该期限仅视为买受人对标的物的外观瑕疵提出异议的期限。

约定的检验期限或者质量保证期短于法律、行政法规规定期限的，应当以法律、行政法规规定的期限为准。

第六百二十三条　当事人对检验期限未作约定，买受人签收的送货单、确认单等载明标的物数量、型号、规格的，推定买受人已经对数量和外观瑕疵进行检验，但是有相关证据足以推翻的除外。

第六百二十四条　出卖人依照买受人的指示向第三人交付标的物，出卖人和买受人约定的检验标准与买受人和第三人约定的检验标准不一致的，以出卖人和买受人约定的检验标准为准。

第六百二十五条　依照法律、行政法规的规定或者按照当事人的约定，标的物在有效使用年限届满后应予回收的，出卖人负有自行或者委托第三人对标的物予以回收的义务。

第六百二十六条　买受人应当按照约定的数额和支付方式支付价款。对价款的数额和支付方式没有约定或者约定不明确的，适用本法第五百一十条、第五百一十一条第二项和第五项的规定。

第六百二十七条　买受人应当按照约定的地点支付价款。对支付地点没有约定或者约定不明确，依据本法第五百一十条的规定仍不能确定的，买受人应当在出卖人的营业地支付；但是，约定支付价款以交付标的物或者交付提取标的物单证为条件的，在交付标的物或者交付提取标的物单证的所在地支付。

第六百二十八条　买受人应当按照约定的时间支付价款。对支付时间没有约定或者约定不明确，依据本法第五百一十条的规定仍不能确定的，买受人应当在收到标的物或者提取标的物单证的同时支付。

第六百二十九条　出卖人多交标的物的，买受人可以接收或者拒绝接收多交的部分。买受人接收多交部分的，按照约定的价格支付价款；买受人拒绝接收多交部分的，应当及时通知出卖人。

第六百三十条　标的物在交付之前产生的孳息，归出卖人所有；交付之后产生的孳息，归买受人所有。但是，当事人另有约定的除外。

第六百三十一条　因标的物的主物不符合约定而解除合同的，解除合同的效力及于从物。因标的物的从物不符合约定被解除的，解除的效力不及于主物。

第六百三十二条　标的物为数物，其中一物不符合约定的，买受人可以就该物解除。但是，该物与他物分离使标的物的价值显受损害的，买受人可以就数物解除合同。

第六百三十三条　出卖人分批交付标的物的，出卖人对其中一批标的物不交付或者交付不符合约定，致使该批标的物不能实现合同目的的，买受人可以就该批标的物解除。

出卖人不交付其中一批标的物或者交付不符合约定，致使之后其他各批标的物的交付不能实现合同目的的，买受人可以就该批以及之后其他各批标的物解除。

买受人如果就其中一批标的物解除，该批标的物与其他各批标的物相互依存的，可以就已经交付和未交付的各批标的物解除。

第六百三十四条　分期付款的买受人未支付到期价款的数额达到全部价款的五分之一，经催告后在合理期限内仍未支付到期价款的，出卖人可以请求买受人支付全部价款或者解除合同。

出卖人解除合同的，可以向买受人请求支付该标的物的使用费。

第六百三十五条 凭样品买卖的当事人应当封存样品，并可以对样品质量予以说明。出卖人交付的标的物应当与样品及其说明的质量相同。

第六百三十六条 凭样品买卖的买受人不知道样品有隐蔽瑕疵的，即使交付的标的物与样品相同，出卖人交付的标的物的质量仍然应当符合同种物的通常标准。

第六百三十七条 试用买卖的当事人可以约定标的物的试用期限。对试用期限没有约定或者约定不明确，依据本法第五百一十条的规定仍不能确定的，由出卖人确定。

第六百三十八条 试用买卖的买受人在试用期内可以购买标的物，也可以拒绝购买。试用期限届满，买受人对是否购买标的物未作表示的，视为购买。

试用买卖的买受人在试用期内已经支付部分价款或者对标的物实施出卖、出租、设立担保物权等行为的，视为同意购买。

第六百三十九条 试用买卖的当事人对标的物使用费没有约定或者约定不明确的，出卖人无权请求买受人支付。

第六百四十条 标的物在试用期内毁损、灭失的风险由出卖人承担。

第六百四十一条 当事人可以在买卖合同中约定买受人未履行支付价款或者其他义务的，标的物的所有权属于出卖人。

出卖人对标的物保留的所有权，未经登记，不得对抗善意第三人。

第六百四十二条 当事人约定出卖人保留合同标的物的所有权，在标的物所有权转移前，买受人有下列情形之一，造成出卖人损害的，除当事人另有约定外，出卖人有权取回标的物：

（一）未按照约定支付价款，经催告后在合理期限内仍未支付；

（二）未按照约定完成特定条件；

（三）将标的物出卖、出质或者作出其他不当处分。

出卖人可以与买受人协商取回标的物；协商不成的，可以参照适用担保物权的实现程序。

第六百四十三条 出卖人依据前条第一款的规定取回标的物后，买受人在双方约定或者出卖人指定的合理回赎期限内，消除出卖人取回标的物的事由的，可以请求回赎标的物。

买受人在回赎期限内没有回赎标的物，出卖人可以以合理价格将标的物出卖给第三人，出卖所得价款扣除买受人未支付的价款以及必要费用后仍有剩余的，应当返还买受人；不足部分由买受人清偿。

第六百四十四条 招标投标买卖的当事人的权利和义务以及招标投标程序等，依照有关法律、行政法规的规定。

第六百四十五条 拍卖的当事人的权利和义务以及拍卖程序等，依照有关法律、行政法规的规定。

第六百四十六条 法律对其他有偿合同有规定的，依照其规定；没有规定的，参照适用买卖合同的有关规定。

第六百四十七条 当事人约定易货交易，转移标的物的所有权的，参照适用买卖合同的有关规定。

2.《最高人民法院关于审理买卖合同纠纷案件适用法律问题的解释》（2020年12月29日）

为正确审理买卖合同纠纷案件，根据《中华人民共和国民法典》《中华人民共和国民事诉讼法》等法律的规定，结合审判实践，制定本解释。

<h3 align="center">一、买卖合同的成立</h3>

第一条 当事人之间没有书面合同，一方以送货单、收货单、结算单、发票等主张存在买卖合同关系的，人民法院应当结合当事人之间的交易方式、交易习惯以及其他相关证据，对买卖合同是否成立作出认定。

对账确认函、债权确认书等函件、凭证没有记载债权人名称，买卖合同当事人一方以此证明存在买卖合同关系的，人民法院应予支持，但有相反证据足以推翻的除外。

<h3 align="center">二、标的物交付和所有权转移</h3>

第二条 标的物为无需以有形载体交付的电子信息产品，当事人对交付方式约定不明确，且依照民法典第五百一十条的规定仍不能确定的，买受人收到约定的电子信息产品或者权利凭证即为交付。

第三条 根据民法典第六百二十九条的规定，买受人拒绝接收多交部分标的物的，可以代为保管多交部分标的物。买受人主张出卖人负担代为保管期间的合理费用的，人民法院应予支持。

买受人主张出卖人承担代为保管期间非因买受人故意或者重大过失造成的损失的，人民法院应予支持。

第四条 民法典第五百九十九条规定的"提取标的物单证以外的有关单证和资料"，主要应当包括保险单、保修单、普通发票、增值税专用发票、产品合格证、质量保证书、质量鉴定书、品质检验证书、产品进出口检疫书、原产地证明书、使用说明书、装箱单等。

第五条 出卖人仅以增值税专用发票及税款抵扣资料证明其已履行交付标的物义务，买受人不认可的，出卖人应当提供其他证据证明交付标的物的事实。

合同约定或者当事人之间习惯以普通发票作为付款凭证，买受人以普通发票证明已经履行付款义务的，人民法院应予支持，但有相反证据足以推翻的除外。

第六条 出卖人就同一普通动产订立多重买卖合同，在买卖合同均有效的情况下，买受人均要求实际履行合同的，应当按照以下情形分别处理：

（一）先行受领交付的买受人请求确认所有权已经转移的，人民法院应予支持；

（二）均未受领交付，先行支付价款的买受人请求出卖人履行交付标的物等合同义务的，人民法院应予支持；

（三）均未受领交付，也未支付价款，依法成立在先合同的买受人请求出卖人履行交付标的物等合同义务的，人民法院应予支持。

第七条 出卖人就同一船舶、航空器、机动车等特殊动产订立多重买卖合同，在买卖合同均有效的情况下，买受人均要求实际履行合同的，应当按照以下情形分别处理：

（一）先行受领交付的买受人请求出卖人履行办理所有权转移登记手续等合同义务的，人民法院应予支持；

（二）均未受领交付，先行办理所有权转移登记手续的买受人请求出卖人履行交付标的物等合同义务的，人民法院应予支持；

（三）均未受领交付，也未办理所有权转移登记手续，依法成立在先合同的买受人请求出卖人履行交付标的物和办理所有权转移登记手续等合同义务的，人民法院应予支持；

（四）出卖人将标的物交付给买受人之一，又为其他买受人办理所有权转移登记，已受领交付的买受人请求将标的物所有权登记在自己名下的，人民法院应予支持。

三、标的物风险负担

第八条 民法典第六百零三条第二款第一项规定的"标的物需要运输的"，是指标的物由出卖人负责办理托运，承运人系独立于买卖合同当事人之外的运输业者的情形。标的物毁损、灭失的风险负担，按照民法典第六百零七条第二款的规定处理。

第九条　出卖人根据合同约定将标的物运送至买受人指定地点并交付给承运人后，标的物毁损、灭失的风险由买受人负担，但当事人另有约定的除外。

第十条　出卖人出卖交由承运人运输的在途标的物，在合同成立时知道或者应当知道标的物已经毁损、灭失却未告知买受人，买受人主张出卖人负担标的物毁损、灭失的风险的，人民法院应予支持。

第十一条　当事人对风险负担没有约定，标的物为种类物，出卖人未以装运单据、加盖标记、通知买受人等可识别的方式清楚地将标的物特定于买卖合同，买受人主张不负担标的物毁损、灭失的风险的，人民法院应予支持。

四、标的物检验

第十二条　人民法院具体认定民法典第六百二十一条第二款规定的"合理期限"时，应当综合当事人之间的交易性质、交易目的、交易方式、交易习惯、标的物的种类、数量、性质、安装和使用情况、瑕疵的性质、买受人应尽的合理注意义务、检验方法和难易程度、买受人或者检验人所处的具体环境、自身技能以及其他合理因素，依据诚实信用原则进行判断。

民法典第六百二十一条第二款规定的"二年"是最长的合理期限。该期限为不变期间，不适用诉讼时效中止、中断或者延长的规定。

第十三条　买受人在合理期限内提出异议，出卖人以买受人已经支付价款、确认欠款数额、使用标的物等为由，主张买受人放弃异议的，人民法院不予支持，但当事人另有约定的除外。

第十四条　民法典第六百二十一条规定的检验期限、合理期限、二年期限经过后，买受人主张标的物的数量或者质量不符合约定的，人民法院不予支持。

出卖人自愿承担违约责任后，又以上述期限经过为由翻悔的，人民法院不予支持。

五、违约责任

第十五条　买受人依约保留部分价款作为质量保证金，出卖人在质量保证期未及时解决质量问题而影响标的物的价值或者使用效果，出卖人主张支付该部分价款的，人民法院不予支持。

第十六条　买受人在检验期限、质量保证期、合理期限内提出质量异议，出卖人未按要求予以修理或者因情况紧急，买受人自行或者通过第三人修理标的物后，主张出卖人负担因此发生的合理费用的，人民法院应予支持。

第十七条　标的物质量不符合约定，买受人依照民法典第五百八十二条的规定要求减少价款的，人民法院应予支持。当事人主张以符合约定的标的物和实际交付的标的物按交付时的市场价值计算差价的，人民法院应予支持。

价款已经支付，买受人主张返还减价后多出部分价款的，人民法院应予支持。

第十八条 买卖合同对付款期限作出的变更，不影响当事人关于逾期付款违约金的约定，但该违约金的起算点应当随之变更。

买卖合同约定逾期付款违约金，买受人以出卖人接受价款时未主张逾期付款违约金为由拒绝支付该违约金的，人民法院不予支持。

买卖合同约定逾期付款违约金，但对账单、还款协议等未涉及逾期付款责任，出卖人根据对账单、还款协议等主张欠款时请求买受人依约支付逾期付款违约金的，人民法院应予支持，但对账单、还款协议等明确载有本金及逾期付款利息数额或者已经变更买卖合同中关于本金、利息等约定内容的除外。

买卖合同没有约定逾期付款违约金或者该违约金的计算方法，出卖人以买受人违约为由主张赔偿逾期付款损失，违约行为发生在 2019 年 8 月 19 日之前的，人民法院可以中国人民银行同期同类人民币贷款基准利率为基础，参照逾期罚息利率标准计算；违约行为发生在 2019 年 8 月 20 日之后的，人民法院可以违约行为发生时中国人民银行授权全国银行间同业拆借中心公布的一年期贷款市场报价利率（LPR）标准为基础，加计 30—50% 计算逾期付款损失。

第十九条 出卖人没有履行或者不当履行从给付义务，致使买受人不能实现合同目的，买受人主张解除合同的，人民法院应当根据民法典第五百六十三条第一款第四项的规定，予以支持。

第二十条 买卖合同因违约而解除后，守约方主张继续适用违约金条款的，人民法院应予支持；但约定的违约金过分高于造成的损失的，人民法院可以参照民法典第五百八十五条第二款的规定处理。

第二十一条 买卖合同当事人一方以对方违约为由主张支付违约金，对方以合同不成立、合同未生效、合同无效或者不构成违约等为由进行免责抗辩而未主张调整过高的违约金的，人民法院应当就法院若不支持免责抗辩，当事人是否需要主张调整违约金进行释明。

一审法院认为免责抗辩成立且未予释明，二审法院认为应当判决支付违约金的，可以直接释明并改判。

第二十二条 买卖合同当事人一方违约造成对方损失，对方主张赔偿可得利益损失的，人民法院在确定违约责任范围时，应当根据当事人的主张，依据民法典第五百八十四条、第五百九十一条、第五百九十二条、本解释第二十三条等规定进行认定。

第二十三条 买卖合同当事人一方因对方违约而获有利益，违约方主张从损失赔偿额中扣除该部分利益的，人民法院应予支持。

第二十四条 买受人在缔约时知道或者应当知道标的物质量存在瑕疵，主张出卖人承担瑕疵担保责任的，人民法院不予支持，但买受人在缔约时不知道该瑕疵会导致标的物的基本效用显著降低的除外。

六、所有权保留

第二十五条 买卖合同当事人主张民法典第六百四十一条关于标的物所有权保留的规定适用于不动产的，人民法院不予支持。

第二十六条 买受人已经支付标的物总价款的百分之七十五以上，出卖人主张取回标的物的，人民法院不予支持。

在民法典第六百四十二条第一款第三项情形下，第三人依据民法典第三百一十一条的规定已经善意取得标的物所有权或者其他物权，出卖人主张取回标的物的，人民法院不予支持。

七、特种买卖

第二十七条 民法典第六百三十四条第一款规定的"分期付款"，系指买受人将应付的总价款在一定期限内至少分三次向出卖人支付。

分期付款买卖合同的约定违反民法典第六百三十四条第一款的规定，损害买受人利益，买受人主张该约定无效的，人民法院应予支持。

第二十八条 分期付款买卖合同约定出卖人在解除合同时可以扣留已受领价金，出卖人扣留的金额超过标的物使用费以及标的物受损赔偿额，买受人请求返还超过部分的，人民法院应予支持。

当事人对标的物的使用费没有约定的，人民法院可以参照当地同类标的物的租金标准确定。

第二十九条 合同约定的样品质量与文字说明不一致且发生纠纷时当事人不能达成合意，样品封存后外观和内在品质没有发生变化的，人民法院应当以样品为准；外观和内在品质发生变化，或者当事人对是否发生变化有争议而又无法查明的，人民法院应当以文字说明为准。

第三十条 买卖合同存在下列约定内容之一的，不属于试用买卖。买受人主张属于试用买卖的，人民法院不予支持：

（一）约定标的物经过试用或者检验符合一定要求时，买受人应当购买标的物；

（二）约定第三人经试验对标的物认可时，买受人应当购买标的物；

（三）约定买受人在一定期限内可以调换标的物；

（四）约定买受人在一定期限内可以退还标的物。

八、其他问题

第三十一条　出卖人履行交付义务后诉请买受人支付价款，买受人以出卖人违约在先为由提出异议的，人民法院应当按照下列情况分别处理：

（一）买受人拒绝支付违约金、拒绝赔偿损失或者主张出卖人应当采取减少价款等补救措施的，属于提出抗辩；

（二）买受人主张出卖人应支付违约金、赔偿损失或者要求解除合同的，应当提起反诉。

第三十二条　法律或者行政法规对债权转让、股权转让等权利转让合同有规定的，依照其规定；没有规定的，人民法院可以根据民法典第四百六十七条和第六百四十六条的规定，参照适用买卖合同的有关规定。

权利转让或者其他有偿合同参照适用买卖合同的有关规定的，人民法院应当首先引用民法典第六百四十六条的规定，再引用买卖合同的有关规定。

第三十三条　本解释施行前本院发布的有关购销合同、销售合同等有偿转移标的物所有权的合同的规定，与本解释抵触的，自本解释施行之日起不再适用。

本解释施行后尚未终审的买卖合同纠纷案件，适用本解释；本解释施行前已经终审，当事人申请再审或者按照审判监督程序决定再审的，不适用本解释。

3.《最高人民法院关于审理商品房买卖合同纠纷案件适用法律若干问题的解释》（2020 年 12 月 29 日）

为正确、及时审理商品房买卖合同纠纷案件，根据《中华人民共和国民法典》《中华人民共和国城市房地产管理法》等相关法律，结合民事审判实践，制定本解释。

第一条　本解释所称的商品房买卖合同，是指房地产开发企业（以下统称为出卖人）将尚未建成或者已竣工的房屋向社会销售并转移房屋所有权于买受人，买受人支付价款的合同。

第二条　出卖人未取得商品房预售许可证明，与买受人订立的商品房预售合同，应当认定无效，但是在起诉前取得商品房预售许可证明的，可以认定有效。

第三条　商品房的销售广告和宣传资料为要约邀请，但是出卖人就商品房开发规划范围内的房屋及相关设施所作的说明和允诺具体确定，并对商品房买卖合同的订立以及房屋价格的确定有重大影响的，构成要约。该说明和允诺即使未载入商品房买卖合同，亦应当为合同内容，当事人违反的，应当承担违约责任。

第四条 出卖人通过认购、订购、预订等方式向买受人收受定金作为订立商品房买卖合同担保的，如果因当事人一方原因未能订立商品房买卖合同，应当按照法律关于定金的规定处理；因不可归责于当事人双方的事由，导致商品房买卖合同未能订立的，出卖人应当将定金返还买受人。

第五条 商品房的认购、订购、预订等协议具备《商品房销售管理办法》第十六条规定的商品房买卖合同的主要内容，并且出卖人已经按照约定收受购房款的，该协议应当认定为商品房买卖合同。

第六条 当事人以商品房预售合同未按照法律、行政法规规定办理登记备案手续为由，请求确认合同无效的，不予支持。

当事人约定以办理登记备案手续为商品房预售合同生效条件的，从其约定，但当事人一方已经履行主要义务，对方接受的除外。

第七条 买受人以出卖人与第三人恶意串通，另行订立商品房买卖合同并将房屋交付使用，导致其无法取得房屋为由，请求确认出卖人与第三人订立的商品房买卖合同无效的，应予支持。

第八条 对房屋的转移占有，视为房屋的交付使用，但当事人另有约定的除外。

房屋毁损、灭失的风险，在交付使用前由出卖人承担，交付使用后由买受人承担；买受人接到出卖人的书面交房通知，无正当理由拒绝接收的，房屋毁损、灭失的风险自书面交房通知确定的交付使用之日起由买受人承担，但法律另有规定或者当事人另有约定的除外。

第九条 因房屋主体结构质量不合格不能交付使用，或者房屋交付使用后，房屋主体结构质量经核验确属不合格，买受人请求解除合同和赔偿损失的，应予支持。

第十条 因房屋质量问题严重影响正常居住使用，买受人请求解除合同和赔偿损失的，应予支持。

交付使用的房屋存在质量问题，在保修期内，出卖人应当承担修复责任；出卖人拒绝修复或者在合理期限内拖延修复的，买受人可以自行或者委托他人修复。修复费用及修复期间造成的其他损失由出卖人承担。

第十一条 根据民法典第五百六十三条的规定，出卖人迟延交付房屋或者买受人迟延支付购房款，经催告后在三个月的合理期限内仍未履行，解除权人请求解除合同的，应予支持，但当事人另有约定的除外。

法律没有规定或者当事人没有约定，经对方当事人催告后，解除权行使的合理期限为三个月。对方当事人没有催告的，解除权人自知道或者应当知道解除事由之日起一年内行使。逾期不行使的，解除权消灭。

第十二条 当事人以约定的违约金过高为由请求减少的，应当以违约金超过造成的损失 30% 为标准适当减少；当事人以约定的违约金低于造成的损失为由请求增加的，应当以违约造成的损失确定违约金数额。

第十三条 商品房买卖合同没有约定违约金数额或者损失赔偿额计算方法，违约金数额或者损失赔偿额可以参照以下标准确定：

逾期付款的，按照未付购房款总额，参照中国人民银行规定的金融机构计收逾期贷款利息的标准计算。

逾期交付使用房屋的，按照逾期交付使用房屋期间有关主管部门公布或者有资格的房地产评估机构评定的同地段同类房屋租金标准确定。

第十四条 由于出卖人的原因，买受人在下列期限届满未能取得不动产权属证书的，除当事人有特殊约定外，出卖人应当承担违约责任：

（一）商品房买卖合同约定的办理不动产登记的期限；

（二）商品房买卖合同的标的物为尚未建成房屋的，自房屋交付使用之日起 90 日；

（三）商品房买卖合同的标的物为已竣工房屋的，自合同订立之日起 90 日。

合同没有约定违约金或者损失数额难以确定的，可以按照已付购房款总额，参照中国人民银行规定的金融机构计收逾期贷款利息的标准计算。

第十五条 商品房买卖合同约定或者城市房地产开发经营管理条例第三十二条规定的办理不动产登记的期限届满后超过一年，由于出卖人的原因，导致买受人无法办理不动产登记，买受人请求解除合同和赔偿损失的，应予支持。

第十六条 出卖人与包销人订立商品房包销合同，约定出卖人将其开发建设的房屋交由包销人以出卖人的名义销售的，包销期满未销售的房屋，由包销人按照合同约定的包销价格购买，但当事人另有约定的除外。

第十七条 出卖人自行销售已经约定由包销人包销的房屋，包销人请求出卖人赔偿损失的，应予支持，但当事人另有约定的除外。

第十八条 对于买受人因商品房买卖合同与出卖人发生的纠纷，人民法院应当通知包销人参加诉讼；出卖人、包销人和买受人对各自的权利义务有明确约定的，按照约定的内容确定各方的诉讼地位。

第十九条 商品房买卖合同约定，买受人以担保贷款方式付款、因当事人一方原因未能订立商品房担保贷款合同并导致商品房买卖合同不能继续履行的，对方当事人可以请求解除合同和赔偿损失。因不可归责于当事人双方的事由未能订立商品房担保贷款合同并导致商品房买卖合同不能继续履行的，当事人可以请求解除合同，出卖人应当将收受的购房款本金及其利息或者定金返还买受人。

第二十条 因商品房买卖合同被确认无效或者被撤销、解除，致使商品房担保贷款合同的目的无法实现，当事人请求解除商品房担保贷款合同的，应予支持。

第二十一条 以担保贷款为付款方式的商品房买卖合同的当事人一方请求确认商品房买卖合同无效或者撤销、解除合同的，如果担保权人作为有独立请求权第三人提出诉讼请求，应当与商品房担保贷款合同纠纷合并审理；未提出诉讼请求的，仅处理商品房买卖合同纠纷。担保权人就商品房担保贷款合同纠纷另行起诉的，可以与商品房买卖合同纠纷合并审理。

商品房买卖合同被确认无效或者被撤销、解除后，商品房担保贷款合同也被解除的、出卖人应当将收受的购房贷款和购房款的本金及利息分别返还担保权人和买受人。

第二十二条 买受人未按照商品房担保贷款合同的约定偿还贷款，亦未与担保权人办理不动产抵押登记手续，担保权人起诉买受人，请求处分商品房买卖合同项下买受人合同权利的，应当通知出卖人参加诉讼；担保权人同时起诉出卖人时，如果出卖人为商品房担保贷款合同提供保证的，应当列为共同被告。

第二十三条 买受人未按照商品房担保贷款合同的约定偿还贷款，但是已经取得不动产权属证书并与担保权人办理了不动产抵押登记手续，抵押权人请求买受人偿还贷款或者就抵押的房屋优先受偿的，不应当追加出卖人为当事人，但出卖人提供保证的除外。

第二十四条 本解释自 2003 年 6 月 1 日起施行。

城市房地产管理法施行后订立的商品房买卖合同发生的纠纷案件，本解释公布施行后尚在一审、二审阶段的，适用本解释。

城市房地产管理法施行后订立的商品房买卖合同发生的纠纷案件，在本解释公布施行前已经终审，当事人申请再审或者按照审判监督程序决定再审的，不适用本解释。

城市房地产管理法施行前发生的商品房买卖行为，适用当时的法律、法规和《最高人民法院〈关于审理房地产管理法施行前房地产开发经营案件若干问题的解答〉》。

四、金融借款合同纠纷

（一）示范文本

民事起诉状
（金融借款合同纠纷）

说明：	
为了方便您更好地参加诉讼，保护您的合法权利，请填写本表。	
1. 起诉时需向人民法院提交证明您身份的材料，如身份证复印件、营业执照复印件等。	
2. 本表所列内容是您提起诉讼以及人民法院查明案件事实所需，请务必如实填写。	
3. 本表所涉内容系针对一般金融借款合同纠纷案件，有些内容可能与您的案件无关，您认为与案件无关的项目可以填"无"或不填；对于本表中勾选项可以在对应项打"√"；您认为另有重要内容需要列明的，可以在本表尾部或者另附页填写。	
★特别提示★	
《中华人民共和国民事诉讼法》第十三条第一款规定："民事诉讼应当遵循诚信原则。"	
如果诉讼参加人违反上述规定，进行虚假诉讼、恶意诉讼，人民法院将视违法情形依法追究责任。	

当事人信息	
原告（法人、非法人组织）	名称： 住所地（主要办事机构所在地）： 注册地/登记地： 法定代表人/主要负责人：　　职务：　　联系电话： 统一社会信用代码： 类型：有限责任公司□　股份有限公司□　上市公司□　其他企业法人□ 事业单位□　社会团体□　基金会□　社会服务机构□ 机关法人□　农村集体经济组织法人□　城镇农村的合作经济组织法人□　基层群众性自治组织法人□ 个人独资企业□　合伙企业□　不具有法人资格的专业服务机构□ 国有□（控股□参股□）民营□

原告（自然人）	姓名： 性别：男□ 女□ 出生日期： 年 月 日 民族： 工作单位： 职务： 联系电话： 住所地（户籍所在地）： 经常居住地：
委托诉讼代理人	有□ 姓名： 单位： 职务： 联系电话： 代理权限：一般授权□ 特别授权□ 无□
送达地址（所填信息除书面特别声明更改外，适用于案件一审、二审、再审所有后续程序）及收件人、电话	地址： 收件人： 电话：
是否接受电子送达	是□ 方式：短信_____ 微信_____ 传真_____ 邮箱_____ 其他_____ 否□
被告（法人、非法人组织）	名称： 住所地（主要办事机构所在地）： 注册地/登记地： 法定代表人/主要负责人： 职务： 联系电话： 统一社会信用代码： 类型：有限责任公司□ 股份有限公司□ 上市公司□ 其他企业法人□ 事业单位□ 社会团体□ 基金会□ 社会服务机构□ 机关法人□ 农村集体经济组织法人□ 城镇农村的合作经济组织法人□ 基层群众性自治组织法人□ 个人独资企业□ 合伙企业□ 不具有法人资格的专业服务机构□ 国有□（控股□参股□）民营□

被告（自然人）	姓名： 性别：男□　女□ 出生日期：　　年　　月　　日　　　　民族： 工作单位：　　　　职务：　　　　联系电话： 住所地（户籍所在地）： 经常居住地：
第三人（法人、非法人组织）	名称： 住所地（主要办事机构所在地）： 注册地/登记地： 法定代表人/主要负责人：　　　职务：　　　联系电话： 统一社会信用代码： 类型：有限责任公司□　股份有限公司□　上市公司□　其他企业法人□ 事业单位□　社会团体□　基金会□　社会服务机构□ 机关法人□　农村集体经济组织法人□　城镇农村的合作经济组织法人□　基层群众性自治组织法人□ 个人独资企业□　合伙企业□　不具有法人资格的专业服务机构□ 国有□（控股□参股□）民营□
第三人（自然人）	姓名： 性别：男□　女□ 出生日期：　　年　　月　　日　　　　民族： 工作单位：　　　　职务：　　　　联系电话： 住所地（户籍所在地）： 经常居住地：
诉讼请求和依据	
1. 本金	截至　　年　　月　　日止，尚欠本金　　元（人民币，下同；如外币需特别注明）
2. 利息（复利、罚息）	截至　　年　　月　　日止，欠利息　　元、复利　　元、罚息（违约金）　　元；　　计算方式： 是否请求支付至实际清偿之日止：是□　否□
3. 是否要求提前还款或解除合同	是□　提前还款（加速到期）□/解除合同□ 否□
4. 是否主张担保权利	是□　内容： 否□

5. 是否主张实现债权的费用	是□　明细： 否□
6. 其他请求	
7. 标的总额	
8. 请求依据	合同约定： 法律规定：

约定管辖和诉讼保全	
1. 有无仲裁、法院管辖约定	有□　合同条款及内容： 无□
2. 是否申请财产保全措施	已经诉前保全：是□　　保全法院：　　保全时间： 　　　　　　　　否□ 申请诉讼保全：是□ 　　　　　　　　否□

事实和理由	
1. 合同签订情况（名称、编号、签订时间、地点等）	
2. 签订主体	贷款人： 借款人：
3. 借款金额	约定： 实际发放：
4. 借款期限	是否到期：是□　否□ 约定期限：　　　年　　月　　日起至　　　年　　月　　日止
5. 借款利率	利率□　%/年（季/月）（合同条款：第　条） 逾期上浮□　%/年（合同条款：第　条） 复利□　（合同条款：第　条） 罚息（违约金）□　%/年（合同条款：第　条）
6. 借款发放时间	年　　月　　日，　　　元。

7. 还款方式	等额本息□ 等额本金□ 到期一次性还本付息□ 按月计息、到期一次性还本□ 按季计息、到期一次性还本□ 按年计息、到期一次性还本□ 其他□
8. 还款情况	已还本金：　　　　元 已还利息：　　　　元，还息至　　　年　　月　　日
9. 是否存在逾期还款	是□　逾期时间：　　　至今已逾期 否□
10. 是否签订物的担保（抵押、质押）合同	是□　签订时间： 否□
11. 担保人、担保物	担保人： 担保物：
12. 是否最高额担保（抵押、质押）	是□ 否□ 担保债权的确定时间： 担保额度：
13. 是否办理抵押、质押登记	是□　正式登记□ 　　　预告登记□ 否□
14. 是否签订保证合同	是□　签订时间：　保证人： 　　　主要内容： 否□
15. 保证方式	一般保证　　□ 连带责任保证□
16. 其他担保方式	是□　形式：　　　签订时间： 否□
17. 其他需要说明的内容（可另附页）	
18. 证据清单（可另附页）	

具状人（签字、盖章）：

日期：

民事答辩状
（金融借款合同纠纷）

<table>
<tr><td colspan="2">

说明：

　　为了方便您更好地参加诉讼，保护您的合法权利，请填写本表。

　　1. 应诉时需向人民法院提交证明您身份的材料，如身份证复印件、营业执照复印件等。

　　2. 本表所列内容是您参加诉讼以及人民法院查明案件事实所需，请务必如实填写。

　　3. 本表所涉内容系针对一般金融借款合同纠纷案件，有些内容可能与您的案件无关，您认为与案件无关的项目可以填"无"或不填；对于本表中勾选项可以在对应项打"√"；您认为另有重要内容需要列明的，可以在本表尾部或者另附页填写。

★特别提示★

　　《中华人民共和国民事诉讼法》第十三条第一款规定："民事诉讼应当遵循诚信原则。"

　　如果诉讼参加人违反上述规定，进行虚假诉讼、恶意诉讼，人民法院将视违法情形依法追究责任。

</td></tr>
</table>

案号		案由	

当事人信息

答辩人（法人、非法人组织）	名称： 住所地（主要办事机构所在地）： 注册地/登记地： 法定代表人/主要负责人：　　　职务：　　　联系电话： 统一社会信用代码： 类型：有限责任公司□　股份有限公司□　上市公司□　其他企业法人□ 　　　事业单位□　社会团体□　基金会□　社会服务机构□ 　　　机关法人□　农村集体经济组织法人□　城镇农村的合作经济组织法人□　基层群众性自治组织法人□ 　　　个人独资企业□　合伙企业□　不具有法人资格的专业服务机构□ 　　　国有□（控股□参股□）民营□
答辩人（自然人）	姓名： 性别：男□　女□ 出生日期：　　　年　　月　　日　　　　民族： 工作单位：　　　　　职务：　　　　　联系电话： 住所地（户籍所在地）： 经常居住地：

87

委托诉讼代理人	有□ 　　　姓名： 　　　单位：　　　　　　职务：　　　　　联系电话： 　　　代理权限：一般授权□　特别授权□ 无□
送达地址（所填信息除书面特别声明更改外，适用于案件一审、二审、再审所有后续程序）及收件人、联系电话	地址： 收件人： 联系电话：
是否接受电子送达	是□　方式：短信_____　微信_____　传真_____　邮箱_____ 　　　　　其他_____ 否□

答辩事项和依据
（对原告诉讼请求的确认或者异议）

1. 对本金有无异议	无□ 有□　事实和理由：
2. 对利息（复利、罚息）有无异议	无□ 有□　事实和理由：
3. 对提前还款或解除合同有无异议	无□ 有□　事实和理由：
4. 对担保权利诉请有无异议	无□ 有□　事实和理由：
5. 对实现债权的费用有无异议	无□ 有□　事实和理由：
6. 对其他请求有无异议	无□ 有□　事实和理由：
7. 对标的总额有无异议	无□ 有□　事实和理由：
8. 答辩依据	合同约定： 法律规定：

事实和理由 （对起诉状事实和理由的确认或者异议）	
1. 对合同签订情况（名称、编号、签订时间、地点等）有无异议	无□ 有□　事实和理由：
2. 对签订主体有无异议	无□ 有□　事实和理由：
3. 对借款金额有无异议	无□ 有□　事实和理由：
4. 对借款期限有无异议	无□ 有□　事实和理由：
5. 对借款利率有无异议	无□ 有□　事实和理由：
6. 对借款发放时间有无异议	无□ 有□　事实和理由：
7. 对还款方式有无异议	无□ 有□　事实和理由：
8. 对还款情况有无异议	无□ 有□　事实和理由：
9. 对是否逾期还款有无异议	无□ 有□　事实和理由：
10. 对是否签订物的担保合同有无异议	无□ 有□　事实和理由：
11. 对担保人、担保物有无异议	无□ 有□　事实和理由：
12. 对最高额抵押担保有无异议	无□ 有□　事实和理由：
13. 对是否办理抵押/质押登记有无异议	无□ 有□　事实和理由：
14. 对是否签订保证合同有无异议	无□ 有□　事实和理由：
15. 对保证方式有无异议	无□ 有□　事实和理由：

16. 对其他担保方式有无异议	无□
	有□　事实和理由：
17. 有无其他免责/减责事由	无□
	有□　事实和理由：
18. 其他需要说明的内容（可另附页）	无□
	有□　内容：
19. 证据清单（可另附页）	

答辩人（签字、盖章）：
日期：

实例：

民事起诉状
（金融借款合同纠纷）

当事人信息	
原告（法人、非法人组织）	名称：浙江×××银行股份有限公司 住所地（主要办事机构所在地）：安吉县×××路 1 号 注册地／登记地：安吉县×××路 1 号 法定代表人／主要负责人：马×× 职务：行长 联系电话：××××××× 统一社会信用代码： 类型：有限责任公司□ 股份有限公司☑ 上市公司□ 其他企业法人□ 　　　事业单位□ 社会团体□ 基金会□ 社会服务机构□ 　　　机关法人□ 农村集体经济组织法人□ 城镇农村的合作经济组织法人□ 基层群众性自治组织法人□ 　　　个人独资企业□ 合伙企业□ 不具有法人资格的专业服务机构□ 　　　国有☑（控股☑ 参股□） 民营□
委托诉讼代理人	有☑ 　　姓名：李×× 　　单位：浙江×××银行股份有限公司 职务：职员 　　联系电话：××× 　　代理权限：一般授权☑ 特别授权□ 无□

送达地址（所填信息除书面特别声明更改外，适用于案件一审、二审、再审所有后续程序）及收件人、联系电话	地址：安吉县×××路1号 收件人：李×× 联系电话：××××××××
是否接受电子送达	是☑　方式：短信_____　微信_____　传真_____ 　　　　邮箱×××@ QQ. COM 其他_____ 否□
被告（法人、非法人组织）	名称：安吉××公司 住所地（主要办事机构所在地）：浙江省安吉县××街道××号 注册地/登记地： 法定代表人/主要负责人：杨××　职务：总经理 联系电话：××××× 统一社会信用代码： 类型：有限责任公司☑　股份有限公司□　上市公司□　其他企业法人□ 　　　事业单位□　社会团体□　基金会□　社会服务机构□ 　　　机关法人□　农村集体经济组织法人□　城镇农村的合作经济组织法人□　基层群众性自治组织法人□ 　　　个人独资企业□　合伙企业□　不具有法人资格的专业服务机构□ 　　　国有□（控股□参股□）民营☑
被告（自然人）	姓名：沈×× 性别：男□　女☑ 出生日期：1955年5月25日　民族：汉族 工作单位：无　职务：无　联系电话：×××××××× 住所地（户籍所在地）：浙江省安吉县 经常居住地：浙江省安吉县××街道××社区×号

第三人（法人、非法人组织）	名称： 住所地（主要办事机构所在地）： 注册地/登记地： 法定代表人/主要负责人：　　　职务：　　　联系电话： 统一社会信用代码： 类型：有限责任公司□　股份有限公司□　上市公司□　其他企业法人□ 　　　事业单位□　社会团体□　基金会□　社会服务机构□ 　　　机关法人□　农村集体经济组织法人□　城镇农村的合作经济组织法人□　基层群众性自治组织法人□ 　　　个人独资企业□　合伙企业□　不具有法人资格的专业服务机构□ 　　　国有□（控股□参股□）民营□
第三人（自然人）	姓名： 性别：男□　女□ 出生日期：　　　年　　　月　　　日　　　民族： 工作单位：　　　职务：　　　联系电话： 住所地（户籍所在地）： 经常居住地：

诉讼请求和依据	
1. 本金	截至 2023 年 2 月 10 日止，尚欠本金 590065.94 元（人民币，下同）；
2. 利息（复利、罚息）	截至 2023 年 2 月 10 日止，欠利息 46261.85 元、复利 678.52 元、罚息（违约金）31183.33 元 是否请求支付至实际清偿之日止：是☑　否□
3. 是否要求提前还款或解除合同	是□　提前还款（加速到期）□/解除合同□ 否☑
4. 是否主张担保权利	是☑　内容：（写明担保人、担保范围、担保金额、担保类型等） 沈××履行保证责任归还担保本金 590065.94 元及利息、罚息、复息（暂计至 2023 年 2 月 10 日为 46261.85 元，自 2023 年 2 月 11 日起以未还本金为基数按年利率 6% 加收 50% 计收罚息，对欠付利息按罚息利率计收复息，至款清之日止） 否□

5. 是否主张实现债权的费用	是☑ 费用明细：律师费、财产保全费（已实际发生为准） 否☐
6. 其他请求	本案诉讼费用由被告承担
7. 标的总额	636327.79 元（暂计至 2023 年 2 月 10 日）
8. 请求依据	合同约定：《流动资金循环借款合同》第 3 条、第 8 条等，《保证函》 法律规定：《最高人民法院关于适用〈中华人民共和国民法典〉时间效力的若干规定》第一条第二款、《中华人民共和国合同法》第一百零七条、第二百零五条、第二百零六条，《中华人民共和国担保法》第十八条、第二十一条

约定管辖和诉讼保全	
1. 有无仲裁、法院管辖约定	有☑ 合同条款及内容：第 15 条 发生争议由被告所在地人民法院管辖 无☐
2. 是否申请财产保全措施	已经诉前保全：是☐ 保全法院： 保全时间： 否☑ 申请诉讼保全：是☑ 否☐

事实和理由	
1. 合同签订情况（名称、编号、签订时间、地点等）	2019 年 7 月 16 日，在原告所在地签订《流动资金循环借款合同》
2. 签订主体	贷款人：安吉××银行××支行 借款人：安吉××公司
3. 借款金额	约定：最高融资限额 1000000 元整 实际发放：600000 元
4. 借款期限	是否到期：是☑ 否☐ 约定期限：2019 年 7 月 16 日起至 2022 年 7 月 15 日止
5. 借款利率	利率☑6%/年（季/月）（合同条款：第 3 条） 逾期上浮☑9%/年（合同条款：第 8 条） 复利☐ （合同条款：第 条） 罚息（违约金）☑9%/年（合同条款：第 8 条）

6. 借款发放时间	2021 年 8 月 18 日，发放 200000 元 2021 年 11 月 12 日，发放 400000 元
7. 还款方式	等额本息□ 等额本金□ 到期一次性还本付息□ **按月计息、到期一次性还本**☑ **按季计息、到期一次性还本**□ **按年计息、到期一次性还本**□ 其他□
8. 还款情况	已还本金：0 元 已还利息：0 元，还息至　　　年　　月　　日
9. 是否存在逾期还款	是☑　逾期时间：2022 年 7 月 16 日至起诉时已逾期 209 天 否□
10. 是否签订物的担保（抵押、质押）合同	是□　签订时间： 否☑
11. 担保人、担保物	担保人： 担保物：
12. 是否最高额担保（抵押、质押）	是□ 否☑ 担保债权的确定时间： 担保额度：
13. 是否办理抵押、质押登记	是□　正式登记□ 　　　预告登记□ 否☑
14. 是否签订保证合同/保函	是☑　签订时间：2019 年 7 月 16 日　保证人：沈×× 　　　主要内容：沈××出具《保证函》一份，具体内容为（保证范围、保证期间等）：保证期间为两年，保证担保范围为贷款本金、利息（包括罚息、复息）以及实现债权的费用等 否□
15. 保证方式	一般保证　　□ 连带责任保证☑
16. 其他担保方式	是□　形式：　　　签订时间： 否☑

17. 其他需要说明的内容（可另附页）	截至 2023 年 2 月 10 日，安吉××公司尚欠原告本金 591666.36 元、利息 14400 元、罚息 31183.33 元、利息的复息 678.52 元。此后，安吉××公司曾于 2023 年 6 月 30 日归还本金 1600.42 元。
18. 证据清单（可另附页）	附页

具状人（签字、盖章）：

浙江×××银行股份有限公司　马××

日期：2023 年 2 月 10 日

民事答辩状
（金融借款合同纠纷）

说明：
为了方便您更好地参加诉讼，保护您的合法权利，请填写本表。
1. 应诉时需向人民法院提交证明您身份的材料，如身份证复印件、营业执照复印件等。
2. 本表所列内容是您参加诉讼以及人民法院查明案件事实所需，请务必如实填写。
3. 本表所涉内容系针对一般金融借款合同纠纷案件，有些内容可能与您的案件无关，您认为与案件无关的项目可以填"无"或不填；对于本表中勾选项可以在对应项打"√"；您认为另有重要内容需要列明的，可以在本表尾部或者另附页填写。
★ **特别提示** ★
《中华人民共和国民事诉讼法》第十三条第一款规定："民事诉讼应当遵循诚信原则。"
如果诉讼参加人违反上述规定，进行虚假诉讼、恶意诉讼，人民法院将视违法情形依法追究责任。

案号	（2023）浙×××民初×××号	案由	金融借款合同纠纷
当事人信息			
答辩人（法人、非法人组织）	名称： 住所地（主要办事机构所在地）： 注册地/登记地： 法定代表人/主要负责人：　　职务：　　联系电话： 统一社会信用代码： 类型：有限责任公司□　股份有限公司□　上市公司□　其他企业法人□ 　　　事业单位□　社会团体□　基金会□　社会服务机构□ 　　　机关法人□　农村集体经济组织法人□　城镇农村的合作经济组织法人□　基层群众性自治组织法人□ 　　　个人独资企业□　合伙企业□　不具有法人资格的专业服务机构□ 　　　国有□（控股□参股□）民营□		
答辩人（自然人）	姓名：沈×× 性别：男□　女☑ 出生日期：1955 年 5 月 25 日　民族：汉族 工作单位：无　职务：无　联系电话：××××××× 住所地（户籍所在地）：浙江省安吉县 经常居住地：浙江省安吉县××街道××社区×号		

委托诉讼代理人	有☑ 　　姓名：杨×× 　　单位：浙江××律师事务所　职务：律师 　　联系电话：136××××× 　　代理权限：一般授权☑　特别授权□ 无□
送达地址（所填信息除书面特别声明更改外，适用于案件一审、二审、再审所有后续程序）及收件人、电话	地址：浙江省安吉县××街道××社区×号 收件人：杨×× 电话：136×××××
是否接受电子送达	是☑　方式：短信＿＿＿＿　微信＿＿＿＿　传真＿＿＿＿ 　　　　邮箱×××@ QQ．COM 其他＿＿＿＿ 否□

<table>
<tr><td colspan="2" align="center">答辩事项和依据
（对原告诉讼请求的确认或者异议）</td></tr>
<tr><td>1. 对本金有无异议</td><td>无□
有□　事实和理由：</td></tr>
<tr><td>2. 对利息（复利、罚息）有无异议</td><td>无□
有□　事实和理由：合同未约定复利，不应支付复利</td></tr>
<tr><td>3. 对提前还款或解除合同有无异议</td><td>无□
有□　事实和理由：</td></tr>
<tr><td>4. 对担保权利诉请有无异议</td><td>无□
有☑　事实和理由：一、被告对于贷款并不知情。二、被告不应承担罚息和复息，所签署的保证函中仅要求对利息承担保证责任，未提及需要对罚息、复息承担保证责任，且担保合同或者主合同都是格式条款，银行未做醒目提示，也未明确说明担保范围。三、根据主合同的约定，未明确复利计算依据，故只能按照利息为基数来计算，不能把罚息作为计算基础</td></tr>
<tr><td>5. 对实现债权的费用有无异议</td><td>无□
有□　事实和理由：</td></tr>
<tr><td>6. 对其他请求有无异议</td><td>无□
有☑　事实和理由：诉讼费用由法院判决</td></tr>
<tr><td>7. 对标的总额有无异议</td><td>无□
有☑　事实和理由：同对原告诉请担保权利的意见</td></tr>
</table>

8. 答辩依据	合同约定:《流动资金循环借款合同》《保证函》 法律规定:《最高人民法院关于适用〈中华人民共和国民法典〉时间效力的若干规定》第一条第二款、《中华人民共和国合同法》第三十九条、第四十条、第二百零六条,《中华人民共和国担保法》第十八条、第二十一条
事实和理由 **(对起诉状事实和理由的确认或者异议)**	
1. 对合同签订情况(名称、编号、签订时间、地点)有无异议	无□ 有☑ 事实和理由:答辩人不知情
2. 对签订主体有无异议	无□ 有☑ 事实和理由:答辩人不知情
3. 对借款金额有无异议	无□ 有☑ 事实和理由:答辩人不知情
4. 对借款期限有无异议	无□ 有☑ 事实和理由:答辩人不知情
5. 对借款利率有无异议	无□ 有☑ 事实和理由:答辩人不知情
6. 对借款发放时间有无异议	无□ 有☑ 事实和理由:答辩人不知情
7. 对还款方式有无异议	无□ 有☑ 事实和理由:答辩人不知情
8. 对还款情况有无异议	无□ 有☑ 事实和理由:答辩人不知情
9. 对是否逾期还款有无异议	无☑ 有☑ 事实和理由:答辩人不知情
10. 对是否签订物的担保合同有无异议	无□ 有□ 事实和理由:
11. 对担保人、担保物有无异议	无□ 有□ 事实和理由:
12. 对最高额抵押担保有无异议	无□ 有□ 事实和理由:
13. 对是否办理抵押/质押登记有无异议	无□ 有□ 事实和理由:

14. 对是否签订保证合同/保函有无异议	无□ 有☑　事实和理由：一、被告对于贷款并不知情。二、被告不应承担罚息和复息，所签署的保证函中仅要求对利息承担保证责任，未提及需要对罚息、复息承担保证责任，且担保合同或者主合同都是格式条款，银行未做醒目提示，也未明确说明担保范围。三、根据主合同的约定，未明确复息计算依据，故只能按照利息为基数来计算，不能把罚息作为计算基础
15. 对保证方式有无异议	无☑ 有□　事实和理由：
16. 对其他担保方式有无异议	无□ 有□　事实和理由：
17. 有无其他免责/减责事由	无□ 有□　内容：
18. 其他需要说明的内容（可另附页）	
19. 证据清单（可另附页）	

答辩人（签字、盖章）：沈××

日期：××年××月××日

（二） 法律依据

1.《中华人民共和国民法典》（2020 年 5 月 28 日）

第六百六十七条 借款合同是借款人向贷款人借款，到期返还借款并支付利息的合同。

第六百六十八条 借款合同应当采用书面形式，但是自然人之间借款另有约定的除外。

借款合同的内容一般包括借款种类、币种、用途、数额、利率、期限和还款方式等条款。

第六百六十九条 订立借款合同，借款人应当按照贷款人的要求提供与借款有关的业务活动和财务状况的真实情况。

第六百七十条 借款的利息不得预先在本金中扣除。利息预先在本金中扣除的，应当按照实际借款数额返还借款并计算利息。

第六百七十一条 贷款人未按照约定的日期、数额提供借款，造成借款人损失的，应当赔偿损失。

借款人未按照约定的日期、数额收取借款的，应当按照约定的日期、数额支付利息。

第六百七十二条 贷款人按照约定可以检查、监督借款的使用情况。借款人应当按照约定向贷款人定期提供有关财务会计报表或者其他资料。

第六百七十三条 借款人未按照约定的借款用途使用借款的，贷款人可以停止发放借款、提前收回借款或者解除合同。

第六百七十四条 借款人应当按照约定的期限支付利息。对支付利息的期限没有约定或者约定不明确，依据本法第五百一十条的规定仍不能确定，借款期间不满一年的，应当在返还借款时一并支付；借款期间一年以上的，应当在每届满一年时支付，剩余期间不满一年的，应当在返还借款时一并支付。

第六百七十五条 借款人应当按照约定的期限返还借款。对借款期限没有约定或者约定不明确，依据本法第五百一十条的规定仍不能确定的，借款人可以随时返还；贷款人可以催告借款人在合理期限内返还。

第六百七十六条 借款人未按照约定的期限返还借款的，应当按照约定或者国家有关规定支付逾期利息。

第六百七十七条 借款人提前返还借款的，除当事人另有约定外，应当按照实际借款的期间计算利息。

第六百七十八条 借款人可以在还款期限届满前向贷款人申请展期；贷款人同意的，可以展期。

第六百七十九条 自然人之间的借款合同，自贷款人提供借款时成立。

第六百八十条 禁止高利放贷，借款的利率不得违反国家有关规定。

借款合同对支付利息没有约定的，视为没有利息。

借款合同对支付利息约定不明确，当事人不能达成补充协议的，按照当地或者当事人的交易方式、交易习惯、市场利率等因素确定利息；自然人之间借款的，视为没有利息。

2. 《最高人民法院关于审理民间借贷案件适用法律若干问题的规定》（2020年12月29日）

为正确审理民间借贷纠纷案件，根据《中华人民共和国民法典》《中华人民共和国民事诉讼法》《中华人民共和国刑事诉讼法》等相关法律之规定，结合审判实践，制定本规定。

第一条 本规定所称的民间借贷，是指自然人、法人和非法人组织之间进行资金融通的行为。

经金融监管部门批准设立的从事贷款业务的金融机构及其分支机构，因发放贷款等相关金融业务引发的纠纷，不适用本规定。

第二条 出借人向人民法院提起民间借贷诉讼时，应当提供借据、收据、欠条等债权凭证以及其他能够证明借贷法律关系存在的证据。

当事人持有的借据、收据、欠条等债权凭证没有载明债权人，持有债权凭证的当事人提起民间借贷诉讼的，人民法院应予受理。被告对原告的债权人资格提出有事实依据的抗辩，人民法院经审查认为原告不具有债权人资格的，裁定驳回起诉。

第三条 借贷双方就合同履行地未约定或者约定不明确，事后未达成补充协议，按照合同相关条款或者交易习惯仍不能确定的，以接受货币一方所在地为合同履行地。

第四条 保证人为借款人提供连带责任保证，出借人仅起诉借款人的，人民法院可以不追加保证人为共同被告；出借人仅起诉保证人的，人民法院可以追加借款人为共同被告。

保证人为借款人提供一般保证，出借人仅起诉保证人的，人民法院应当追加借款人为共同被告；出借人仅起诉借款人的，人民法院可以不追加保证人为共同被告。

第五条 人民法院立案后，发现民间借贷行为本身涉嫌非法集资等犯罪的，应当裁定驳回起诉，并将涉嫌非法集资等犯罪的线索、材料移送公安或者检察机关。

公安或者检察机关不予立案，或者立案侦查后撤销案件，或者检察机关作出不起诉决定，或者经人民法院生效判决认定不构成非法集资等犯罪，当事人又以同一事实向人民法院提起诉讼的，人民法院应予受理。

第六条 人民法院立案后，发现与民间借贷纠纷案件虽有关联但不是同一事实的涉嫌非法集资等犯罪的线索、材料的，人民法院应当继续审理民间借贷纠纷案件，并将涉嫌非法集资等犯罪的线索、材料移送公安或者检察机关。

第七条 民间借贷纠纷的基本案件事实必须以刑事案件的审理结果为依据，而该刑事案件尚未审结的，人民法院应当裁定中止诉讼。

第八条 借款人涉嫌犯罪或者生效判决认定其有罪，出借人起诉请求担保人承担民事责任的，人民法院应予受理。

第九条 自然人之间的借款合同具有下列情形之一的，可以视为合同成立：

（一）以现金支付的，自借款人收到借款时；

（二）以银行转账、网上电子汇款等形式支付的，自资金到达借款人账户时；

（三）以票据交付的，自借款人依法取得票据权利时；

（四）出借人将特定资金账户支配权授权给借款人的，自借款人取得对该账户实际支配权时；

（五）出借人以与借款人约定的其他方式提供借款并实际履行完成时。

第十条 法人之间、非法人组织之间以及它们相互之间为生产、经营需要订立的民间借贷合同，除存在民法典第一百四十六条、第一百五十三条、第一百五十四条以及本规定第十三条规定的情形外，当事人主张民间借贷合同有效的，人民法院应予支持。

第十一条 法人或者非法人组织在本单位内部通过借款形式向职工筹集资金，用于本单位生产、经营，且不存在民法典第一百四十四条、第一百四十六条、第一百五十三条、第一百五十四条以及本规定第十三条规定的情形，当事人主张民间借贷合同有效的，人民法院应予支持。

第十二条 借款人或者出借人的借贷行为涉嫌犯罪，或者已经生效的裁判认定构成犯罪，当事人提起民事诉讼的，民间借贷合同并不当然无效。人民法院应当依据民法典第一百四十四条、第一百四十六条、第一百五十三条、第一百五十四条以及本规定第十三条之规定，认定民间借贷合同的效力。

担保人以借款人或者出借人的借贷行为涉嫌犯罪或者已经生效的裁判认定构成犯罪为由，主张不承担民事责任的，人民法院应当依据民间借贷合同与担保合同的效力、当事人的过错程度，依法确定担保人的民事责任。

第十三条 具有下列情形之一的，人民法院应当认定民间借贷合同无效：

（一）套取金融机构贷款转贷的；

（二）以向其他营利法人借贷、向本单位职工集资，或者以向公众非法吸收存款等方式取得的资金转贷的；

（三）未依法取得放贷资格的出借人，以营利为目的向社会不特定对象提供借款的；

（四）出借人事先知道或者应当知道借款人借款用于违法犯罪活动仍然提供借款的；

（五）违反法律、行政法规强制性规定的；

（六）违背公序良俗的。

第十四条 原告以借据、收据、欠条等债权凭证为依据提起民间借贷诉讼，被告依据基础法律关系提出抗辩或者反诉，并提供证据证明债权纠纷非民间借贷行为引起的，人民法院应当依据查明的案件事实，按照基础法律关系审理。

当事人通过调解、和解或者清算达成的债权债务协议，不适用前款规定。

第十五条 原告仅依据借据、收据、欠条等债权凭证提起民间借贷诉讼，被告抗辩已经偿还借款的，被告应当对其主张提供证据证明。被告提供相应证据证明其主张后，原告仍应就借贷关系的存续承担举证责任。

被告抗辩借贷行为尚未实际发生并能作出合理说明的，人民法院应当结合借贷金额、款项交付、当事人的经济能力、当地或者当事人之间的交易方式、交易习惯、当事人财产变动情况以及证人证言等事实和因素，综合判断查证借贷事实是否发生。

第十六条 原告仅依据金融机构的转账凭证提起民间借贷诉讼，被告抗辩转账系偿还双方之前借款或者其他债务的，被告应当对其主张提供证据证明。被告提供相应证据证明其主张后，原告仍应就借贷关系的成立承担举证责任。

第十七条 依据《最高人民法院关于适用〈中华人民共和国民事诉讼法〉的解释》第一百七十四条第二款之规定，负有举证责任的原告无正当理由拒不到庭，经审查现有证据无法确认借贷行为、借贷金额、支付方式等案件主要事实的，人民法院对原告主张的事实不予认定。

第十八条 人民法院审理民间借贷纠纷案件时发现有下列情形之一的，应当严格审查借贷发生的原因、时间、地点、款项来源、交付方式、款项流向以及借贷双方的关系、经济状况等事实，综合判断是否属于虚假民事诉讼：

（一）出借人明显不具备出借能力；

（二）出借人起诉所依据的事实和理由明显不符合常理；

（三）出借人不能提交债权凭证或者提交的债权凭证存在伪造的可能；

（四）当事人双方在一定期限内多次参加民间借贷诉讼；

（五）当事人无正当理由拒不到庭参加诉讼，委托代理人对借贷事实陈述不清或者陈述前后矛盾；

（六）当事人双方对借贷事实的发生没有任何争议或者诉辩明显不符合常理；

（七）借款人的配偶或者合伙人、案外人的其他债权人提出有事实依据的异议；

（八）当事人在其他纠纷中存在低价转让财产的情形；

（九）当事人不正当放弃权利；

（十）其他可能存在虚假民间借贷诉讼的情形。

第十九条 经查明属于虚假民间借贷诉讼，原告申请撤诉的，人民法院不予准许，并应当依据民事诉讼法第一百一十二条之规定，判决驳回其请求。

诉讼参与人或者其他人恶意制造、参与虚假诉讼，人民法院应当依据民事诉讼法第一百一十一条、第一百一十二条和第一百一十三条之规定，依法予以罚款、拘留；构成犯罪的，应当移送有管辖权的司法机关追究刑事责任。

单位恶意制造、参与虚假诉讼的，人民法院应当对该单位进行罚款，并可以对其主要负责人或者直接责任人员予以罚款、拘留；构成犯罪的，应当移送有管辖权的司法机关追究刑事责任。

第二十条 他人在借据、收据、欠条等债权凭证或者借款合同上签名或者盖章，但是未表明其保证人身份或者承担保证责任，或者通过其他事实不能推定其为保证人，出借人请求其承担保证责任的，人民法院不予支持。

第二十一条 借贷双方通过网络贷款平台形成借贷关系，网络贷款平台的提供者仅提供媒介服务，当事人请求其承担担保责任的，人民法院不予支持。

网络贷款平台的提供者通过网页、广告或者其他媒介明示或者有其他证据证明其为借贷提供担保，出借人请求网络贷款平台的提供者承担担保责任的，人民法院应予支持。

第二十二条 法人的法定代表人或者非法人组织的负责人以单位名义与出借人签订民间借贷合同，有证据证明所借款项系法定代表人或者负责人个人使用，出借人请求将法定代表人或者负责人列为共同被告或者第三人的，人民法院应予准许。

法人的法定代表人或者非法人组织的负责人以个人名义与出借人订立民间借贷合同，所借款项用于单位生产经营，出借人请求单位与个人共同承担责任的，人民法院应予支持。

第二十三条 当事人以订立买卖合同作为民间借贷合同的担保，借款到期后借款人不能还款，出借人请求履行买卖合同的，人民法院应当按照民间借贷法律关系审理。当事人根据法庭审理情况变更诉讼请求的，人民法院应当准许。

按照民间借贷法律关系审理作出的判决生效后，借款人不履行生效判决确定的金钱债务，出借人可以申请拍卖买卖合同标的物，以偿还债务。就拍卖所得的价款与应偿还借款本息之间的差额，借款人或者出借人有权主张返还或者补偿。

第二十四条 借贷双方没有约定利息，出借人主张支付利息的，人民法院不予支持。

自然人之间借贷对利息约定不明，出借人主张支付利息的，人民法院不予支持。除自然人之间借贷的外，借贷双方对借贷利息约定不明，出借人主张利息的，人民法院应当结合民间借贷合同的内容，并根据当地或者当事人的交易方式、交易习惯、市场报价利率等因素确定利息。

第二十五条 出借人请求借款人按照合同约定利率支付利息的，人民法院应予支持，但是双方约定的利率超过合同成立时一年期贷款市场报价利率四倍的除外。

前款所称"一年期贷款市场报价利率"，是指中国人民银行授权全国银行间同业拆借中心自 2019 年 8 月 20 日起每月发布的一年期贷款市场报价利率。

第二十六条 借据、收据、欠条等债权凭证载明的借款金额，一般认定为本金。预先在本金中扣除利息的，人民法院应当将实际出借的金额认定为本金。

第二十七条 借贷双方对前期借款本息结算后将利息计入后期借款本金并重新出具债权凭证，如果前期利率没有超过合同成立时一年期贷款市场报价利率四倍，重新出具的债权凭证载明的金额可认定为后期借款本金。超过部分的利息，不应认定为后期借款本金。

按前款计算，借款人在借款期间届满后应当支付的本息之和，超过以最初借款本金与以最初借款本金为基数、以合同成立时一年期贷款市场报价利率四倍计算的整个借款期间的利息之和的，人民法院不予支持。

第二十八条 借贷双方对逾期利率有约定的，从其约定，但是以不超过合同成立时一年期贷款市场报价利率四倍为限。

未约定逾期利率或者约定不明的，人民法院可以区分不同情况处理：

（一）既未约定借期内利率，也未约定逾期利率，出借人主张借款人自逾期还款之日起参照当时一年期贷款市场报价利率标准计算的利息承担逾期还款违约责任的，人民法院应予支持；

（二）约定了借期内利率但是未约定逾期利率，出借人主张借款人自逾期还款之日起按照借期内利率支付资金占用期间利息的，人民法院应予支持。

第二十九条 出借人与借款人既约定了逾期利率，又约定了违约金或者其他费用，出借人可以选择主张逾期利息、违约金或者其他费用，也可以一并主张，但是总计超过合同成立时一年期贷款市场报价利率四倍的部分，人民法院不予支持。

第三十条 借款人可以提前偿还借款，但是当事人另有约定的除外。

借款人提前偿还借款并主张按照实际借款期限计算利息的，人民法院应予支持。

第三十一条 本规定施行后，人民法院新受理的一审民间借贷纠纷案件，适用本规定。

2020 年 8 月 20 日之后新受理的一审民间借贷案件，借贷合同成立于 2020 年 8 月 20 日之前，当事人请求适用当时的司法解释计算自合同成立到 2020 年 8 月 19 日的利息部分的，人民法院应予支持；对于自 2020 年 8 月 20 日到借款返还之日的利息部分，适用起诉时本规定的利率保护标准计算。

本规定施行后，最高人民法院以前作出的相关司法解释与本规定不一致的，以本规定为准。

五、物业服务合同纠纷

（一）示范文本

民事起诉状
（物业服务合同纠纷）

说明：	
为了方便您更好地参加诉讼，保护您的合法权利，请填写本表。 1. 起诉时需向人民法院提交证明您身份的材料，如身份证复印件、营业执照复印件等。 2. 本表所列内容是您提起诉讼以及人民法院查明案件事实所需，请务必如实填写。 3. 本表所涉内容系针对一般物业服务合同纠纷案件，有些内容可能与您的案件无关，您认为与案件无关的项目可以填"无"或不填；对于本表中勾选项可以在对应项打"√"；您认为另有重要内容需要列明的，可以在本表尾部或者另附页填写。 **★特别提示★** 《中华人民共和国民事诉讼法》第十三条第一款规定："民事诉讼应当遵循诚信原则。" 如果诉讼参加人违反上述规定，进行虚假诉讼、恶意诉讼，人民法院将视违法情形依法追究责任。	

当事人信息	
原告（法人、非法人组织）	名称： 住所地（主要办事机构所在地）： 注册地/登记地： 法定代表人/主要负责人：　　　职务：　　　联系电话： 统一社会信用代码： 类型：有限责任公司□　股份有限公司□　上市公司□　其他企业法人□ 　　　事业单位□　社会团体□　基金会□　社会服务机构□ 　　　机关法人□　农村集体经济组织法人□　城镇农村的合作经济组织法人□　基层群众性自治组织法人□ 　　　个人独资企业□　合伙企业□　不具有法人资格的专业服务机构□ 　　　国有□（控股□参股□）民营□

委托诉讼代理人	有□ 　　姓名： 　　单位：　　　　　　职务：　　　　　　联系电话： 　　代理权限：一般授权□　特别授权□ 　　证件类型：居民身份证□　律师执业证□ 无□
送达地址（所填信息除书面特别声明更改外，适用于案件一审、二审、再审所有后续程序）及收件人、电话	地址： 收件人： 电话：
是否接受电子送达	是□　方式：短信_____　微信_____　传真_____　邮箱_____ 　　　　其他_____ 否□
被告（法人、非法人组织）	名称： 住所地（主要办事机构所在地）： 注册地/登记地： 法定代表人/主要负责人：　　　　职务：　　　　联系电话： 统一社会信用代码： 类型：有限责任公司□　股份有限公司□　上市公司□　其他企业法人□ 　　事业单位□　社会团体□　基金会□　社会服务机构□ 　　机关法人□　农村集体经济组织法人□　城镇农村的合作经济组织法人□　基层群众性自治组织法人□ 　　个人独资企业□　合伙企业□　不具有法人资格的专业服务机构□ 　　国有□（控股□参股□）民营□
被告（自然人）	姓名： 性别：男□　女□ 出生日期：　　　年　　月　　日 民族： 工作单位：　　　　　　职务：　　　　　　联系电话： 住所地（户籍所在地）： 经常居住地：

第三人（法人、非法人组织）	名称： 住所地（主要办事机构所在地）： 注册地/登记地： 法定代表人/主要负责人：　　　　职务：　　　　联系电话： 统一社会信用代码： 类型：有限责任公司□　股份有限公司□　上市公司□　其他企业法人□ 　　　事业单位□　社会团体□　基金会□　社会服务机构□ 　　　机关法人□　农村集体经济组织法人□　城镇农村的合作经济组织法人□　基层群众性自治组织法人□ 　　　个人独资企业□　合伙企业□　不具有法人资格的专业服务机构□ 　　　国有□（控股□参股□）民营□
第三人（自然人）	姓名： 性别：男□　女□ 出生日期：　　　年　　　月　　　日 民族： 工作单位：　　　　　　职务：　　　　　　联系电话： 住所地（户籍所在地）： 经常居住地：

诉讼请求和依据	
1. 物业费	截至　　　年　　　月　　　日止，尚欠物业费　　　　元
2. 违约金	截至　　　年　　　月　　　日止，欠逾期物业费的违约金　　　元 是否请求支付至实际清偿之日止：是□　否□
3. 其他请求	
4. 标的总额	
5. 请求依据	合同约定： 法律规定：

约定管辖和诉讼保全	
1. 有无仲裁、法院管辖约定	有□　合同条款及内容： 无□

2. 是否申请财产保全措施	已经诉前保全：是□　　　保全法院：　　　保全时间： 　　　　　　　否□ 申请诉讼保全：是□ 　　　　　　　否□
事实和理由	
1. 物业服务合同或前期物业服务合同签订情况（名称、编号、签订时间、地点等）	
2. 签订主体	业主/建设单位： 物业服务人：
3. 物业项目情况	坐落位置： 面积：　　　　　　　所有权人：
4. 约定的物业费标准	
5. 约定的物业服务期限	年　　月　　日起至　　年　　月　　日止
6. 约定的物业费支付方式	
7. 约定的逾期支付物业费违约金标准	
8. 被告欠付物业费数额及计算方式	欠付物业费数额： 具体计算方式：
9. 被告应付违约金数额及计算方式	应付违约金数额： 具体计算方式：
10. 催缴情况	
11. 其他需要说明的内容（可另附页）	
12. 证据清单（可另附页）	

具状人（签字、盖章）：
日期：

民事答辩状
（物业服务合同纠纷）

说明：

为了方便您更好地参加诉讼，保护您的合法权利，请填写本表。

1. 应诉时需向人民法院提交证明您身份的材料，如身份证复印件、营业执照复印件等。

2. 本表所列内容是您参加诉讼以及人民法院查明案件事实所需，请务必如实填写。

3. 本表所涉内容系针对一般物业服务合同纠纷案件，有些内容可能与您的案件无关，您认为与案件无关的项目可以填"无"或不填；对于本表中勾选项可以在对应项打"√"；您认为另有重要内容需要列明的，可以在本表尾部或者另附页填写。

★特别提示★

《中华人民共和国民事诉讼法》第十三条第一款规定："民事诉讼应当遵循诚信原则。"

如果诉讼参加人违反上述规定，进行虚假诉讼、恶意诉讼，人民法院将视违法情形依法追究责任。

案号		案由	

当事人信息			

| 答辩人（法人、非法人组织） | 名称：
住所地（主要办事机构所在地）：
注册地/登记地：
法定代表人/主要负责人：　　　职务：　　　联系电话：
统一社会信用代码：
类型：有限责任公司□　股份有限公司□　上市公司□　其他企业法人□
事业单位□　社会团体□　基金会□　社会服务机构□
机关法人□　农村集体经济组织法人□　城镇农村的合作经济组织法人□　基层群众性自治组织法人□
个人独资企业□　合伙企业□　不具有法人资格的专业服务机构□
国有□（控股□参股□）民营□ |
| 答辩人（自然人） | 姓名：
性别：男□　女□
出生日期：　　　年　　月　　日
民族：
工作单位：　　　职务：　　　联系电话：
住所地（户籍所在地）：
经常居住地： |

委托诉讼代理人	有□ 　　姓名： 　　工作单位：　　　　　职务：　　　　　联系电话： 　　代理权限：一般授权□　特别授权□ 无□
送达地址（所填信息除书面特别声明更改外，适用于案件一审、二审、再审所有后续程序）及收件人、联系电话	地址： 收件人： 联系电话：
是否接受电子送达	是□　方式：短信_____　微信_____　邮箱_____　其他_____ 否□

答辩事项和依据
（对原告诉讼请求的确认或者异议）

1. 对物业费有无异议	无□ 有□　事实和理由：
2. 对违约金有无异议	无□ 有□　事实和理由：
3. 对其他请求有无异议	无□ 有□　事实和理由：
4. 对标的总额有无异议	无□ 有□　事实和理由：
5. 答辩依据	合同约定： 法律规定：

事实和理由
（对起诉状事实和理由的确认或者异议）

1. 对物业服务合同或前期物业服务合同签订情况（名称、编号、签订时间、地点等）有无异议	无□ 有□　事实和理由：
2. 对签订主体有无异议	无□ 有□　事实和理由：

3. 对物业项目情况有无异议	无□ 有□　事实和理由：
4. 对物业费标准有无异议	无□ 有□　事实和理由：
5. 对物业服务期限有无异议	无□ 有□　事实和理由：
6. 对物业费支付方式有无异议	无□ 有□　事实和理由：
7. 对逾期支付物业费违约金标准有无异议	无□ 有□　事实和理由：
8. 对欠付物业费数额及计算方式有无异议	无□ 有□　事实和理由：
9. 对应付违约金数额及计算方式有无异议	无□ 有□　事实和理由：
10. 对催缴情况有无异议	无□ 有□　事实和理由：
11. 其他需要说明的内容（可另附页）	无□ 有□　内容：
12. 证据清单（可另附页）	

答辩人（签字、盖章）：
日期：

实例：

民事起诉状
（物业服务合同纠纷）

当事人信息	
原告（法人、非法人组织）	名称：北京市×××物业管理有限公司 住所地（主要办事机构所在地）：北京市××区××路1号 注册地/登记地： 法定代表人/主要负责人：郭××； 职务：经理 联系电话： 统一社会信用代码： 类型：有限责任公司☑ 股份有限公司□ 上市公司□ 其他企业法人□ 事业单位□ 社会团体□ 基金会□ 社会服务机构□ 机关法人□ 农村集体经济组织法人□ 城镇农村的合作经济组织法人□ 基层群众性自治组织法人□ 个人独资企业□ 合伙企业□ 不具有法人资格的专业服务机构□ 国有□（控股□参股□）民营☑

委托诉讼代理人	有☑
	  姓名：李××
	  单位：北京市×××物业管理有限公司 职务：职员
	  联系电话：××××
	  代理权限：一般授权☑ 特别授权□
	无□

送达地址（所填信息除书面特别声明更改外，适用于案件一审、二审、再审所有后续程序）及收件人、电话	地址：北京市××区××路1号 收件人：李×× 联系电话：××××××××
是否接受电子送达	是☑　方式：短信×××× 微信_____ 传真_____ 邮箱_____ 　　　　其他_____ 否□
被告（法人、非法人组织）	名称： 住所地（主要办事机构所在地）： 注册地/登记地： 法定代表人/主要负责人：　　　　职务： 联系电话： 统一社会信用代码： 类型：有限责任公司□　股份有限公司□　上市公司□　其他企业法人□ 事业单位□　社会团体□　基金会□　社会服务机构□ 机关法人□　农村集体经济组织法人□　城镇农村的合作经济组织法人□　基层群众性自治组织法人□ 个人独资企业□　合伙企业□　不具有法人资格的专业服务机构□ 国有□（控股□参股□）民营□
被告（自然人）	姓名：杨×× 性别：男☑　女□ 出生日期：××××年××月××日 民族：汉族 工作单位：无　职务：无　联系电话：×××××××× 住所地（户籍所在地）：北京市西城区××街道××社区×号 经常居住地：

第三人（法人、非法人组织）	名称： 住所地（主要办事机构所在地）： 注册地/登记地： 法定代表人/主要负责人：　　职务：　　联系电话： 统一社会信用代码： 类型：有限责任公司□　股份有限公司□　上市公司□　其他企业法人□ 　　事业单位□　社会团体□　基金会□　社会服务机构□ 　　机关法人□　农村集体经济组织法人□　城镇农村的合作经济组织法人□　基层群众性自治组织法人□ 　　个人独资企业□　合伙企业□　不具有法人资格的专业服务机构□ 　　国有□（控股□参股□）民营□
第三人（自然人）	姓名： 性别：男□女□ 出生日期：　　年　　月　　日　　　民族： 工作单位：　　　职务：　　　联系电话： 住所地（户籍所在地）： 经常居住地：

诉讼请求和依据	
1. 物业费	截至 2023 年 12 月 31 日止，尚欠物业费 24046.8 元
2. 违约金	截至 2023 年 12 月 31 日止，欠逾期物业费的违约金 15433.1 元 是否请求支付至实际清偿之日止：是☑　否□
3. 其他请求	本案诉讼费用由被告承担
4. 标的总额	39479.9 元（暂计至 2023 年 12 月 31 日）
5. 请求依据	合同约定：《×××前期物业服务协议》第 15 条、第 20 条等 法律规定：《中华人民共和国民法典》第九百三十七条、第九百三十九条、第九百四十四条

约定管辖和诉讼保全	
1. 有无仲裁、法院管辖约定	有□　合同条款及内容： 无☑

2. 是否申请财产保全措施	已经诉前保全：是☐　　保全法院：　　保全时间： 　　　　　　　　否☑ 申请诉讼保全：是☐ 　　　　　　　　否☑
事实和理由	
1. 物业服务合同或前期物业服务合同签订情况（名称、编号、签订时间、地点等）	2015 年 5 月 18 日，杨××与北京市×××物业管理有限公司签订《北京市前期物业服务合同》
2. 签订主体	业主/建设单位：杨×× 物业服务人：北京市×××物业管理有限公司
3. 物业项目情况	坐落位置：北京市西城区××街道××社区×号 面积：138.2 平方米　　所有权人：杨××
4. 约定的物业费标准	6 元/月/平米
5. 约定的物业服务期限	2015 年 5 月 20 日起至本物业成立业主委员会并选聘新的物业服务企业并与新的物业服务企业签订物业服务合同生效之日止
6. 约定的物业费支付方式	业主办理入住手续时预付一年的物业服务费，此后均预付一年的物业费，具体时间为每年的 4 月 1 日
7. 约定的逾期支付物业费违约金标准	业主未能按时足额缴纳物业服务费，应当按欠费总额日千分之三的标准支付违约金
8. 被告欠付物业费数额及计算方式	欠付物业费数额：24046.8 元 具体计算方式：138.2 平方米 ∗ 6 元/月/平方米 ∗ 29 月（自 2021 年 8 月 1 日至 2023 年 12 月 31 日）
9. 被告欠应付违约金数额及计算方式	应付违约金数额：15433.1 元 具体计算方式：24046.8 元 ∗ 3‰/天 ∗ 333 天（自 2021 年 8 月 1 日至 2022 年 12 月 31 日）
10. 催缴情况	多次上门催缴，并在被告门口张贴催费书面通知
11. 其他需要说明的内容（可另附页）	无
12. 证据清单（可另附页）	附页

具状人（签字、盖章）：
北京市×××物业管理有限公司（盖章）
日期：2024 年××月××日

民事答辩状
（物业服务合同纠纷）

说明：

为了方便您更好地参加诉讼，保护您的合法权利，请填写本表。

1. 应诉时需向人民法院提交证明您身份的材料，如身份证复印件、营业执照复印件等。

2. 本表所列内容是您参加诉讼以及人民法院查明案件事实所需，请务必如实填写。

3. 本表所涉内容系针对一般物业服务合同纠纷案件，有些内容可能与您的案件无关，您认为与案件无关的项目可以填"无"或不填；对于本表中勾选项可以在对应项打"√"；您认为另有重要内容需要列明的，可以在本表尾部或者另附页填写。

★特别提示★

《中华人民共和国民事诉讼法》第十三条第一款规定："民事诉讼应当遵循诚信原则。"

如果诉讼参加人违反上述规定，进行虚假诉讼、恶意诉讼，人民法院将视违法情形依法追究责任。

案号		案由	

当事人信息			

答辩人（法人、非法人组织）	名称： 住所地（主要办事机构所在地）： 注册地/登记地： 法定代表人/主要负责人：　　　职务：　　　联系电话： 统一社会信用代码： 类型：有限责任公司□　股份有限公司□　上市公司□　其他企业法人□ 　　　事业单位□　社会团体□　基金会□　社会服务机构□ 　　　机关法人□　农村集体经济组织法人□　城镇农村的合作经济组织法人□　基层群众性自治组织法人□ 　　　个人独资企业□　合伙企业□　不具有法人资格的专业服务机构□ 　　　国有□（控股□参股□）民营□
答辩人（自然人）	姓名：杨×× 性别：男☑　女□ 出生日期：××××年××月××日 民族：汉族 工作单位：无　职务：无　联系电话：××××××× 住所地（户籍所在地）：北京市西城区××街道××社区×号 经常居住地：

委托诉讼代理人	有□ 　　姓名： 　　单位：　　　　　　职务：　　　　　　联系电话： 　　代理权限：一般授权□　特别授权□ 无☑
送达地址（所填信息除书面特别声明更改外，适用于案件一审、二审、再审所有后续程序）及收件人、联系电话	地址：北京市西城区××街道××社区×号 收件人：杨×× 联系电话：××××××××
是否接受电子送达	是☑　方式：短信×××× 微信_____ 邮箱_____ 其他_____ 否□

<table>
<tr><td colspan="2" align="center">答辩事项和依据
（对原告诉讼请求的确认或者异议）</td></tr>
<tr><td>1. 对物业费有无异议</td><td>无□
有☑　事实和理由：原告提供的物业服务不达标，物业费应打折收取</td></tr>
<tr><td>2. 对违约金有无异议</td><td>无□
有☑　事实和理由：不是恶意拖欠物业服务费，而是希望通过这种方式促进物业公司改进服务</td></tr>
<tr><td>3. 对其他请求有无异议</td><td>无□
有☑　事实和理由：诉讼费应当原告承担或者双方分担</td></tr>
<tr><td>4. 对标的总额有无异议</td><td>无□
有☑　事实和理由：因为原告的服务"打折"了，物业费也应当打折收取；不应交违约金</td></tr>
<tr><td>5. 答辩依据</td><td>合同约定：合同第5条
法律规定：《中华人民共和国民法典》第九百四十二条</td></tr>
<tr><td colspan="2" align="center">事实和理由
（对起诉状事实和理由的确认或者异议）</td></tr>
<tr><td>1. 对物业服务合同或前期物业服务合同签订情况（名称、编号、签订时间、地点等）有无异议</td><td>无☑
有□　事实和理由：</td></tr>
</table>

2. 对签订主体有无异议	无☑ 有□　事实和理由：
3. 对物业项目情况有无异议	无☑ 有□　事实和理由：
4. 对物业费标准有无异议	无☑ 有□　事实和理由：
5. 对物业服务期限有无异议	无☑ 有□　事实和理由：
6. 对物业费支付方式有无异议	无☑ 有□　事实和理由：
7. 对逾期支付物业费违约金标准有无异议	无☑ 有□　事实和理由：
8. 对欠付物业费数额及计算方式有无异议	无□ 有☑　事实和理由：未交纳物业费是因为原告提供的物业服务严重不达标：1. 小区内有业主养大型宠物犬不栓绳，多次反映，物业均未管理；2. 计入公摊的大堂被不当占用；3. 垃圾清理不及时；4. 催收物业费的方式过于粗暴。原告提供的物业服务不达标，所以物业费也应打折收取
9. 对应付违约金数额及计算方式有无异议	无□ 有☑　事实和理由：不是恶意拖欠物业服务费，而是希望通过这种方式促进物业公司改进服务，是在行使抗辩权，不是违约，所以不应支付违约金
10. 对催缴情况有无异议	无☑ 有□　事实和理由：
11. 其他需要说明的内容（可另附页）	无☑ 有□　内容：
12. 证据清单（可另附页）	附页

答辩人（签字、盖章）：杨××

日期：××××年××月××日

（二）法律依据

1.《中华人民共和国民法典》（2020 年 5 月 28 日）

第九百三十七条 物业服务合同是物业服务人在物业服务区域内，为业主提供建筑物及其附属设施的维修养护、环境卫生和相关秩序的管理维护等物业服务，业主支付物业费的合同。

物业服务人包括物业服务企业和其他管理人。

第九百三十八条 物业服务合同的内容一般包括服务事项、服务质量、服务费用的标准和收取办法、维修资金的使用、服务用房的管理和使用、服务期限、服务交接等条款。

物业服务人公开作出的有利于业主的服务承诺，为物业服务合同的组成部分。

物业服务合同应当采用书面形式。

第九百三十九条 建设单位依法与物业服务人订立的前期物业服务合同，以及业主委员会与业主大会依法选聘的物业服务人订立的物业服务合同，对业主具有法律约束力。

第九百四十条 建设单位依法与物业服务人订立的前期物业服务合同约定的服务期限届满前，业主委员会或者业主与新物业服务人订立的物业服务合同生效的，前期物业服务合同终止。

第九百四十一条 物业服务人将物业服务区域内的部分专项服务事项委托给专业性服务组织或者其他第三人的，应当就该部分专项服务事项向业主负责。

物业服务人不得将其应当提供的全部物业服务转委托给第三人，或者将全部物业服务支解后分别转委托给第三人。

第九百四十二条 物业服务人应当按照约定和物业的使用性质，妥善维修、养护、清洁、绿化和经营管理物业服务区域内的业主共有部分，维护物业服务区域内的基本秩序，采取合理措施保护业主的人身、财产安全。

对物业服务区域内违反有关治安、环保、消防等法律法规的行为，物业服务人应当及时采取合理措施制止、向有关行政主管部门报告并协助处理。

第九百四十三条 物业服务人应当定期将服务的事项、负责人员、质量要求、收费项目、收费标准、履行情况，以及维修资金使用情况、业主共有部分的经营与收益情况等以合理方式向业主公开并向业主大会、业主委员会报告。

第九百四十四条 业主应当按照约定向物业服务人支付物业费。物业服务人已经按照约定和有关规定提供服务的，业主不得以未接受或者无需接受相关物业服务为由拒绝支付物业费。

业主违反约定逾期不支付物业费的，物业服务人可以催告其在合理期限内支付；合理期限届满仍不支付的，物业服务人可以提起诉讼或者申请仲裁。

物业服务人不得采取停止供电、供水、供热、供燃气等方式催交物业费。

第九百四十五条 业主装饰装修房屋的，应当事先告知物业服务人，遵守物业服务人提示的合理注意事项，并配合其进行必要的现场检查。

业主转让、出租物业专有部分、设立居住权或者依法改变共有部分用途的，应当及时将相关情况告知物业服务人。

第九百四十六条 业主依照法定程序共同决定解聘物业服务人的，可以解除物业服务合同。决定解聘的，应当提前六十日书面通知物业服务人，但是合同对通知期限另有约定的除外。

依据前款规定解除合同造成物业服务人损失的，除不可归责于业主的事由外，业主应当赔偿损失。

第九百四十七条 物业服务期限届满前，业主依法共同决定续聘的，应当与原物业服务人在合同期限届满前续订物业服务合同。

物业服务期限届满前，物业服务人不同意续聘的，应当在合同期限届满前九十日书面通知业主或者业主委员会，但是合同对通知期限另有约定的除外。

第九百四十八条 物业服务期限届满后，业主没有依法作出续聘或者另聘物业服务人的决定，物业服务人继续提供物业服务的，原物业服务合同继续有效，但是服务期限为不定期。

当事人可以随时解除不定期物业服务合同，但是应当提前六十日书面通知对方。

第九百四十九条 物业服务合同终止的，原物业服务人应当在约定期限或者合理期限内退出物业服务区域，将物业服务用房、相关设施、物业服务所必需的相关资料等交还给业主委员会、决定自行管理的业主或者其指定的人，配合新物业服务人做好交接工作，并如实告知物业的使用和管理状况。

原物业服务人违反前款规定的，不得请求业主支付物业服务合同终止后的物业费；造成业主损失的，应当赔偿损失。

第九百五十条 物业服务合同终止后，在业主或者业主大会选聘的新物业服务人或者决定自行管理的业主接管之前，原物业服务人应当继续处理物业服务事项，并可以请求业主支付该期间的物业费。

2. 《最高人民法院关于审理物业服务纠纷案件适用法律若干问题的解释》（2020年12月29日）

为正确审理物业服务纠纷案件，依法保护当事人的合法权益，根据《中华人民共和国民法典》等法律规定，结合民事审判实践，制定本解释。

第一条 业主违反物业服务合同或者法律、法规、管理规约，实施妨碍物业服务与管理的行为，物业服务人请求业主承担停止侵害、排除妨碍、恢复原状等相应民事责任的，人民法院应予支持。

第二条 物业服务人违反物业服务合同约定或者法律、法规、部门规章规定，擅自扩大收费范围、提高收费标准或者重复收费，业主以违规收费为由提出抗辩的，人民法院应予支持。

业主请求物业服务人退还其已经收取的违规费用的，人民法院应予支持。

第三条 物业服务合同的权利义务终止后，业主请求物业服务人退还已经预收，但尚未提供物业服务期间的物业费的，人民法院应予支持。

第四条 因物业的承租人、借用人或者其他物业使用人实施违反物业服务合同，以及法律、法规或者管理规约的行为引起的物业服务纠纷，人民法院可以参照关于业主的规定处理。

第五条 本解释自2009年10月1日起施行。

本解释施行前已经终审，本解释施行后当事人申请再审或者按照审判监督程序决定再审的案件，不适用本解释。

六、银行信用卡纠纷

（一）示范文本

民事起诉状
（银行信用卡纠纷）

说明：	
为了方便您更好地参加诉讼，保护您的合法权利，请填写本表。	
1. 起诉时需向人民法院提交证明您身份的材料，如身份证复印件、营业执照复印件等。	
2. 本表所列内容是您提起诉讼以及人民法院查明案件事实所需，请务必如实填写。	
3. 本表所涉内容系针对一般银行信用卡纠纷案件，有些内容可能与您的案件无关，您认为与案件无关的项目可以填"无"或不填；对于本表中勾选项可以在对应项打"√"您认为另有重要内容需要列明的，可以在本表尾部或者另附页填写。	
★ 特别提示 ★	
《中华人民共和国民事诉讼法》第十三条第一款规定："民事诉讼应当遵循诚信原则。"	
如果诉讼参加人违反上述规定，进行虚假诉讼、恶意诉讼，人民法院将视违法情形依法追究责任。	

当事人信息	
原告（法人、非法人组织）	名称： 住所地（主要办事机构所在地）： 注册地/登记地： 法定代表人/主要负责人：　　职务：　　联系电话： 统一社会信用代码： 类型：有限责任公司□　股份有限公司□　上市公司□　其他企业法人□ 　　　事业单位□　社会团体□　基金会□　社会服务机构□ 　　　机关法人□　农村集体经济组织法人□　城镇农村的合作经济组织法人□　基层群众性自治组织法人□ 　　　个人独资企业□　合伙企业□　不具有法人资格的专业服务机构□ 　　　国有□（控股□参股□）民营□

原告（自然人）	姓名： 性别：男□　女□ 出生日期：　　年　　月　　日　　　　民族： 工作单位：　　　　职务：　　　　联系电话： 住所地（户籍所在地）： 经常居住地：
委托诉讼代理人	有□ 　　姓名： 　　单位：　　　　职务：　　　　联系电话： 　　代理权限：一般授权□　特别授权□ 无□
送达地址（所填信息除书面特别声明更改外，适用于案件一审、二审、再审所有后续程序）及收件人、联系电话	地址： 收件人： 联系电话：
是否接受电子送达	是□　方式：短信_____　微信_____　传真_____　邮箱_____ 　　　　其他_____ 否□
被告（法人、非法人组织）	名称： 住所地（主要办事机构所在地）： 注册地/登记地： 法定代表人/主要负责人：　　　　职务：　　　　联系电话： 统一社会信用代码： 类型：有限责任公司□　股份有限公司□　上市公司□　其他企业法人□ 　　事业单位□　社会团体□　基金会□　社会服务机构□ 　　机关法人□　农村集体经济组织法人□　城镇农村的合作经济组织法人□　基层群众性自治组织法人□ 　　个人独资企业□　合伙企业□　不具有法人资格的专业服务机构□ 　　国有□（控股□参股□）民营□

被告（自然人）	姓名： 性别：男□　女□ 出生日期：　　　年　　月　　日　　　　民族： 工作单位：　　　　　职务：　　　　　联系电话： 住所地（户籍所在地）： 经常居住地：
第三人（法人、非法人组织）	名称： 住所地（主要办事机构所在地）： 注册地/登记地： 法定代表人/主要负责人：　　　　职务：　　　　联系电话： 统一社会信用代码： 类型：有限责任公司□　股份有限公司□　上市公司□　其他企业法人□ 　　　事业单位□　社会团体□　基金会□　社会服务机构□ 　　　机关法人□　农村集体经济组织法人□　城镇农村的合作经济组织法人□　基层群众性自治组织法人□ 　　　个人独资企业□　合伙企业□　不具有法人资格的专业服务机构□ 　　　国有□（控股□参股□）民营□
第三人（自然人）	姓名： 性别：男□　女□ 出生日期：　　　年　　月　　日　　　　民族： 工作单位：　　　　　职务：　　　　　联系电话： 住所地（户籍所在地）： 经常居住地：
	诉讼请求和依据
1. 透支本金	截至　　　年　　月　　日止，尚欠本金　　　元（人民币，下同；如为外币需特别注明）；
2. 利息、罚息、复利、滞纳金、违约金、手续费等	截至　　　年　　月　　日止，欠利息、罚息、复利、滞纳金、违约金、手续费等共计　　　元 自　　　年　　月　　日之后的利息、罚息、复利、滞纳金、违约金以及手续费等各项费用按照信用卡领用协议计算至实际清偿之日止明细；
3. 是否主张担保权利	是□　内容： 否□

4. 是否主张实现债权的费用	是□　费用明细： 否□
5. 其他请求	
6. 标的总额	
7. 请求依据	合同约定： 法律规定：

约定管辖和诉讼保全	
1. 有无仲裁、法院管辖约定	有□　合同条款及内容： 无□
2. 是否申请财产保全措施	已经诉前保全：是□　　　保全法院：　　　保全时间： 　　　　　　　　否□ 申请诉讼保全：是□ 　　　　　　　　否□

事实和理由	
1. 信用卡办理情况（信用卡卡号、信用卡登记权利人、办卡时间、办卡行等）	
2. 信用卡合约的主要约定	透支金额： 利息、罚息、复利、滞纳金、违约金、手续费等的计算标准： 违约责任： 解除条件：
3. 是否对被告就信用卡合约主要条款进行提示注意、说明	是□　提示说明的具体方式以及时间地点： 否□
4. 被告已还款金额	元
5. 被告逾期未还款金额	逾期时间： 截至　　年　　月　　日，被告　　欠付信用卡本金　　元、利息　　元、罚息　　元、复利　　元、滞纳金　　元、违约金　　元、手续费　　元
6. 是否向被告进行通知和催收	是□　具体情况： 否□

128

7. 是否签订物的担保（抵押、质押）合同	是□ 签订时间： 否□
8. 担保人、担保物	担保人： 担保物：
9. 是否最高额担保（抵押、质押）	是□ 否□ 担保债权的确定时间： 担保额度：
10. 是否办理抵押、质押登记	是□ 正式登记□ 　　　预告登记□ 否□
11. 是否签订保证合同	是□ 签订时间： 保证人： 　　主要内容： 否□
12. 保证方式	一般保证 □ 连带责任保证□
13. 其他担保方式	是□ 形式： 签订时间： 否□
14. 其他需要说明的内容（可另附页）	
15. 证据清单（可另附页）	

具状人（签字、盖章）：

日期：

民事答辩状
（银行信用卡纠纷）

当事人信息	

答辩人（法人、非法人组织）	名称：
	住所地（主要办事机构所在地）：
	注册地/登记地：
	法定代表人/主要负责人： 职务： 联系电话：
	统一社会信用代码：
	类型：有限责任公司□ 股份有限公司□ 上市公司□ 其他企业法人□
	    事业单位□ 社会团体□ 基金会□ 社会服务机构□
	    机关法人□ 农村集体经济组织法人□ 城镇农村的合作经济组织法人□ 基层群众性自治组织法人□
	    个人独资企业□ 合伙企业□ 不具有法人资格的专业服务机构□
	    国有□ （控股□参股□） 民营□

答辩人（自然人）	姓名： 性别：男□ 女□ 出生日期： 年 月 日 民族： 工作单位： 职务： 联系电话： 住所地（户籍所在地）： 经常居住地：

委托诉讼代理人	有□ 　　姓名： 　　单位：　　　　　　职务：　　　　　　联系电话： 　　代理权限：一般授权□　特别授权□ 无□
送达地址（所填信息除书面特别声明更改外，适用于案件一审、二审、再审所有后续程序）及收件人、联系电话	地址： 收件人： 电话：
是否接受电子送达	是□　方式：短信_____　微信_____　传真_____　邮箱_____ 　　　　其他_____ 否□

答辩事项和依据
（对原告诉讼请求的确认或者异议）

1. 对透支本金有无异议	确认□ 异议□　内容：
2. 对利息、罚息、复利、滞纳金、违约金、手续费等有无异议	确认□ 异议□　内容：
3. 对担保权利诉请有无异议	确认□ 异议□　内容：
4. 对实现债权的费用有无异议	无□ 有□　事实和理由：
5. 对其他请求有无异议	无□ 有□　事实和理由：
6. 对标的总额有无异议	无□ 有□　事实和理由：
7. 答辩依据	合同约定： 法律规定：

事实和理由
（对起诉状事实与理由的确认或者异议）

1. 对信用卡办理情况有无异议	确认□ 异议□　事实和理由：

2. 对信用卡合约的主要约定有无异议	确认□ 异议□ 事实和理由:
3. 对原告对被告就信用卡合约主要条款进行提示注意、说明的情况有无异议	确认□ 异议□ 事实和理由:
4. 对被告已还款金额有无异议	确认□ 异议□ 事实和理由:
5. 对被告逾期未还款金额有无异议	确认□ 异议□ 事实和理由:
6. 对是否向被告进行通知和催收有无异议	确认□ 异议□ 事实和理由:
7. 对是否签订物的担保合同有无异议	无□ 有□ 事实和理由:
8. 对担保人、担保物有无异议	无□ 有□ 事实和理由:
9. 对最高额抵押担保有无异议	无□ 有□ 事实和理由:
10. 对是否办理抵押/质押登记有无异议	无□ 有□ 事实和理由:
11. 对是否签订保证合同有无异议	无□ 有□ 事实和理由:
12. 对保证方式有无异议	无□ 有□ 事实和理由:
13. 对其他担保方式有无异议	无□ 有□ 事实和理由:
14. 有无其他免责/减责事由	无□ 有□ 事实和理由:
15. 其他需要说明的内容（可另附页）	
16. 证据清单（可另附页）	

答辩人（签字、盖章）：

日期：

实例：

民事起诉状
（银行信用卡纠纷）

当事人信息	
原告	名称：××银行股份有限公司信用卡中心 住所地（主要办事机构所在地）：上海市浦东新区××路××号 注册地/登记地：上海市浦东新区××路××号 法定代表人/主要负责人：王××　职务：总经理 联系电话：×××××××××× 统一社会信用代码： 类型：有限责任公司□　股份有限公司☑　上市公司□　其他企业法人□ 　　　事业单位□　社会团体□　基金会□　社会服务机构□ 　　　机关法人□　农村集体经济组织法人□　城镇农村的合作经济组织法人□　基层群众性自治组织法人□ 　　　个人独资企业□　合伙企业□　不具有法人资格的专业服务机构□ 　　　国有☑（控股☑参股□）民营□
委托诉讼代理人	有☑ 　　姓名：唐×× 　　单位：上海××律师事务所　职务：律师 　　联系电话：×××××××××× 　　代理权限：一般授权☑　特别授权□ 无□

送达地址（所填信息除书面特别声明更改外，适用于案件一审、二审、再审所有后续程序）	地址：上海市浦东新区××路××街道上海××律师事务所 收件人：唐×× 联系电话：××××××××××
是否接受电子送达	是☑ 方式：短信139×××××× 微信139×××××× 传真×××××× 邮箱×××@QQ.COM 其他_____ 否□
被告（法人、非法人组织）	名称： 住所地（主要办事机构所在地）： 注册地/登记地： 法定代表人/主要负责人： 职务： 联系电话： 统一社会信用代码： 类型：有限责任公司□ 股份有限公司□ 上市公司□ 其他企业法人□ 事业单位□ 社会团体□ 基金会□ 社会服务机构□ 机关法人□ 农村集体经济组织法人□ 城镇农村的合作经济组织法人□ 基层群众性自治组织法人□ 个人独资企业□ 合伙企业□ 不具有法人资格的专业服务机构□ 国有□（控股□参股□）民营□
被告（自然人）	姓名：林×× 性别：男☑ 女□ 出生日期：19××年××月××日 民族：×族 工作单位：××公司 职务：职员 联系电话：×××××××××× 住所地（户籍所在地）：河南省新密市 经常居住地：上海市浦东区××巷××弄××号

第三人（法人、非法人组织）	名称： 住所地（主要办事机构所在地）： 注册地/登记地： 法定代表人/主要负责人：　　　职务：　　　联系电话： 统一社会信用代码： 类型：有限责任公司□　股份有限公司□　上市公司□　其他企业法人□ 　　　事业单位□　社会团体□　基金会□　社会服务机构□ 　　　机关法人□　农村集体经济组织法人□　城镇农村的合作经济组织法人□　基层群众性自治组织法人□ 　　　个人独资企业□　合伙企业□　不具有法人资格的专业服务机构□ 　　　国有□（控股□参股□）民营□
第三人（自然人）	姓名： 性别：男□　女□ 出生日期：　　　年　　　月　　　日 民族： 工作单位：　　　　职务：　　　　联系电话： 住所地（户籍所在地）： 经常居住地：
诉讼请求和依据	
1. 透支本金	截至年 2021 年 10 月 9 日止，尚欠本金 39958.51 元
2. 利息、罚息、复利、滞纳金、违约金、手续费等	截至 2021 年 10 月 9 日止，欠利息、违约金、手续费等共计 18168.14 元；自 2021 年 10 月 10 日之后的逾期利息计算至实际清偿之日止，计算方式：透支款 58126.65 元×0.5‰×天数 明细：截至 2021 年 10 月 9 日止，被告林××欠利息 4440.19 元、违约金 11486.96 元、账单分期手续费 2240.99 元
3. 是否主张担保权利	是□ 否☑
4. 是否主张实现债权的费用	是☑　费用明细：律师费（以实际发生数额为准） 否□
5. 其他请求	
6. 标的总额	58126.65 元

7. 请求依据	合同约定：《××银行信用卡领用协议》 法律规定：《中华人民共和国民法典》第六百七十四条、第六百七十五条、第六百七十六条

约定管辖和诉讼保全	
1. 有无仲裁、法院管辖约定	有☑ 合同条款及内容：如发生纠纷向人民法院起诉解决 无☐
2. 是否申请财产保全措施	已经诉前保全：是☐ 保全法院： 保全时间： 否☑ 申请诉讼保全：是☐ 否☑

事实和理由	
1. 信用卡办理情况（信用卡卡号、信用卡登记权利人、办卡时间、办卡行等）	20××年××月××日，林××携带身份证件来我行申领信用卡，并签署了《××银行信用卡领用协议》
2. 信用卡合约的主要约定	透支金额：50000 元 利息、罚息、复利、滞纳金、违约金、手续费等的计算标准：从交易记账日起至还款记账日止计收透支利息，日利率为万分之五 违约责任：按照当月最低还款额未还部分的 5% 计算 解除条件：
3. 是否对被告就信用卡合约主要条款进行提示注意、说明	是☑ 提示说明的具体方式以及时间地点：《××银行信用卡领用协议》中标红部分内容，并口头告知 否☐
4. 被告已还款金额	0 元
5. 被告逾期未还款金额	逾期时间： 日 截至 2021 年 10 月 9 日，被告林××欠付信用卡本金 39958.51 元、利息 4440.19 元、罚息 元、复利 元、滞纳金 元、违约金 11486.96 元、手续费 2240.99 元
6. 是否向被告进行通知和催收	是☑ 具体情况：2021 年 7 月 8 日通过我行客服电话 95×××与林××在我行预留手机号××××××××通话，告知其已逾期；2021 年 7 月 9 日通过 EMS 向林××在我行预留地址邮寄催收函 否☐

7. 是否签订物的担保（抵押、质押）合同	是□　签订时间： 否☑
8. 担保人、担保物	担保人： 担保物：
9. 是否最高额担保（抵押、质押）	是□ 否☑ 担保债权的确定时间： 担保额度：
10. 是否办理抵押、质押登记	是□　正式登记□ 　　　　预告登记□ 否☑
11. 是否签订保证合同	是□　　签订时间：　　保证人： 　　　　主要内容： 否☑
12. 保证方式	一般保证　　□ 连带责任保证□
13. 其他担保方式	是□　形式：　　签订时间： 否☑
14. 其他需要说明的内容（可另附页）	
15. 证据清单（可另附页）	后附证据清单

具状人（签字、盖章）：
××银行股份有限公司信用卡中心　王××
日期：××年××月××日

民事答辩状
（银行信用卡纠纷）

说明：

为了方便您更好地参加诉讼，保护您的合法权利，请填写本表。

1. 应诉时需向人民法院提交证明您身份的材料，如身份证复印件、营业执照复印件等。

2. 本表所列内容是您参加诉讼以及人民法院查明案件事实所需，请务必如实填写。

3. 本表所涉内容系针对一般银行信用卡纠纷案件，有些内容可能与您的案件无关，您认为与案件无关的项目可以填"无"或不填；对于本表中勾选项可以在对应项打"√"；您认为另有重要内容需要列明的，可以在本表尾部或者另附页填写。

★ 特别提示 ★

《中华人民共和国民事诉讼法》第十三条第一款规定："民事诉讼应当遵循诚信原则。"

如果诉讼参加人违反上述规定，进行虚假诉讼、恶意诉讼，人民法院将视违法情形依法追究责任。

当事人信息

答辩人（法人、非法人组织）	名称： 住所地（主要办事机构所在地）： 注册地/登记地： 法定代表人/主要负责人：　　　职务：　　　联系电话： 统一社会信用代码： 类型：有限责任公司□　股份有限公司□　上市公司□　其他企业法人□ 　　　事业单位□　社会团体□　基金会□　社会服务机构□ 　　　机关法人□　农村集体经济组织法人□　城镇农村的合作经济组织法人□　基层群众性自治组织法人□ 　　　个人独资企业□　合伙企业□　不具有法人资格的专业服务机构□ 　　　国有□（控股□参股□）民营□
答辩人（自然人）	姓名：林×× 性别：男☑　女□ 出生日期：19××年××月××日　　　民族：×族 工作单位：××公司　职务：职员　联系电话：××××××××× 住所地（户籍所在地）：河南省新密市 经常居住地：上海市浦东区××巷××弄××号

委托诉讼代理人	有□ 　　　姓名： 　　　单位：　　　　　职务：　　　　　联系电话： 　　　代理权限：一般授权□　特别授权□ 无☑
送达地址（所填信息除书面特别声明更改外，适用于案件一审、二审、再审所有后续程序）及收件人、联系电话	地址：上海市浦东区××巷××弄××号 收件人：林×× 联系电话：××××××××
是否接受电子送达	是☑　方式：短信 139××××× 微信 139××××× 传真＿＿＿＿ 　　　　　邮箱＿＿＿＿ 其他＿＿＿＿ 否□

答辩事项和依据
（对原告诉讼请求的确认或者异议）

1. 对透支本金有无异议	无☑ 有□　事实和理由：
2. 对利息、罚息、复利、滞纳金、违约金、手续费等有无异议	无□ 有☑　事实和理由：答辩人对违约金、手续费等约定并不知情。
3. 对担保权利诉请有无异议	无□ 有□　事实和理由：
4. 对实现债权的费用有无异议	无□ 有□　事实和理由：
5. 对其他请求有无异议	无□ 有□　事实和理由：
6. 对标的总额有无异议	无□ 有☑　事实和理由：答辩人仅应归还本金。
7. 答辩依据	合同约定： 法律规定：

事实和理由
（对起诉状事实与理由的确认或者异议）

1. 对信用卡办理情况有无异议	无☑ 有□　事实和理由：

2. 对信用卡合约的主要约定有无异议	无☐ 有☐　事实和理由：答辩人对违约金、手续费等内容并不知情，不应承担这些费用；且利息、违约金、手续费等费用标准过高
3. 对原告对被告就信用卡合约主要条款进行提示注意、说明的情况有无异议	无☐ 有☑　事实和理由：原告并未就相关违约金、手续费等条款进行说明
4. 对被告已还款金额有无异议	无☐ 有☐　事实和理由：
5. 对被告逾期未还款金额有无异议	无☑ 有☐　事实和理由：
6. 对是否向被告进行通知和催收有无异议	无☐ 有☐　事实和理由：答辩人并未收到过原告的催款通知
7. 对是否签订物的担保合同有无异议	无☐ 有☐　事实和理由：
8. 对担保人、担保物有无异议	无☐ 有☐　事实和理由：
9. 对最高额抵押担保有无异议	无☐ 有☐　事实和理由：
10. 对是否办理抵押/质押登记有无异议	无☐ 有☐　事实和理由：
11. 对是否签订保证合同有无异议	无☐ 有☐　事实和理由：
12. 对保证方式有无异议	无☐ 有☐　事实和理由：
13. 对其他担保方式有无异议	无☐ 有☐　事实和理由：
14. 有无其他免责/减责事由	无☐ 有☑　事实和理由：因疫情原因，收入中断，故不能及时还款
15. 其他需要说明的内容（可另附页）	
16. 证据清单（可另附页）	

答辩人（签字、盖章）：林××

日期：××年××月××日

（二）法律依据

1.《中华人民共和国民法典》（2020 年 5 月 28 日）

第六百六十七条 借款合同是借款人向贷款人借款，到期返还借款并支付利息的合同。

第六百六十八条 借款合同应当采用书面形式，但是自然人之间借款另有约定的除外。

借款合同的内容一般包括借款种类、币种、用途、数额、利率、期限和还款方式等条款。

第六百六十九条 订立借款合同，借款人应当按照贷款人的要求提供与借款有关的业务活动和财务状况的真实情况。

第六百七十条 借款的利息不得预先在本金中扣除。利息预先在本金中扣除的，应当按照实际借款数额返还借款并计算利息。

第六百七十一条 贷款人未按照约定的日期、数额提供借款，造成借款人损失的，应当赔偿损失。

借款人未按照约定的日期、数额收取借款的，应当按照约定的日期、数额支付利息。

第六百七十二条 贷款人按照约定可以检查、监督借款的使用情况。借款人应当按照约定向贷款人定期提供有关财务会计报表或者其他资料。

第六百七十三条 借款人未按照约定的借款用途使用借款的，贷款人可以停止发放借款、提前收回借款或者解除合同。

第六百七十四条 借款人应当按照约定的期限支付利息。对支付利息的期限没有约定或者约定不明确，依据本法第五百一十条的规定仍不能确定，借款期间不满一年的，应当在返还借款时一并支付；借款期间一年以上的，应当在每届满一年时支付，剩余期间不满一年的，应当在返还借款时一并支付。

第六百七十五条 借款人应当按照约定的期限返还借款。对借款期限没有约定或者约定不明确，依据本法第五百一十条的规定仍不能确定的，借款人可以随时返还；贷款人可以催告借款人在合理期限内返还。

第六百七十六条 借款人未按照约定的期限返还借款的，应当按照约定或者国家有关规定支付逾期利息。

第六百七十七条 借款人提前返还借款的，除当事人另有约定外，应当按照实际借款的期间计算利息。

第六百七十八条 借款人可以在还款期限届满前向贷款人申请展期；贷款人同意的，可以展期。

第六百七十九条 自然人之间的借款合同，自贷款人提供借款时成立。

第六百八十条 禁止高利放贷，借款的利率不得违反国家有关规定。

借款合同对支付利息没有约定的，视为没有利息。

借款合同对支付利息约定不明确，当事人不能达成补充协议的，按照当地或者当事人的交易方式、交易习惯、市场利率等因素确定利息；自然人之间借款的，视为没有利息。

2.《最高人民法院关于审理信用证纠纷案件若干问题的规定》（2020 年 12 月 29 日）

根据《中华人民共和国民法典》《中华人民共和国涉外民事关系法律适用法》《中华人民共和国民事诉讼法》等法律，参照国际商会《跟单信用证统一惯例》等相关国际惯例，结合审判实践，就审理信用证纠纷案件的有关问题，制定本规定。

第一条 本规定所指的信用证纠纷案件，是指在信用证开立、通知、修改、撤销、保兑、议付、偿付等环节产生的纠纷。

第二条 人民法院审理信用证纠纷案件时，当事人约定适用相关国际惯例或者其他规定的，从其约定；当事人没有约定的，适用国际商会《跟单信用证统一惯例》或者其他相关国际惯例。

第三条 开证申请人与开证行之间因申请开立信用证而产生的欠款纠纷、委托人和受托人之间因委托开立信用证产生的纠纷、担保人为申请开立信用证或者委托开立信用证提供担保而产生的纠纷以及信用证项下融资产生的纠纷，适用本规定。

第四条 因申请开立信用证而产生的欠款纠纷、委托开立信用证纠纷和因此产生的担保纠纷以及信用证项下融资产生的纠纷应当适用中华人民共和国相关法律。涉外合同当事人对法律适用另有约定的除外。

第五条 开证行在作出付款、承兑或者履行信用证项下其他义务的承诺后，只要单据与信用证条款、单据与单据之间在表面上相符，开证行应当履行在信用证规定的期限内付款的义务。当事人以开证申请人与受益人之间的基础交易提出抗辩的，人民法院不予支持。具有本规定第八条的情形除外。

第六条 人民法院在审理信用证纠纷案件中涉及单证审查的，应当根据当事人约定适用的相关国际惯例或者其他规定进行；当事人没有约定的，应当按照国际商会《跟单信用证统一惯例》以及国际商会确定的相关标准，认定单据与信用证条款、单据与单据之间是否在表面上相符。

信用证项下单据与信用证条款之间、单据与单据之间在表面上不完全一致，但并不导致相互之间产生歧义的，不应认定为不符点。

第七条 开证行有独立审查单据的权利和义务，有权自行作出单据与信用证条款、单据与单据之间是否在表面上相符的决定，并自行决定接受或者拒绝接受单据与信用证条款、单据与单据之间的不符点。

开证行发现信用证项下存在不符点后，可以自行决定是否联系开证申请人接受不符点。开证申请人决定是否接受不符点，并不影响开证行最终决定是否接受不符点。开证行和开证申请人另有约定的除外。

开证行向受益人明确表示接受不符点的，应当承担付款责任。

开证行拒绝接受不符点时，受益人以开证申请人已接受不符点为由要求开证行承担信用证项下付款责任的，人民法院不予支持。

第八条 凡有下列情形之一的，应当认定存在信用证欺诈：

（一）受益人伪造单据或者提交记载内容虚假的单据；

（二）受益人恶意不交付货物或者交付的货物无价值；

（三）受益人和开证申请人或者其他第三方串通提交假单据，而没有真实的基础交易；

（四）其他进行信用证欺诈的情形。

第九条 开证申请人、开证行或者其他利害关系人发现有本规定第八条的情形，并认为将会给其造成难以弥补的损害时，可以向有管辖权的人民法院申请中止支付信用证项下的款项。

第十条 人民法院认定存在信用证欺诈的，应当裁定中止支付或者判决终止支付信用证项下款项，但有下列情形之一的除外：

（一）开证行的指定人、授权人已按照开证行的指令善意地进行了付款；

（二）开证行或者其指定人、授权人已对信用证项下票据善意地作出了承兑；

（三）保兑行善意地履行了付款义务；

（四）议付行善意地进行了议付。

第十一条 当事人在起诉前申请中止支付信用证项下款项符合下列条件的，人民法院应予受理：

（一）受理申请的人民法院对该信用证纠纷案件享有管辖权；

（二）申请人提供的证据材料证明存在本规定第八条的情形；

（三）如不采取中止支付信用证项下款项的措施，将会使申请人的合法权益受到难以弥补的损害；

（四）申请人提供了可靠、充分的担保；

（五）不存在本规定第十条的情形。

当事人在诉讼中申请中止支付信用证项下款项的，应当符合前款第（二）、（三）、（四）、（五）项规定的条件。

第十二条 人民法院接受中止支付信用证项下款项申请后，必须在四十八小时内作出裁定；裁定中止支付的，应当立即开始执行。

人民法院作出中止支付信用证项下款项的裁定，应当列明申请人、被申请人和第三人。

第十三条 当事人对人民法院作出中止支付信用证项下款项的裁定有异议的，可以在裁定书送达之日起十日内向上一级人民法院申请复议。上一级人民法院应当自收到复议申请之日起十日内作出裁定。

复议期间，不停止原裁定的执行。

第十四条 人民法院在审理信用证欺诈案件过程中，必要时可以将信用证纠纷与基础交易纠纷一并审理。

当事人以基础交易欺诈为由起诉的，可以将与案件有关的开证行、议付行或者其他信用证法律关系的利害关系人列为第三人；第三人可以申请参加诉讼，人民法院也可以通知第三人参加诉讼。

第十五条 人民法院通过实体审理，认定构成信用证欺诈并且不存在本规定第十条的情形的，应当判决终止支付信用证项下的款项。

第十六条 保证人以开证行或者开证申请人接受不符点未征得其同意为由请求免除保证责任的，人民法院不予支持。保证合同另有约定的除外。

第十七条 开证申请人与开证行对信用证进行修改未征得保证人同意的，保证人只在原保证合同约定的或者法律规定的期间和范围内承担保证责任。保证合同另有约定的除外。

第十八条 本规定自 2006 年 1 月 1 日起施行。

3.《最高人民法院关于当前人民法院审理信用证纠纷案件应当注意问题的通知》（2009 年 7 月 24 日）

各省、自治区、直辖市高级人民法院：

我院法释（2005）13号《关于审理信用证纠纷案件若干问题的规定》自2006年1月1日起实施以来，为各级人民法院审理信用证纠纷案件提供了具有可操作性的法律依据，取得了较好的法律效果和社会效果。然而，自2008年全球金融危机爆发以来，各地人民法院受理的证纠纷案件又有上升趋势，部分人民法院在审理信用证纠纷案件的过程中，特别是在裁定中止支付信用证项下款项的问题上，没有严格执行我院《关于审理信用证纠纷案件若干问题的规定》的相关规定。为此，在充分调研的基础上，我院结合审判实践，就当前人民法院审理信用证纠纷案件应当注意的几个问题通知如下：

一、各级人民法院应当进一步明确审理信用证纠纷案件的内部分工，将信用证纠纷案件包括申请中止支付信用证项下款项案件统一交负责审理涉外民事商事案件的业务庭审理，避免信用证纠纷案件同一法院不同的业务庭审理而导致裁判尺度不一。

二、各级人民法院在根据当事人的申请做出中止支付信用证项下款项裁定的过程中，应当继续严格执行我院《关于审理信用证纠纷案件若干问题的规定》中的相关规定，特别是要严格把握关于裁定中止支付信用证项下款项应当具备的条件和做出相关裁定的期限。

三、《关于审理信用证纠纷案件若干问题的规定》第十条规定的目的在于保护善意第三人，根据该第二项的规定，在存在信用证欺诈的情况下，即使开证行或者其指定人、授权人已经对信用证项下票据善意地做出了承兑，而如果没有善意第三人存在，亦不属于信用证欺诈例外的例外情形，人民法院在符合其他相关条件的情况下仍然可以裁定中止支付信用证项下款项。

四、当事人对人民法院做出的中止支付信用证项下款项的有关裁定申请再审，人民法院应不予受理。

五、开证行或者其指定人、授权人通过SWIFT系统发出的承兑电文构成有效的信用证项下承兑。

七、机动车交通事故责任纠纷

（一）示范文本

民事起诉状
（机动车交通事故责任纠纷）

说明：
为了方便您更好地参加诉讼，保护您的合法权利，请填写本表。
1. 起诉时需向人民法院提交证明您身份的材料，如身份证复印件、营业执照复印件等。
2. 本表所列内容是您提起诉讼以及人民法院查明案件事实所需，请务必如实填写。
3. 本表有些内容可能与您的案件无关，您认为与案件无关的项目可以填"无"或不填；对于本表中勾选项可以在对应项打"√"；您认为另有重要内容需要列明的，可以在本表尾部或者另附页填写。
★特别提示★
《中华人民共和国民事诉讼法》第十三条第一款规定："民事诉讼应当遵循诚信原则。"
如果诉讼参加人违反上述规定，进行虚假诉讼、恶意诉讼，人民法院将视违法情形依法追究责任。

当事人信息	
原告（自然人）	姓名： 性别：男□　女□ 出生日期：　　　年　　月　　日 民族： 工作单位：　　　　职务：　　　　联系电话： 住所地（户籍所在地）： 经常居住地：

146

原告（法人、非法人组织）	名称： 住所地（主要办事机构所在地）： 注册地/登记地： 法定代表人/主要负责人：　　职务：　　联系电话： 统一社会信用代码： 类型：有限责任公司□　股份有限公司□　上市公司□　其他企业法人□ 　　　事业单位□　社会团体□　基金会□　社会服务机构□ 　　　机关法人□　农村集体经济组织法人□　城镇农村的合作经济组织法人□　基层群众性自治组织法人□ 　　　个人独资企业□　合伙企业□　不具有法人资格的专业服务机构□ 　　　国有□（控股□参股□）民营□
委托诉讼代理人	有□ 　　姓名： 　　单位：　　　职务：　　　　联系电话： 　　代理权限：一般授权□　特别授权□ 无□
送达地址（所填信息除书面特别声明更改外，适用于案件一审、二审、再审所有后续程序）及收件人、电话	地址： 收件人： 电话：
是否接受电子送达	是□　方式：短信_____　微信_____　传真_____　邮箱_____ 　　　　其他_____ 否□

被告（保险公司或其他法人、非法人组织）	名称： 住所地（主要办事机构所在地）： 注册地/登记地： 法定代表人/主要负责人：　　　职务：　　　联系电话： 统一社会信用代码： 类型：有限责任公司□　股份有限公司□　上市公司□　其他企业法人□ 　　　事业单位□　社会团体□　基金会□　社会服务机构□ 　　　机关法人□　农村集体经济组织法人□　城镇农村的合作经济组织法人□　基层群众性自治组织法人□ 　　　个人独资企业□　合伙企业□　不具有法人资格的专业服务机构□ 　　　国有□（控股□参股□）民营□
被告（自然人）	姓名： 性别：男□　女□ 出生日期：　　　年　　月　　日 民族： 工作单位：　　　职务：　　　联系电话： 住所地（户籍所在地）： 经常居住地：
第三人（法人、非法人组织）	名称： 住所地（主要办事机构所在地）： 注册地/登记地： 法定代表人/主要负责人：　　　职务：　　　联系电话： 统一社会信用代码： 类型：有限责任公司□　股份有限公司□　上市公司□　其他企业法人□ 　　　事业单位□　社会团体□　基金会□　社会服务机构□ 　　　机关法人□　农村集体经济组织法人□　城镇农村的合作经济组织法人□　基层群众性自治组织法人□ 　　　个人独资企业□　合伙企业□　不具有法人资格的专业服务机构□ 　　　国有□（控股□参股□）民营□

第三人（自然人）	姓名： 性别：男□　女□ 出生日期：　　　年　　月　　日 民族： 工作单位：　　　　　职务：　　　　　联系电话： 住所地（户籍所在地）： 经常居住地：

诉讼请求和依据	
1. 医疗费	年　　月　　日至　　　年　　月　　日期间在 　　医院住院（门诊）治疗，累计发生医疗费　　　元 医疗费发票、医疗费清单、病例资料：有□　无□
2. 护理费	住院护理　　　天支付护理费　　　元（或护理人员发生误工费 　　元），或遵医嘱短期护理发生护理费　　　元 住院证明、医嘱等：有□　无□
3. 营养费	营养费　　　元 病例资料：有□　无□
4. 住院伙食补助费	住院伙食补助费　　　元 病例资料：有□　无□
5. 误工费	年　　月　　日至　　　年　　月　　日误工费　　　元
6. 交通费	交通费　　　元 交通费凭证：有□　无□
7. 残疾赔偿金	残疾赔偿金　　　元
8. 残疾辅助器具费	残疾辅助器具费　　　元
9. 死亡赔偿金、丧葬费	死亡赔偿金　　　元，丧葬费　　　元
10. 精神损害赔偿金	精神损害赔偿金　　　元
11. 其他费用	主张　　　费用　　　元

事实和理由	
1. 交通事故发生情况	
2. 交通事故责任认定	
3. 机动车投保情况	

4. 其他情况及法律依据	
5. 证据清单（可另附页）	

具状人（签字、盖章）：

日期：

民事答辩状
（机动车交通事故责任纠纷）

说明：
为了方便您更好地参加诉讼，保护您的合法权利，请填写本表。

1. 应诉时需向人民法院提交证明您身份的材料，如身份证复印件、营业执照复印件等。

2. 本表所列内容是您参加诉讼以及人民法院查明案件事实所需，请务必如实填写。

3. 本表有些内容可能与您的案件无关，您认为与案件无关的项目可以填"无"或不填；对于本表中勾选项可以在对应项打"√"；您认为另有重要内容需要列明的，可以在本表尾部或者另附页填写。

★ 特别提示 ★

《中华人民共和国民事诉讼法》第十三条第一款规定："民事诉讼应当遵循诚信原则。"

如果诉讼参加人违反上述规定，进行虚假诉讼、恶意诉讼，人民法院将视违法情形依法追究责任。

案号		案由	

当事人信息

答辩人（自然人）	姓名： 性别：男□ 女□ 出生日期： 年 月 日 民族： 工作单位： 职务： 联系电话： 住所地（户籍所在地）： 经常居住地：
答辩人（保险公司或其他法人、非法人组织）	名称： 住所地（主要办事机构所在地）： 注册地/登记地： 法定代表人/主要负责人： 职务： 联系电话： 统一社会信用代码： 类型：有限责任公司□ 股份有限公司□ 上市公司□ 其他企业法人□ 事业单位□ 社会团体□ 基金会□ 社会服务机构□ 机关法人□ 农村集体经济组织法人□ 城镇农村的合作经济组织法人□ 基层群众性自治组织法人□ 个人独资企业□ 合伙企业□ 不具有法人资格的专业服务机构□ 国有□ （控股□参股□）民营□

委托诉讼代理人	有□ 　　姓名： 　　单位：　　　　　　职务：　　　　　　联系电话： 　　代理权限：一般授权□　特别授权□ 无□
送达地址（所填信息除书面特别声明更改外，适用于案件一审、二审、再审所有后续程序）及收件人、联系电话	地址： 收件人： 联系电话：
是否接受电子送达	是□　方式：短信_____　微信_____　传真_____　邮箱_____ 　　　　　　其他_____ 否□
答辩事项和依据 **（对原告诉讼请求的确认或者异议）**	
1. 对交通事故事实有无异议	无□ 有□　事实和理由：
2. 对交通事故责任认定有无异议	无□ 有□　事实和理由：
3. 对各项费用有无异议	无□ 有□　事实和理由：
4. 对鉴定意见有无异议	无□ 有□　事实和理由：
5. 对原告诉讼请求有无异议	无□ 有□　事实和理由：
6. 证据清单（可另附页）	

答辩人（签字、盖章）：
日期：

实例：

民事起诉状
（机动车交通事故责任纠纷）

<table>
<tr><td colspan="2">
说明：
为了方便您更好地参加诉讼，保护您的合法权利，请填写本表。
1. 起诉时需向人民法院提交证明您身份的材料，如身份证复印件、营业执照复印件等。
2. 本表所列内容是您提起诉讼以及人民法院查明案件事实所需，请务必如实填写。
3. 本表有些内容可能与您的案件无关，您认为与案件无关的项目可以填"无"或不填；对于本表中勾选项可以在对应项打"√"；您认为另有重要内容需要列明的，可以在本表尾部或者另附页填写。
★特别提示★
《中华人民共和国民事诉讼法》第十三条第一款规定："民事诉讼应当遵循诚信原则。"
如果诉讼参加人违反上述规定，进行虚假诉讼、恶意诉讼，人民法院将视违法情形依法追究责任。
</td></tr>
<tr><td colspan="2" align="center">当事人信息</td></tr>
<tr>
<td>原告（自然人）</td>
<td>
姓名：张三（以下据实填写）
性别：男□　女□
出生日期：　　　年　　月　　　日
民族：
工作单位：　　　　　职务：　　　　　联系电话：
住所地（户籍所在地）：
经常居住地：
</td>
</tr>
<tr>
<td>原告（法人、非法人组织）</td>
<td>
名称：
住所地（主要办事机构所在地）：
注册地/登记地：
法定代表人/主要负责人：　　　职务：　　　联系电话：
统一社会信用代码：
类型：有限责任公司□　股份有限公司□　上市公司□　其他企业法人□
事业单位□　社会团体□　基金会□　社会服务机构□
机关法人□　农村集体经济组织法人□　城镇农村的合作经济组织法人□　基层群众性自治组织法人□
个人独资企业□　合伙企业□　不具有法人资格的专业服务机构□
国有□（控股□参股□）民营□
</td>
</tr>
</table>

委托诉讼代理人	有☑ 　　姓名： 　　单位：　　　　　　职务：　　　　　联系电话： 　　代理权限：一般授权□　特别授权□ 无□
送达地址（所填信息除书面特别声明更改外，适用于案件一审、二审、再审所有后续程序）及收件人、电话	地址： 收件人： 电话：
是否接受电子送达	是□　方式：短信_____　微信_____　传真_____　邮箱_____ 　　　　其他_____ 否□
被告（保险公司或其他法人、非法人组织）	名称：某保险公司（以下据实填写） 住所地（主要办事机构所在地）： 注册地/登记地： 法定代表人/主要负责人：　　　　　职务：　　　　联系电话： 统一社会信用代码： 类型：有限责任公司□　股份有限公司□　上市公司□　其他企业法人□ 　　　事业单位□　社会团体□　基金会□　社会服务机构□ 　　　机关法人□　农村集体经济组织法人□　城镇农村的合作经济组织法人□　基层群众性自治组织法人□ 　　　个人独资企业□　合伙企业□　不具有法人资格的专业服务机构□ 　　　国有□（控股□参股□）民营□
被告（自然人）	姓名： 性别：男□　女□ 出生日期：　　　年　　　月　　　日 民族： 工作单位：　　　　　职务：　　　　　联系电话： 住所地（户籍所在地）： 经常居住地：

第三人（法人、非法人组织）	名称： 住所地（主要办事机构所在地）： 注册地/登记地： 法定代表人/主要负责人：　　职务：　　联系电话： 统一社会信用代码： 类型：有限责任公司□　股份有限公司□　上市公司□　其他企业法人□ 　　　事业单位□　社会团体□　基金会□　社会服务机构□ 　　　机关法人□　农村集体经济组织法人□　城镇农村的合作经济组织法人□　基层群众性自治组织法人□ 　　　个人独资企业□　合伙企业□　不具有法人资格的专业服务机构□ 　　　国有□（控股□参股□）民营□
第三人（自然人）	姓名： 性别：男□　女□ 出生日期：　　年　　月　　日 民族： 工作单位：　　　职务：　　　联系电话： 住所地（户籍所在地）： 经常居住地：

诉讼请求和依据

1. 医疗费5万元（以下据实填写）	年　　月　　日至　　年　　月　　日期间在　　　医院住院（门诊）治疗，累计发生医疗费　　元 医疗费发票、医疗费清单、病例资料：有□　无□
2. 护理费	住院护理　　天支付护理费　　元（或护理人员发生误工费　　元），或遵医嘱短期护理发生护理费　　元 住院证明、医嘱等：有□　无□
3. 营养费	营养费　　元 病例资料：有□　无□
4. 住院伙食补助费	住院伙食补助费　　元 病例资料：有□　无□
5. 误工费	年　　月　　日至　　年　　月　　日误工费　　元
6. 交通费	交通费　　元 交通费凭证：有□　无□

7. 残疾赔偿金	残疾赔偿金　　　元
8. 残疾辅助器具费	残疾辅助器具费　　　元
9. 死亡赔偿金、丧葬费	死亡赔偿金　　　元，丧葬费　　　元
10. 精神损害赔偿金	精神损害赔偿金　　　元
11. 其他费用	主张　　　费用　　　元
事实和理由	
1. 交通事故发生情况	××年××月××日××时××分在××（事故发生地点），被告驾驶的车牌号为××的车辆与原告（或驾驶车牌号为××车辆）发生交通事故，导致原告受伤（或车辆、财物受损）
2. 交通事故责任认定	本次事故经××警察大队出具××号道路交通事故认定书，认定在本次事故中原告负××责任、被告负××责任
3. 机动车投保情况	被告驾驶车牌号为××的车辆在被告××保险公司投保保险，其中，交强险××元，期限自××年××月××日起至××年××月××日止；第三者责任险××元，期限自××年××月××日起至××年××月××日止
4. 其他情况及法律依据	原告经济损失如上，被告是否涉嫌刑事犯罪，是否被采取强制措施或羁押地点，是否采取保全措施等
5. 证据清单（可另附页）	

具状人（签字、盖章）：

日期：

民事答辩状
（机动车交通事故责任纠纷）

说明：

为了方便您更好地参加诉讼，保护您的合法权利，请填写本表。

1. 应诉时需向人民法院提交证明您身份的材料，如身份证复印件、营业执照复印件等。

2. 本表所列内容是您参加诉讼以及人民法院查明案件事实所需，请务必如实填写。

3. 本表有些内容可能与您的案件无关，您认为与案件无关的项目可以填"无"或不填；对于本表中勾选项可以在对应项打"√"；您认为另有重要内容需要列明的，可以在本表尾部或者另附页填写。

★ 特别提示 ★

《中华人民共和国民事诉讼法》第十三条第一款规定："民事诉讼应当遵循诚信原则。"

如果诉讼参加人违反上述规定，进行虚假诉讼、恶意诉讼，人民法院将视违法情形依法追究责任。

案号		案由	机动车交通事故责任纠纷

当事人信息	
答辩人（自然人）	姓名：李四 性别：男□　女□ 出生日期：　　　年　　月　　　日 民族： 工作单位：　　　　　职务：　　　　联系电话： 住所地（户籍所在地）： 经常居住地：
答辩人（保险公司或其他法人、非法人组织）	名称： 住所地（主要办事机构所在地）： 注册地/登记地： 法定代表人/主要负责人：　　　职务：　　　联系电话： 统一社会信用代码： 类型：有限责任公司□　股份有限公司□　上市公司□　其他企业法人□ 事业单位□　社会团体□　基金会□　社会服务机构□ 机关法人□　农村集体经济组织法人□　城镇农村的合作经济组织法人□　基层群众性自治组织法人□ 个人独资企业□　合伙企业□　不具有法人资格的专业服务机构□ 国有□（控股□参股□）民营□

委托诉讼代理人	有□
	   姓名：
	   单位： 职务： 联系电话：
	   代理权限：一般授权□ 特别授权□
	无□

送达地址（所填信息除书面特别声明更改外，适用于案件一审、二审、再审所有后续程序）及收件人、联系电话	地址： 收件人： 联系电话：
是否接受电子送达	是□ 方式：短信_____ 微信_____ 传真_____ 邮箱_____ 其他_____ 否□
答辩事项和依据 **（对原告诉讼请求的确认或者异议）**	
1. 对交通事故事实有无异议	无☑ 有□ 事实和理由：
2. 对交通事故责任认定有无异议	无☑ 有□ 事实和理由：
3. 对各项费用有无异议	无☑ 有□ 事实和理由：
4. 对鉴定意见有无异议	无□ 有□ 事实和理由：
5. 对原告诉讼请求有无异议	无☑ 有□ 事实和理由：
6. 证据清单（可另附页）	

答辩人（签字、盖章）：

日期：

（二）法律依据

1.《中华人民共和国道路交通安全法》（2021 年 4 月 29 日）

第四章　道路通行规定

第一节　一般规定

第三十五条　机动车、非机动车实行右侧通行。

第三十六条　根据道路条件和通行需要，道路划分为机动车道、非机动车道和人行道的，机动车、非机动车、行人实行分道通行。没有划分机动车道、非机动车道和人行道的，机动车在道路中间通行，非机动车和行人在道路两侧通行。

第三十七条　道路划设专用车道的，在专用车道内，只准许规定的车辆通行，其他车辆不得进入专用车道内行驶。

第三十八条　车辆、行人应当按照交通信号通行；遇有交通警察现场指挥时，应当按照交通警察的指挥通行；在没有交通信号的道路上，应当在确保安全、畅通的原则下通行。

第三十九条　公安机关交通管理部门根据道路和交通流量的具体情况，可以对机动车、非机动车、行人采取疏导、限制通行、禁止通行等措施。遇有大型群众性活动、大范围施工等情况，需要采取限制交通的措施，或者作出与公众的道路交通活动直接有关的决定，应当提前向社会公告。

第四十条　遇有自然灾害、恶劣气象条件或者重大交通事故等严重影响交通安全的情形，采取其他措施难以保证交通安全时，公安机关交通管理部门可以实行交通管制。

第四十一条　有关道路通行的其他具体规定，由国务院规定。

第二节　机动车通行规定

第四十二条　机动车上道路行驶，不得超过限速标志标明的最高时速。在没有限速标志的路段，应当保持安全车速。

夜间行驶或者在容易发生危险的路段行驶，以及遇有沙尘、冰雹、雨、雪、雾、结冰等气象条件时，应当降低行驶速度。

第四十三条　同车道行驶的机动车，后车应当与前车保持足以采取紧急制动措施的安全距离。有下列情形之一的，不得超车：

（一）前车正在左转弯、掉头、超车的；

（二）与对面来车有会车可能的；

（三）前车为执行紧急任务的警车、消防车、救护车、工程救险车的；

（四）行经铁路道口、交叉路口、窄桥、弯道、陡坡、隧道、人行横道、市区交通流量大的路段等没有超车条件的。

第四十四条 机动车通过交叉路口，应当按照交通信号灯、交通标志、交通标线或者交通警察的指挥通过；通过没有交通信号灯、交通标志、交通标线或者交通警察指挥的交叉路口时，应当减速慢行，并让行人和优先通行的车辆先行。

第四十五条 机动车遇有前方车辆停车排队等候或者缓慢行驶时，不得借道超车或者占用对面车道，不得穿插等候的车辆。

在车道减少的路段、路口，或者在没有交通信号灯、交通标志、交通标线或者交通警察指挥的交叉路口遇到停车排队等候或者缓慢行驶时，机动车应当依次交替通行。

第四十六条 机动车通过铁路道口时，应当按照交通信号或者管理人员的指挥通行；没有交通信号或者管理人员的，应当减速或者停车，在确认安全后通过。

第四十七条 机动车行经人行横道时，应当减速行驶；遇行人正在通过人行横道，应当停车让行。

机动车行经没有交通信号的道路时，遇行人横过道路，应当避让。

第四十八条 机动车载物应当符合核定的载质量，严禁超载；载物的长、宽、高不得违反装载要求，不得遗洒、飘散载运物。

机动车运载超限的不可解体的物品，影响交通安全的，应当按照公安机关交通管理部门指定的时间、路线、速度行驶，悬挂明显标志。在公路上运载超限的不可解体的物品，并应当依照公路法的规定执行。

机动车载运爆炸物品、易燃易爆化学物品以及剧毒、放射性等危险物品，应当经公安机关批准后，按指定的时间、路线、速度行驶，悬挂警示标志并采取必要的安全措施。

第四十九条 机动车载人不得超过核定的人数，客运机动车不得违反规定载货。

第五十条 禁止货运机动车载客。

货运机动车需要附载作业人员的，应当设置保护作业人员的安全措施。

第五十一条 机动车行驶时，驾驶人、乘坐人员应当按规定使用安全带，摩托车驾驶人及乘坐人员应当按规定戴安全头盔。

第五十二条 机动车在道路上发生故障，需要停车排除故障时，驾驶人应当立即开启危险报警闪光灯，将机动车移至不妨碍交通的地方停放；难以移动的，应当持续开启危险报警闪光灯，并在来车方向设置警告标志等措施扩大示警距离，必要时迅速报警。

第五十三条 警车、消防车、救护车、工程救险车执行紧急任务时，可以使用警报器、标志灯具；在确保安全的前提下，不受行驶路线、行驶方向、行驶速度和信号灯的限制，其他车辆和行人应当让行。

警车、消防车、救护车、工程救险车非执行紧急任务时，不得使用警报器、标志灯具，不享有前款规定的道路优先通行权。

第五十四条 道路养护车辆、工程作业车进行作业时，在不影响过往车辆通行的前提下，其行驶路线和方向不受交通标志、标线限制，过往车辆和人员应当注意避让。

洒水车、清扫车等机动车应当按照安全作业标准作业；在不影响其他车辆通行的情况下，可以不受车辆分道行驶的限制，但是不得逆向行驶。

第五十五条 高速公路、大中城市中心城区内的道路，禁止拖拉机通行。其他禁止拖拉机通行的道路，由省、自治区、直辖市人民政府根据当地实际情况规定。

在允许拖拉机通行的道路上，拖拉机可以从事货运，但是不得用于载人。

第五十六条 机动车应当在规定地点停放。禁止在人行道上停放机动车；但是，依照本法第三十三条规定施划的停车泊位除外。

在道路上临时停车的，不得妨碍其他车辆和行人通行。

第三节 非机动车通行规定

第五十七条 驾驶非机动车在道路上行驶应当遵守有关交通安全的规定。非机动车应当在非机动车道内行驶；在没有非机动车道的道路上，应当靠车行道的右侧行驶。

第五十八条 残疾人机动轮椅车、电动自行车在非机动车道内行驶时，最高时速不得超过十五公里。

第五十九条 非机动车应当在规定地点停放。未设停放地点的，非机动车停放不得妨碍其他车辆和行人通行。

第六十条 驾驭畜力车，应当使用驯服的牲畜；驾驭畜力车横过道路时，驾驭人应当下车牵引牲畜；驾驭人离开车辆时，应当拴系牲畜。

第四节　行人和乘车人通行规定

第六十一条　行人应当在人行道内行走，没有人行道的靠路边行走。

第六十二条　行人通过路口或者横过道路，应当走人行横道或者过街设施；通过有交通信号灯的人行横道，应当按照交通信号灯指示通行；通过没有交通信号灯、人行横道的路口，或者在没有过街设施的路段横过道路，应当在确认安全后通过。

第六十三条　行人不得跨越、倚坐道路隔离设施，不得扒车、强行拦车或者实施妨碍道路交通安全的其他行为。

第六十四条　学龄前儿童以及不能辨认或者不能控制自己行为的精神疾病患者、智力障碍者在道路上通行，应当由其监护人、监护人委托的人或者对其负有管理、保护职责的人带领。

盲人在道路上通行，应当使用盲杖或者采取其他导盲手段，车辆应当避让盲人。

第六十五条　行人通过铁路道口时，应当按照交通信号或者管理人员的指挥通行；没有交通信号和管理人员的，应当在确认无火车驶临后，迅速通过。

第六十六条　乘车人不得携带易燃易爆等危险物品，不得向车外抛洒物品，不得有影响驾驶人安全驾驶的行为。

第五节　高速公路的特别规定

第六十七条　行人、非机动车、拖拉机、轮式专用机械车、铰接式客车、全挂拖斗车以及其他设计最高时速低于七十公里的机动车，不得进入高速公路。高速公路限速标志标明的最高时速不得超过一百二十公里。

第六十八条　机动车在高速公路上发生故障时，应当依照本法第五十二条的有关规定办理；但是，警告标志应当设置在故障车来车方向一百五十米以外，车上人员应当迅速转移到右侧路肩上或者应急车道内，并且迅速报警。

机动车在高速公路上发生故障或者交通事故，无法正常行驶的，应当由救援车、清障车拖曳、牵引。

第六十九条　任何单位、个人不得在高速公路上拦截检查行驶的车辆，公安机关的人民警察依法执行紧急公务除外。

第五章　交通事故处理

第七十条　在道路上发生交通事故，车辆驾驶人应当立即停车，保护现场；造成人身伤亡的，车辆驾驶人应当立即抢救受伤人员，并迅速报告执勤的交通警察或者公安机关交通管理部门。因抢救受伤人员变动现场的，应当标明位置。乘车人、过往车辆驾驶人、过往行人应当予以协助。

在道路上发生交通事故，未造成人身伤亡，当事人对事实及成因无争议的，可以即行撤离现场，恢复交通，自行协商处理损害赔偿事宜；不即行撤离现场的，应当迅速报告执勤的交通警察或者公安机关交通管理部门。

在道路上发生交通事故，仅造成轻微财产损失，并且基本事实清楚的，当事人应当先撤离现场再进行协商处理。

第七十一条　车辆发生交通事故后逃逸的，事故现场目击人员和其他知情人员应当向公安机关交通管理部门或者交通警察举报。举报属实的，公安机关交通管理部门应当给予奖励。

第七十二条　公安机关交通管理部门接到交通事故报警后，应当立即派交通警察赶赴现场，先组织抢救受伤人员，并采取措施，尽快恢复交通。

交通警察应当对交通事故现场进行勘验、检查，收集证据；因收集证据的需要，可以扣留事故车辆，但是应当妥善保管，以备核查。

对当事人的生理、精神状况等专业性较强的检验，公安机关交通管理部门应当委托专门机构进行鉴定。鉴定结论应当由鉴定人签名。

第七十三条　公安机关交通管理部门应当根据交通事故现场勘验、检查、调查情况和有关的检验、鉴定结论，及时制作交通事故认定书，作为处理交通事故的证据。交通事故认定书应当载明交通事故的基本事实、成因和当事人的责任，并送达当事人。

第七十四条　对交通事故损害赔偿的争议，当事人可以请求公安机关交通管理部门调解，也可以直接向人民法院提起民事诉讼。

经公安机关交通管理部门调解，当事人未达成协议或者调解书生效后不履行的，当事人可以向人民法院提起民事诉讼。

第七十五条　医疗机构对交通事故中的受伤人员应当及时抢救，不得因抢救费用未及时支付而拖延救治。肇事车辆参加机动车第三者责任强制保险的，由保险公司在责任限额范围内支付抢救费用；抢救费用超过责任限额的，未参加机动车第三者责任强制保险或者肇事后逃逸的，由道路交通事故社会救助基金先行垫付部分或者全部抢救费用，道路交通事故社会救助基金管理机构有权向交通事故责任人追偿。

第七十六条　机动车发生交通事故造成人身伤亡、财产损失的，由保险公司在机动车第三者责任强制保险责任限额范围内予以赔偿；不足的部分，按照下列规定承担赔偿责任：

（一）机动车之间发生交通事故的，由有过错的一方承担赔偿责任；双方都有过错的，按照各自过错的比例分担责任。

（二）机动车与非机动车驾驶人、行人之间发生交通事故，非机动车驾驶人、行人没有过错的，由机动车一方承担赔偿责任；有证据证明非机动车驾驶人、行人有过错的，根据过错程度适当减轻机动车一方的赔偿责任；机动车一方没有过错的，承担不超过百分之十的赔偿责任。

交通事故的损失是由非机动车驾驶人、行人故意碰撞机动车造成的，机动车一方不承担赔偿责任。

第七十七条　车辆在道路以外通行时发生的事故，公安机关交通管理部门接到报案的，参照本法有关规定办理。

2.《最高人民法院关于审理道路交通事故损害赔偿案件适用法律若干问题的解释》（2020年12月29日）

为正确审理道路交通事故损害赔偿案件，根据《中华人民共和国民法典》《中华人民共和国道路交通安全法》《中华人民共和国保险法》《中华人民共和国民事诉讼法》等法律的规定，结合审判实践，制定本解释。

一、关于主体责任的认定

第一条　机动车发生交通事故造成损害，机动车所有人或者管理人有下列情形之一，人民法院应当认定其对损害的发生有过错，并适用民法典第一千二百零九条的规定确定其相应的赔偿责任：

（一）知道或者应当知道机动车存在缺陷，且该缺陷是交通事故发生原因之一的；

（二）知道或者应当知道驾驶人无驾驶资格或者未取得相应驾驶资格的；

（三）知道或者应当知道驾驶人因饮酒、服用国家管制的精神药品或者麻醉药品，或者患有妨碍安全驾驶机动车的疾病等依法不能驾驶机动车的；

（四）其它应当认定机动车所有人或者管理人有过错的。

第二条　被多次转让但是未办理登记的机动车发生交通事故造成损害，属于该机动车一方责任，当事人请求由最后一次转让并交付的受让人承担赔偿责任的，人民法院应予支持。

第三条　套牌机动车发生交通事故造成损害，属于该机动车一方责任，当事人请求由套牌机动车的所有人或者管理人承担赔偿责任的，人民法院应予支持；被套牌机动车所有人或者管理人同意套牌的，应当与套牌机动车的所有人或者管理人承担连带责任。

第四条　拼装车、已达到报废标准的机动车或者依法禁止行驶的其他机动车被多次转让，并发生交通事故造成损害，当事人请求由所有的转让人和受让人承担连带责任的，人民法院应予支持。

第五条　接受机动车驾驶培训的人员，在培训活动中驾驶机动车发生交通事故造成损害，属于该机动车一方责任，当事人请求驾驶培训单位承担赔偿责任的，人民法院应予支持。

第六条　机动车试乘过程中发生交通事故造成试乘人损害，当事人请求提供试乘服务者承担赔偿责任的，人民法院应予支持。试乘人有过错的，应当减轻提供试乘服务者的赔偿责任。

第七条　因道路管理维护缺陷导致机动车发生交通事故造成损害，当事人请求道路管理者承担相应赔偿责任的，人民法院应予支持。但道路管理者能够证明已经依照法律、法规、规章的规定，或者按照国家标准、行业标准、地方标准的要求尽到安全防护、警示等管理维护义务的除外。

依法不得进入高速公路的车辆、行人，进入高速公路发生交通事故造成自身损害，当事人请求高速公路管理者承担赔偿责任的，适用民法典第一千二百四十三条的规定。

第八条　未按照法律、法规、规章或者国家标准、行业标准、地方标准的强制性规定设计、施工，致使道路存在缺陷并造成交通事故，当事人请求建设单位与施工单位承担相应赔偿责任的，人民法院应予支持。

第九条　机动车存在产品缺陷导致交通事故造成损害，当事人请求生产者或者销售者依照民法典第七编第四章的规定承担赔偿责任的，人民法院应予支持。

第十条　多辆机动车发生交通事故造成第三人损害，当事人请求多个侵权人承担赔偿责任的，人民法院应当区分不同情况，依照民法典第一千一百七十条、第一千一百七十一条、第一千一百七十二条的规定，确定侵权人承担连带责任或者按份责任。

二、关于赔偿范围的认定

第十一条　道路交通安全法第七十六条规定的"人身伤亡"，是指机动车发生交通事故侵害被侵权人的生命权、身体权、健康权等人身权益所造成的损害，包括民法典第一千一百七十九条和第一千一百八十三条规定的各项损害。

道路交通安全法第七十六条规定的"财产损失"，是指因机动车发生交通事故侵害被侵权人的财产权益所造成的损失。

第十二条　因道路交通事故造成下列财产损失，当事人请求侵权人赔偿的，人民法院应予支持：

（一）维修被损坏车辆所支出的费用、车辆所载物品的损失、车辆施救费用；

（二）因车辆灭失或者无法修复，为购买交通事故发生时与被损坏车辆价值相当的车辆重置费用；

（三）依法从事货物运输、旅客运输等经营性活动的车辆，因无法从事相应经营活动所产生的合理停运损失；

（四）非经营性车辆因无法继续使用，所产生的通常替代性交通工具的合理费用。

三、关于责任承担的认定

第十三条 同时投保机动车第三者责任强制保险（以下简称"交强险"）和第三者责任商业保险（以下简称"商业三者险"）的机动车发生交通事故造成损害，当事人同时起诉侵权人和保险公司的，人民法院应当依照民法典第一千二百一十三条的规定，确定赔偿责任。

被侵权人或者其近亲属请求承保交强险的保险公司优先赔偿精神损害的，人民法院应予支持。

第十四条 投保人允许的驾驶人驾驶机动车致使投保人遭受损害，当事人请求承保交强险的保险公司在责任限额范围内予以赔偿的，人民法院应予支持，但投保人为本车上人员的除外。

第十五条 有下列情形之一导致第三人人身损害，当事人请求保险公司在交强险责任限额范围内予以赔偿，人民法院应予支持：

（一）驾驶人未取得驾驶资格或者未取得相应驾驶资格的；

（二）醉酒、服用国家管制的精神药品或者麻醉药品后驾驶机动车发生交通事故的；

（三）驾驶人故意制造交通事故的。

保险公司在赔偿范围内向侵权人主张追偿权的，人民法院应予支持。追偿权的诉讼时效期间自保险公司实际赔偿之日起计算。

第十六条 未依法投保交强险的机动车发生交通事故造成损害，当事人请求投保义务人在交强险责任限额范围内予以赔偿的，人民法院应予支持。

投保义务人和侵权人不是同一人，当事人请求投保义务人和侵权人在交强险责任限额范围内承担相应责任的，人民法院应予支持。

第十七条 具有从事交强险业务资格的保险公司违法拒绝承保、拖延承保或者违法解除交强险合同，投保义务人在向第三人承担赔偿责任后，请求该保险公司在交强险责任限额范围内承担相应赔偿责任的，人民法院应予支持。

第十八条 多辆机动车发生交通事故造成第三人损害，损失超出各机动车交强险责任限额之和的，由各保险公司在各自责任限额范围内承担赔偿责任；损失未超出各机动车交强险责任限额之和，当事人请求由各保险公司按照其责任限额与责任限额之和的比例承担赔偿责任的，人民法院应予支持。

依法分别投保交强险的牵引车和挂车连接使用时发生交通事故造成第三人损害，当事人请求由各保险公司在各自的责任限额范围内平均赔偿的，人民法院应予支持。

多辆机动车发生交通事故造成第三人损害，其中部分机动车未投保交强险，当事人请求先由已承保交强险的保险公司在责任限额范围内予以赔偿的，人民法院应予支持。保险公司就超出其应承担的部分向未投保交强险的投保义务人或者侵权人行使追偿权的，人民法院应予支持。

第十九条 同一交通事故的多个被侵权人同时起诉的，人民法院应当按照各被侵权人的损失比例确定交强险的赔偿数额。

第二十条 机动车所有权在交强险合同有效期内发生变动，保险公司在交通事故发生后，以该机动车未办理交强险合同变更手续为由主张免除赔偿责任的，人民法院不予支持。

机动车在交强险合同有效期内发生改装、使用性质改变等导致危险程度增加的情形，发生交通事故后，当事人请求保险公司在责任限额范围内予以赔偿的，人民法院应予支持。

前款情形下，保险公司另行起诉请求投保义务人按照重新核定后的保险费标准补足当期保险费的，人民法院应予支持。

第二十一条 当事人主张交强险人身伤亡保险金请求权转让或者设定担保的行为无效的，人民法院应予支持。

四、关于诉讼程序的规定

第二十二条 人民法院审理道路交通事故损害赔偿案件，应当将承保交强险的保险公司列为共同被告。但该保险公司已经在交强险责任限额范围内予以赔偿且当事人无异议的除外。

人民法院审理道路交通事故损害赔偿案件，当事人请求将承保商业三者险的保险公司列为共同被告的，人民法院应予准许。

第二十三条 被侵权人因道路交通事故死亡，无近亲属或者近亲属不明，未经法律授权的机关或者有关组织向人民法院起诉主张死亡赔偿金的，人民法院不予受理。

侵权人以已向未经法律授权的机关或者有关组织支付死亡赔偿金为理由，请求保险公司在交强险责任限额范围内予以赔偿的，人民法院不予支持。

被侵权人因道路交通事故死亡，无近亲属或者近亲属不明，支付被侵权人医疗费、丧葬费等合理费用的单位或者个人，请求保险公司在交强险责任限额范围内予以赔偿的，人民法院应予支持。

第二十四条 公安机关交通管理部门制作的交通事故认定书，人民法院应依法审查并确认其相应的证明力，但有相反证据推翻的除外。

五、关于适用范围的规定

第二十五条 机动车在道路以外的地方通行时引发的损害赔偿案件，可以参照适用本解释的规定。

第二十六条 本解释施行后尚未终审的案件，适用本解释；本解释施行前已经终审，当事人申请再审或者按照审判监督程序决定再审的案件，不适用本解释。

八、劳动争议纠纷

（一）示范文本

民事起诉状
（劳动争议纠纷）

说明：
为了方便您更好地参加诉讼，保护您的合法权利，请填写本表。
1. 应诉时需向人民法院提交证明您身份的材料，如身份证复印件、营业执照复印件等。
2. 本表所列内容是您提起诉讼以及人民法院查明案件事实所需，请务必如实填写。
3. 本表所涉内容系针对一般劳动争议纠纷案件，有些内容可能与您的案件无关，您认为与案件无关的项目可以填"无"或不填；对于本表中勾选项可以在对应项打"√"；您认为另有重要内容需要列明的，可以在本表尾部或者另附页填写。
★特别提示★
《中华人民共和国民事诉讼法》第十三条第一款规定："民事诉讼应当遵循诚信原则。"
如果诉讼参加人违反上述规定，进行虚假诉讼、恶意诉讼，人民法院将视违法情形依法追究责任。

当事人信息	
原告	姓名： 性别：男□　女□ 出生日期：　　　年　　月　　　日 民族： 工作单位：　　　　职务：　　　　联系电话： 住所地（户籍所在地）： 经常居住地：
委托诉讼代理人	有□ 　　姓名： 　　单位：　　　　职务：　　　　联系电话： 　　代理权限：一般授权□　特别授权□ 无□

送达地址（所填信息除书面特别声明更改外，适用于案件一审、二审、再审所有后续程序）及收件人、电话	地址： 收件人： 电话：
是否接受电子送达	是□　方式：短信_____　微信_____　传真_____　邮箱_____ 　　　　　　其他_____ 否□
被告	名称： 住所地（主要办事机构所在地）： 注册地/登记地： 法定代表人/主要负责人：　　　职务：　　　联系电话： 统一社会信用代码： 类型：有限责任公司□　股份有限公司□　上市公司□　其他企业法人□ 事业单位□　社会团体□　基金会□　社会服务机构□ 机关法人□　农村集体经济组织法人□　城镇农村的合作经济组织法人□　基层群众性自治组织法人□ 个人独资企业□　合伙企业□　不具有法人资格的专业服务机构□ 国有□（控股□参股□）民营□
诉讼请求和依据	
1. 是否主张工资支付	是□　否□ 明细：
2. 是否主张未签订书面劳动合同双倍工资	是□　否□ 明细：
3. 是否主张加班费	是□　否□ 明细：
4. 是否主张未休年休假工资	是□　否□ 明细：
5. 是否主张未依法缴纳社会保险费造成的经济损失	是□　否□ 明细：
6. 是否主张解除劳动合同经济补偿	是□　否□ 明细：

7. 是否主张违法解除劳动合同赔偿金	是□　否□ 明细：
8. 本表未列明的其他请求	
9. 诉讼费用承担	（金额及具体主张）
10. 是否已经申请诉前保全	是□ 保全法院： 保全文书： 否□
事实和理由	
1. 劳动合同签订情况	（合同主体、签订时间、地点、合同名称等）
2. 劳动合同履行情况	（入职时间、用人单位、工作岗位、工作地点、合同约定的每月工资数额及工资构成、办理社会保险的时间及险种、劳动者实际领取的每月工资数额及工资构成、加班工资计算基数及计算方法、原告加班时间及加班费、年休假等）
3. 解除或终止劳动关系情况	（解除或终止劳动关系的原因、经济补偿/赔偿金数额等）
4. 工伤情况	（发生工伤时间、工伤认定情况、工伤伤残等级、工伤费用等）
5. 劳动仲裁相关情况	（申请劳动仲裁时间、仲裁请求、仲裁文书、仲裁结果等）
6. 其他相关情况	（如是否农民工）
7. 诉请依据	法律及司法解释的规定，要写明具体条文
8. 证据清单（可另附页）	附页

具状人（签字、盖章）：

日期：

民事答辩状
（劳动争议纠纷）

案号		案由	

当事人信息			

| 答辩人 | 名称：
住所地（主要办事机构所在地）：
注册地/登记地：
法定代表人/主要负责人：　　职务：　　联系电话：
统一社会信用代码：
类型：有限责任公司□　股份有限公司□　上市公司□　其他企业法人□
　　　事业单位□　社会团体□　基金会□　社会服务机构□
　　　机关法人□　农村集体经济组织法人□　城镇农村的合作经济组织法人□　基层群众性自治组织法人□
　　　个人独资企业□　合伙企业□　不具有法人资格的专业服务机构□
　　　国有□（控股□参股□）民营□ |
| 委托诉讼代理人 | 有□
　　　姓名：
　　　单位：　　职务：　　联系电话：
　　　代理权限：一般授权□　特别授权□
无□ |

送达地址（所填信息除书面特别声明更改外，适用于案件一审、二审、再审所有后续程序）及收件人、电话	地址： 收件人： 电话：
是否接受电子送达	是□　方式：短信_____　微信_____　传真_____　邮箱_____ 　　　　其他_____ 否□

答辩事项和依据

（对原告诉讼请求的确认或者异议）

1. 对工资支付诉请的确认和异议	确认□　异议□ 事由：
2. 对未签订书面劳动合同双倍工资诉请的确认和异议	确认□　异议□ 事由：
3. 对加班费诉请的确认和异议	确认□　异议□ 事由：
4. 对未休年休假工资诉请的确认和异议	确认□　异议□ 事由：
5. 对未依法缴纳社会保险费造成的经济损失诉请的确认和异议	确认□　异议□ 事由：
6. 对解除劳动合同经济补偿诉请的确认和异议	确认□　异议□ 事由：
7. 对违法解除劳动合同赔偿金诉请的确认和异议	确认□　异议□ 事由：
8. 对劳动仲裁相关情况的确认和异议	确认□　异议□ 事由：
9. 其他事由	
10. 答辩的依据	法律及司法解释的规定，要写明具体条文
11. 证据清单（可另附页）	附页

答辩人（签字、盖章）：

日期：

173

实例：

民事起诉状
（劳动争议纠纷）

说明：

　　为了方便您更好地参加诉讼，保护您的合法权利，请填写本表。

　　1. 起诉时需向人民法院提交证明您身份的材料，如身份证复印件、营业执照复印件等。

　　2. 本表所列内容是您提起诉讼以及人民法院查明案件事实所需，请务必如实填写。

　　3. 本表所涉内容系针对一般劳动争议纠纷案件，有些内容可能与您的案件无关，您认为与案件无关的项目可以填"无"或不填；对于本表中勾选项可以在对应项打"√"；您认为另有重要内容需要列明的，可以在本表尾部或者另附页填写。

★ 特别提示 ★

　　《中华人民共和国民事诉讼法》第十三条第一款规定："民事诉讼应当遵循诚信原则。"

　　如果诉讼参加人违反上述规定，进行虚假诉讼、恶意诉讼，人民法院将视违法情形依法追究责任。

当事人信息	
原告	姓名：刘某某 性别：男□　女☑ 出生日期：1973 年××月××日 民族：汉族 工作单位：北京××公司　职务：职员　联系电话：××××× 住所地（户籍所在地）：北京市门头沟区××路××号 经常居住地：同住所地
委托诉讼代理人	有☑ 　　姓名：汪某某 　　单位：××律师事务所　职务：律师　联系电话：××××× 　　代理权限：一般授权☑　特别授权□ 无□
送达地址（所填信息除书面特别声明更改外，适用于案件一审、二审、再审所有后续程序）及收件人、电话	地址：北京市大兴区××路××号 收件人：汪某某 电话：×××××
是否接受电子送达	是☑　方式：短信×××××　微信_____　传真_____　邮箱_____ 　　其他_____ 否□

被告	名称：北京××公司 住所地（主要办事机构所在地）：北京市平谷区××路××号 注册地/登记地：北京市平谷区××路××号 法定代表人/主要负责人：张某某　职务：董事长 联系电话：××××× 统一社会信用代码： 类型：有限责任公司☑　股份有限公司□　上市公司□　其他企业法人□ 　　　事业单位□　社会团体□　基金会□　社会服务机构□ 　　　机关法人□　农村集体经济组织法人□　城镇农村的合作经济组织法人□　基层群众性自治组织法人□ 　　　个人独资企业□　合伙企业□　不具有法人资格的专业服务机构□ 　　　国有□（控股□参股□）民营☑
诉讼请求和依据	
1. 是否主张工资支付	是□　否☑ 明细：
2. 是否主张未签订书面劳动合同双倍工资	是☑　否□ 明细：11个月第二倍工资共计33000元
3. 是否主张加班费	是□　否☑ 明细：
4. 是否主张未休年休假工资	是□　否☑ 明细：
5. 是否主张未依法缴纳社会保险费造成的经济损失	是□　否☑ 明细：
6. 是否主张解除劳动合同经济补偿	是☑　否□ 明细：3000元
7. 是否主张违法解除劳动合同赔偿金	是□　否☑ 明细：
8. 本表未列明的其他请求	无
9. 诉讼费用承担	全部诉讼费用由被告承担

10. 是否已经申请诉前保全	是□ 保全法院： 保全文书： 否☑

事实和理由	
1. 劳动合同签订情况	未签订书面劳动合同，经劳动仲裁确认存在劳动关系
2. 劳动合同履行情况	刘某某于 2019 年××月××日入职北京××公司，从事清洁工作，约定每月工资 3000 元，劳动合同期限 1 年，但未签订书面劳动合同。1 年期满后，刘某某提出续签合同，但北京××公司不同意
3. 解除或终止劳动关系情况	合同期满后，因北京××公司不同意续签合同，2020 年××月××日，劳动关系终止
4. 工伤情况	无
5. 劳动仲裁相关情况	刘某某 2020 年××月××日申请劳动仲裁，请求确认其自 2019 年××月××日至 2020 年××月××日与北京××公司存在劳动关系；北京××公司向其支付未签书面劳动合同而应支付的第二倍工资 33000 元；北京××公司向其支付解除劳动关系经济补偿 3000 元 北京市××区劳动人事争议仲裁委员会于 2020 年××月××日作出×××号裁决书，确认北京××公司与刘某某在 2019 年××月××日至 2020 年××月××日存在劳动关系，并驳回了刘某某其他仲裁请求
6. 其他相关情况	无
7. 诉请依据	《中华人民共和国劳动合同法》第 7 条、第 10 条、第 44 条、第 46 条、第 47 条、第 82 条
8. 证据清单（可另附页）	附页

具状人（签字、盖章）：刘某某
日期：2021 年××月××日

民事答辩状
（劳动争议纠纷）

说明：

　　为了方便您更好地参加诉讼，保护您的合法权利，请填写本表。

　　1. 应诉时需向人民法院提交证明您身份的材料，如身份证复印件、营业执照复印件等。

　　2. 本表所列内容是您参加诉讼以及人民法院查明案件事实所需，请务必如实填写。

　　3. 本表所涉内容系针对一般劳动争议纠纷案件，有些内容可能与您的案件无关，您认为与案件无关的项目可以填"无"或不填；对于本表中勾选项可以在对应项打"√"；您认为另有重要内容需要列明的，可以在本表尾部或者另附页填写。

★特别提示★

　　《中华人民共和国民事诉讼法》第十三条第一款规定："民事诉讼应当遵循诚信原则。"

　　如果诉讼参加人违反上述规定，进行虚假诉讼、恶意诉讼，人民法院将视违法情形依法追究责任。

案号	（2021）京××民初××号	案由	劳动争议
当事人信息			

答辩人	名称：北京××公司 住所地（主要办事机构所在地）：北京市平谷区××路××号 注册地/登记地： 法定代表人/主要负责人：张某某　职务：董事长 联系电话：××××× 统一社会信用代码：×××××××××× 类型：有限责任公司☑　股份有限公司☐　上市公司☐　其他企业法人☐ 　　　事业单位☐　社会团体☐　基金会☐　社会服务机构☐ 　　　机关法人☐　农村集体经济组织法人☐　城镇农村的合作经济组织法人☐　基层群众性自治组织法人☐ 　　　个人独资企业☐　合伙企业☐　不具有法人资格的专业服务机构☐ 　　　国有☐（控股☐参股☐）民营☑
委托诉讼代理人	有☑ 　　姓名：肖某某 　　单位：北京××公司　职务：　职员　联系电话：×××× 　　代理权限：一般授权☐　特别授权☑ 无☐

送达地址（所填信息除书面特别声明更改外，适用于案件一审、二审、再审所有后续程序）及收件人、电话	地址：北京市平谷区××路××号 收件人：肖某某 电话：××××
是否接受电子送达	是□　方式：短信_____　微信_____　传真_____　邮箱_____ 　　　　　　其他_____ 否☑

答辩事项和依据
（对原告诉讼请求的确认或者异议）

1. 对工资支付诉请的确认和异议	确认□　异议□ 事由：
2. 对未签订书面劳动合同双倍工资诉请的确认和异议	确认□　异议☑ 事由：已通知刘某某签订书面劳动合同，刘某某因个人原因没有签订
3. 对加班费诉请的确认和异议	确认□　异议□ 事由：
4. 对未休年休假工资诉请的确认和异议	确认□　异议□ 事由：
5. 对未依法缴纳社会保险费造成的经济损失诉请的确认和异议	确认□　异议□ 事由：
6. 对解除劳动合同经济补偿诉请的确认和异议	确认□　异议☑ 事由：刘某某严重违反用人单位规章制度，故不予续签劳动合同
7. 对违法解除劳动合同赔偿金诉请的确认和异议	确认□　异议□ 事由：
8. 对劳动仲裁相关情况的确认和异议	确认☑　异议□ 事由：
9. 其他事由	无
10. 答辩的依据	《中华人民共和国劳动合同法》第 7 条、第 10 条、第 44 条、第 46 条、第 47 条、第 82 条
11. 证据清单（可另附页）	附页

具状人（签字、盖章）：北京××公司
日期：2021 年××月××日

（二）法律依据

1.《中华人民共和国劳动法》（2018 年 12 月 29 日）

第三章　劳动合同和集体合同

第十六条　劳动合同是劳动者与用人单位确立劳动关系、明确双方权利和义务的协议。

建立劳动关系应当订立劳动合同。

第十七条　订立和变更劳动合同，应当遵循平等自愿、协商一致的原则，不得违反法律、行政法规的规定。

劳动合同依法订立即具有法律约束力，当事人必须履行劳动合同规定的义务。

第十八条　下列劳动合同无效：

（一）违反法律、行政法规的劳动合同；

（二）采取欺诈、威胁等手段订立的劳动合同。

无效的劳动合同，从订立的时候起，就没有法律约束力。确认劳动合同部分无效的，如果不影响其余部分的效力，其余部分仍然有效。

劳动合同的无效，由劳动争议仲裁委员会或者人民法院确认。

第十九条　劳动合同应当以书面形式订立，并具备以下条款：

（一）劳动合同期限；

（二）工作内容；

（三）劳动保护和劳动条件；

（四）劳动报酬；

（五）劳动纪律；

（六）劳动合同终止的条件；

（七）违反劳动合同的责任。

劳动合同除前款规定的必备条款外，当事人可以协商约定其他内容。

第二十条　劳动合同的期限分为有固定期限、无固定期限和以完成一定的工作为期限。

劳动者在同一用人单位连续工作满十年以上，当事人双方同意续延劳动合同的，如果劳动者提出订立无固定期限的劳动合同，应当订立无固定期限的劳动合同。

第二十一条 劳动合同可以约定试用期。试用期最长不得超过六个月。

第二十二条 劳动合同当事人可以在劳动合同中约定保守用人单位商业秘密的有关事项。

第二十三条 劳动合同期满或者当事人约定的劳动合同终止条件出现，劳动合同即行终止。

第二十四条 经劳动合同当事人协商一致，劳动合同可以解除。

第二十五条 劳动者有下列情形之一的，用人单位可以解除劳动合同：

（一）在试用期间被证明不符合录用条件的；

（二）严重违反劳动纪律或者用人单位规章制度的；

（三）严重失职，营私舞弊，对用人单位利益造成重大损害的；

（四）被依法追究刑事责任的。

第二十六条 有下列情形之一的，用人单位可以解除劳动合同，但是应当提前三十日以书面形式通知劳动者本人：

（一）劳动者患病或者非因工负伤，医疗期满后，不能从事原工作也不能从事由用人单位另行安排的工作的；

（二）劳动者不能胜任工作，经过培训或者调整工作岗位，仍不能胜任工作的；

（三）劳动合同订立时所依据的客观情况发生重大变化，致使原劳动合同无法履行，经当事人协商不能就变更劳动合同达成协议的。

第二十七条 用人单位濒临破产进行法定整顿期间或者生产经营状况发生严重困难，确需裁减人员的，应当提前三十日向工会或者全体职工说明情况，听取工会或者职工的意见，经向劳动行政部门报告后，可以裁减人员。

用人单位依据本条规定裁减人员，在六个月内录用人员的，应当优先录用被裁减的人员。

第二十八条 用人单位依据本法第二十四条、第二十六条、第二十七条的规定解除劳动合同的，应当依照国家有关规定给予经济补偿。

第二十九条 劳动者有下列情形之一的，用人单位不得依据本法第二十六条、第二十七条的规定解除劳动合同：

（一）患职业病或者因工负伤并被确认丧失或者部分丧失劳动能力的；

（二）患病或者负伤，在规定的医疗期内的；

（三）女职工在孕期、产期、哺乳期内的；

（四）法律、行政法规规定的其他情形。

第三十条 用人单位解除劳动合同，工会认为不适当的，有权提出意见。如果用人单位违反法律、法规或者劳动合同，工会有权要求重新处理；劳动者申请仲裁或者提起诉讼的，工会应当依法给予支持和帮助。

第三十一条 劳动者解除劳动合同，应当提前三十日以书面形式通知用人单位。

第三十二条 有下列情形之一的，劳动者可以随时通知用人单位解除劳动合同：

（一）在试用期内的；

（二）用人单位以暴力、威胁或者非法限制人身自由的手段强迫劳动的；

（三）用人单位未按照劳动合同约定支付劳动报酬或者提供劳动条件的。

第三十三条 企业职工一方与企业可以就劳动报酬、工作时间、休息休假、劳动安全卫生、保险福利等事项，签订集体合同。集体合同草案应当提交职工代表大会或者全体职工讨论通过。

集体合同由工会代表职工与企业签订；没有建立工会的企业，由职工推举的代表与企业签订。

第三十四条 集体合同签订后应当报送劳动行政部门；劳动行政部门自收到集体合同文本之日起十五日内未提出异议的，集体合同即行生效。

第三十五条 依法签订的集体合同对企业和企业全体职工具有约束力。职工个人与企业订立的劳动合同中劳动条件和劳动报酬等标准不得低于集体合同的规定。

第四章　工作时间和休息休假

第三十六条 国家实行劳动者每日工作时间不超过八小时、平均每周工作时间不超过四十四小时的工时制度。

第三十七条 对实行计件工作的劳动者，用人单位应当根据本法第三十六条规定的工时制度合理确定其劳动定额和计件报酬标准。

第三十八条 用人单位应当保证劳动者每周至少休息一日。

第三十九条 企业因生产特点不能实行本法第三十六条、第三十八条规定的，经劳动行政部门批准，可以实行其他工作和休息办法。

第四十条 用人单位在下列节日期间应当依法安排劳动者休假：

（一）元旦；

（二）春节；

（三）国际劳动节；

（四）国庆节；

（五）法律、法规规定的其他休假节日。

第四十一条 用人单位由于生产经营需要，经与工会和劳动者协商后可以延长工作时间，一般每日不得超过一小时；因特殊原因需要延长工作时间的，在保障劳动者身体健康的条件下延长工作时间每日不得超过三小时，但是每月不得超过三十六小时。

第四十二条 有下列情形之一的，延长工作时间不受本法第四十一条规定的限制：

（一）发生自然灾害、事故或者因其他原因，威胁劳动者生命健康和财产安全，需要紧急处理的；

（二）生产设备、交通运输线路、公共设施发生故障，影响生产和公众利益，必须及时抢修的；

（三）法律、行政法规规定的其他情形。

第四十三条 用人单位不得违反本法规定延长劳动者的工作时间。

第四十四条 有下列情形之一的，用人单位应当按照下列标准支付高于劳动者正常工作时间工资的工资报酬：

（一）安排劳动者延长工作时间的，支付不低于工资的百分之一百五十的工资报酬；

（二）休息日安排劳动者工作又不能安排补休的，支付不低于工资的百分之二百的工资报酬；

（三）法定休假日安排劳动者工作的，支付不低于工资的百分之三百的工资报酬。

第四十五条 国家实行带薪年休假制度。

劳动者连续工作一年以上的，享受带薪年休假。具体办法由国务院规定。

第五章 工 资

第四十六条 工资分配应当遵循按劳分配原则，实行同工同酬。

工资水平在经济发展的基础上逐步提高。国家对工资总量实行宏观调控。

第四十七条 用人单位根据本单位的生产经营特点和经济效益，依法自主确定本单位的工资分配方式和工资水平。

第四十八条 国家实行最低工资保障制度。最低工资的具体标准由省、自治区、直辖市人民政府规定，报国务院备案。

用人单位支付劳动者的工资不得低于当地最低工资标准。

第四十九条 确定和调整最低工资标准应当综合参考下列因素：

（一）劳动者本人及平均赡养人口的最低生活费用；

（二）社会平均工资水平；

（三）劳动生产率；

（四）就业状况；

（五）地区之间经济发展水平的差异。

第五十条 工资应当以货币形式按月支付给劳动者本人。不得克扣或者无故拖欠劳动者的工资。

第五十一条 劳动者在法定休假日和婚丧假期间以及依法参加社会活动期间，用人单位应当依法支付工资。

第六章 劳动安全卫生

第五十二条 用人单位必须建立、健全劳动安全卫生制度，严格执行国家劳动安全卫生规程和标准，对劳动者进行劳动安全卫生教育，防止劳动过程中的事故，减少职业危害。

第五十三条 劳动安全卫生设施必须符合国家规定的标准。

新建、改建、扩建工程的劳动安全卫生设施必须与主体工程同时设计、同时施工、同时投入生产和使用。

第五十四条 用人单位必须为劳动者提供符合国家规定的劳动安全卫生条件和必要的劳动防护用品，对从事有职业危害作业的劳动者应当定期进行健康检查。

第五十五条 从事特种作业的劳动者必须经过专门培训并取得特种作业资格。

第五十六条 劳动者在劳动过程中必须严格遵守安全操作规程。

劳动者对用人单位管理人员违章指挥、强令冒险作业，有权拒绝执行；对危害生命安全和身体健康的行为，有权提出批评、检举和控告。

第五十七条 国家建立伤亡事故和职业病统计报告和处理制度。县级以上各级人民政府劳动行政部门、有关部门和用人单位应当依法对劳动者在劳动过程中发生的伤亡事故和劳动者的职业病状况，进行统计、报告和处理。

第七章 女职工和未成年工特殊保护

第五十八条 国家对女职工和未成年工实行特殊劳动保护。

未成年工是指年满十六周岁未满十八周岁的劳动者。

第五十九条　禁止安排女职工从事矿山井下、国家规定的第四级体力劳动强度的劳动和其他禁忌从事的劳动。

第六十条　不得安排女职工在经期从事高处、低温、冷水作业和国家规定的第三级体力劳动强度的劳动。

第六十一条　不得安排女职工在怀孕期间从事国家规定的第三级体力劳动强度的劳动和孕期禁忌从事的劳动。对怀孕七个月以上的女职工，不得安排其延长工作时间和夜班劳动。

第六十二条　女职工生育享受不少于九十天的产假。

第六十三条　不得安排女职工在哺乳未满一周岁的婴儿期间从事国家规定的第三级体力劳动强度的劳动和哺乳期禁忌从事的其他劳动，不得安排其延长工作时间和夜班劳动。

第六十四条　不得安排未成年工从事矿山井下、有毒有害、国家规定的第四级体力劳动强度的劳动和其他禁忌从事的劳动。

第六十五条　用人单位应当对未成年工定期进行健康检查。

2.《中华人民共和国劳动合同法》（2012 年 12 月 28 日）

第一章　总　　则

第一条　为了完善劳动合同制度，明确劳动合同双方当事人的权利和义务，保护劳动者的合法权益，构建和发展和谐稳定的劳动关系，制定本法。

第二条　中华人民共和国境内的企业、个体经济组织、民办非企业单位等组织（以下称用人单位）与劳动者建立劳动关系，订立、履行、变更、解除或者终止劳动合同，适用本法。

国家机关、事业单位、社会团体和与其建立劳动关系的劳动者，订立、履行、变更、解除或者终止劳动合同，依照本法执行。

第三条　订立劳动合同，应当遵循合法、公平、平等自愿、协商一致、诚实信用的原则。

依法订立的劳动合同具有约束力，用人单位与劳动者应当履行劳动合同约定的义务。

第四条　用人单位应当依法建立和完善劳动规章制度，保障劳动者享有劳动权利、履行劳动义务。

用人单位在制定、修改或者决定有关劳动报酬、工作时间、休息休假、劳动安全卫生、保险福利、职工培训、劳动纪律以及劳动定额管理等直接涉及劳动者切身利益的规章制度或者重大事项时，应当经职工代表大会或者全体职工讨论，提出方案和意见，与工会或者职工代表平等协商确定。

在规章制度和重大事项决定实施过程中，工会或者职工认为不适当的，有权向用人单位提出，通过协商予以修改完善。

用人单位应当将直接涉及劳动者切身利益的规章制度和重大事项决定公示，或者告知劳动者。

第五条 县级以上人民政府劳动行政部门会同工会和企业方面代表，建立健全协调劳动关系三方机制，共同研究解决有关劳动关系的重大问题。

第六条 工会应当帮助、指导劳动者与用人单位依法订立和履行劳动合同，并与用人单位建立集体协商机制，维护劳动者的合法权益。

第二章 劳动合同的订立

第七条 用人单位自用工之日起即与劳动者建立劳动关系。用人单位应当建立职工名册备查。

第八条 用人单位招用劳动者时，应当如实告知劳动者工作内容、工作条件、工作地点、职业危害、安全生产状况、劳动报酬，以及劳动者要求了解的其他情况；用人单位有权了解劳动者与劳动合同直接相关的基本情况，劳动者应当如实说明。

第九条 用人单位招用劳动者，不得扣押劳动者的居民身份证和其他证件，不得要求劳动者提供担保或者以其他名义向劳动者收取财物。

第十条 建立劳动关系，应当订立书面劳动合同。

已建立劳动关系，未同时订立书面劳动合同的，应当自用工之日起一个月内订立书面劳动合同。

用人单位与劳动者在用工前订立劳动合同的，劳动关系自用工之日起建立。

第十一条 用人单位未在用工的同时订立书面劳动合同，与劳动者约定的劳动报酬不明确的，新招用的劳动者的劳动报酬按照集体合同规定的标准执行；没有集体合同或者集体合同未规定的，实行同工同酬。

第十二条 劳动合同分为固定期限劳动合同、无固定期限劳动合同和以完成一定工作任务为期限的劳动合同。

第十三条 固定期限劳动合同，是指用人单位与劳动者约定合同终止时间的劳动合同。

用人单位与劳动者协商一致，可以订立固定期限劳动合同。

第十四条 无固定期限劳动合同，是指用人单位与劳动者约定无确定终止时间的劳动合同。

用人单位与劳动者协商一致，可以订立无固定期限劳动合同。有下列情形之一，劳动者提出或者同意续订、订立劳动合同的，除劳动者提出订立固定期限劳动合同外，应当订立无固定期限劳动合同：

（一）劳动者在该用人单位连续工作满十年的；

（二）用人单位初次实行劳动合同制度或者国有企业改制重新订立劳动合同时，劳动者在该用人单位连续工作满十年且距法定退休年龄不足十年的；

（三）连续订立二次固定期限劳动合同，且劳动者没有本法第三十九条和第四十条第一项、第二项规定的情形，续订劳动合同的。

用人单位自用工之日起满一年不与劳动者订立书面劳动合同的，视为用人单位与劳动者已订立无固定期限劳动合同。

第十五条　以完成一定工作任务为期限的劳动合同，是指用人单位与劳动者约定以某项工作的完成为合同期限的劳动合同。

用人单位与劳动者协商一致，可以订立以完成一定工作任务为期限的劳动合同。

第十六条　劳动合同由用人单位与劳动者协商一致，并经用人单位与劳动者在劳动合同文本上签字或者盖章生效。

劳动合同文本由用人单位和劳动者各执一份。

第十七条　劳动合同应当具备以下条款：

（一）用人单位的名称、住所和法定代表人或者主要负责人；

（二）劳动者的姓名、住址和居民身份证或者其他有效身份证件号码；

（三）劳动合同期限；

（四）工作内容和工作地点；

（五）工作时间和休息休假；

（六）劳动报酬；

（七）社会保险；

（八）劳动保护、劳动条件和职业危害防护；

（九）法律、法规规定应当纳入劳动合同的其他事项。

劳动合同除前款规定的必备条款外，用人单位与劳动者可以约定试用期、培训、保守秘密、补充保险和福利待遇等其他事项。

第十八条　劳动合同对劳动报酬和劳动条件等标准约定不明确，引发争议的，用人单位与劳动者可以重新协商；协商不成的，适用集体合同规定；没有集体合同或者集体合同未规定劳动报酬的，实行同工同酬；没有集体合同或者集体合同未规定劳动条件等标准的，适用国家有关规定。

第十九条 劳动合同期限三个月以上不满一年的，试用期不得超过一个月；劳动合同期限一年以上不满三年的，试用期不得超过二个月；三年以上固定期限和无固定期限的劳动合同，试用期不得超过六个月。

同一用人单位与同一劳动者只能约定一次试用期。

以完成一定工作任务为期限的劳动合同或者劳动合同期限不满三个月的，不得约定试用期。

试用期包含在劳动合同期限内。劳动合同仅约定试用期的，试用期不成立，该期限为劳动合同期限。

第二十条 劳动者在试用期的工资不得低于本单位相同岗位最低档工资或者劳动合同约定工资的百分之八十，并不得低于用人单位所在地的最低工资标准。

第二十一条 在试用期中，除劳动者有本法第三十九条和第四十条第一项、第二项规定的情形外，用人单位不得解除劳动合同。用人单位在试用期解除劳动合同的，应当向劳动者说明理由。

第二十二条 用人单位为劳动者提供专项培训费用，对其进行专业技术培训的，可以与该劳动者订立协议，约定服务期。

劳动者违反服务期约定的，应当按照约定向用人单位支付违约金。违约金的数额不得超过用人单位提供的培训费用。用人单位要求劳动者支付的违约金不得超过服务期尚未履行部分所应分摊的培训费用。

用人单位与劳动者约定服务期的，不影响按照正常的工资调整机制提高劳动者在服务期期间的劳动报酬。

第二十三条 用人单位与劳动者可以在劳动合同中约定保守用人单位的商业秘密和与知识产权相关的保密事项。

对负有保密义务的劳动者，用人单位可以在劳动合同或者保密协议中与劳动者约定竞业限制条款，并约定在解除或者终止劳动合同后，在竞业限制期限内按月给予劳动者经济补偿。劳动者违反竞业限制约定的，应当按照约定向用人单位支付违约金。

第二十四条 竞业限制的人员限于用人单位的高级管理人员、高级技术人员和其他负有保密义务的人员。竞业限制的范围、地域、期限由用人单位与劳动者约定，竞业限制的约定不得违反法律、法规的规定。

在解除或者终止劳动合同后，前款规定的人员到与本单位生产或者经营同类产品、从事同类业务的有竞争关系的其他用人单位，或者自己开业生产或者经营同类产品、从事同类业务的竞业限制期限，不得超过二年。

第二十五条　除本法第二十二条和第二十三条规定的情形外，用人单位不得与劳动者约定由劳动者承担违约金。

第二十六条　下列劳动合同无效或者部分无效：

（一）以欺诈、胁迫的手段或者乘人之危，使对方在违背真实意思的情况下订立或者变更劳动合同的；

（二）用人单位免除自己的法定责任、排除劳动者权利的；

（三）违反法律、行政法规强制性规定的。

对劳动合同的无效或者部分无效有争议的，由劳动争议仲裁机构或者人民法院确认。

第二十七条　劳动合同部分无效，不影响其他部分效力的，其他部分仍然有效。

第二十八条　劳动合同被确认无效，劳动者已付出劳动的，用人单位应当向劳动者支付劳动报酬。劳动报酬的数额，参照本单位相同或者相近岗位劳动者的劳动报酬确定。

第三章　劳动合同的履行和变更

第二十九条　用人单位与劳动者应当按照劳动合同的约定，全面履行各自的义务。

第三十条　用人单位应当按照劳动合同约定和国家规定，向劳动者及时足额支付劳动报酬。

用人单位拖欠或者未足额支付劳动报酬的，劳动者可以依法向当地人民法院申请支付令，人民法院应当依法发出支付令。

第三十一条　用人单位应当严格执行劳动定额标准，不得强迫或者变相强迫劳动者加班。用人单位安排加班的，应当按照国家有关规定向劳动者支付加班费。

第三十二条　劳动者拒绝用人单位管理人员违章指挥、强令冒险作业的，不视为违反劳动合同。

劳动者对危害生命安全和身体健康的劳动条件，有权对用人单位提出批评、检举和控告。

第三十三条　用人单位变更名称、法定代表人、主要负责人或者投资人等事项，不影响劳动合同的履行。

第三十四条 用人单位发生合并或者分立等情况，原劳动合同继续有效，劳动合同由承继其权利和义务的用人单位继续履行。

第三十五条 用人单位与劳动者协商一致，可以变更劳动合同约定的内容。变更劳动合同，应当采用书面形式。

变更后的劳动合同文本由用人单位和劳动者各执一份。

第四章　劳动合同的解除和终止

第三十六条 用人单位与劳动者协商一致，可以解除劳动合同。

第三十七条 劳动者提前三十日以书面形式通知用人单位，可以解除劳动合同。劳动者在试用期内提前三日通知用人单位，可以解除劳动合同。

第三十八条 用人单位有下列情形之一的，劳动者可以解除劳动合同：

（一）未按照劳动合同约定提供劳动保护或者劳动条件的；

（二）未及时足额支付劳动报酬的；

（三）未依法为劳动者缴纳社会保险费的；

（四）用人单位的规章制度违反法律、法规的规定，损害劳动者权益的；

（五）因本法第二十六条第一款规定的情形致使劳动合同无效的；

（六）法律、行政法规规定劳动者可以解除劳动合同的其他情形。

用人单位以暴力、威胁或者非法限制人身自由的手段强迫劳动者劳动的，或者用人单位违章指挥、强令冒险作业危及劳动者人身安全的，劳动者可以立即解除劳动合同，不需事先告知用人单位。

第三十九条 劳动者有下列情形之一的，用人单位可以解除劳动合同：

（一）在试用期间被证明不符合录用条件的；

（二）严重违反用人单位的规章制度的；

（三）严重失职，营私舞弊，给用人单位造成重大损害的；

（四）劳动者同时与其他用人单位建立劳动关系，对完成本单位的工作任务造成严重影响，或者经用人单位提出，拒不改正的；

（五）因本法第二十六条第一款第一项规定的情形致使劳动合同无效的；

（六）被依法追究刑事责任的。

第四十条 有下列情形之一的，用人单位提前三十日以书面形式通知劳动者本人或者额外支付劳动者一个月工资后，可以解除劳动合同：

（一）劳动者患病或者非因工负伤，在规定的医疗期满后不能从事原工作，也不能从事由用人单位另行安排的工作的；

（二）劳动者不能胜任工作，经过培训或者调整工作岗位，仍不能胜任工作的；

（三）劳动合同订立时所依据的客观情况发生重大变化，致使劳动合同无法履行，经用人单位与劳动者协商，未能就变更劳动合同内容达成协议的。

第四十一条 有下列情形之一，需要裁减人员二十人以上或者裁减不足二十人但占企业职工总数百分之十以上的，用人单位提前三十日向工会或者全体职工说明情况，听取工会或者职工的意见后，裁减人员方案经向劳动行政部门报告，可以裁减人员：

（一）依照企业破产法规定进行重整的；

（二）生产经营发生严重困难的；

（三）企业转产、重大技术革新或者经营方式调整，经变更劳动合同后，仍需裁减人员的；

（四）其他因劳动合同订立时所依据的客观经济情况发生重大变化，致使劳动合同无法履行的。

裁减人员时，应当优先留用下列人员：

（一）与本单位订立较长期限的固定期限劳动合同的；

（二）与本单位订立无固定期限劳动合同的；

（三）家庭无其他就业人员，有需要扶养的老人或者未成年人的。

用人单位依照本条第一款规定裁减人员，在六个月内重新招用人员的，应当通知被裁减的人员，并在同等条件下优先招用被裁减的人员。

第四十二条 劳动者有下列情形之一的，用人单位不得依照本法第四十条、第四十一条的规定解除劳动合同：

（一）从事接触职业病危害作业的劳动者未进行离岗前职业健康检查，或者疑似职业病病人在诊断或者医学观察期间的；

（二）在本单位患职业病或者因工负伤并被确认丧失或者部分丧失劳动能力的；

（三）患病或者非因工负伤，在规定的医疗期内的；

（四）女职工在孕期、产期、哺乳期的；

（五）在本单位连续工作满十五年，且距法定退休年龄不足五年的；

（六）法律、行政法规规定的其他情形。

第四十三条 用人单位单方解除劳动合同，应当事先将理由通知工会。用人单位违反法律、行政法规规定或者劳动合同约定的，工会有权要求用人单位纠正。用人单位应当研究工会的意见，并将处理结果书面通知工会。

第四十四条 有下列情形之一的，劳动合同终止：

（一）劳动合同期满的；

（二）劳动者开始依法享受基本养老保险待遇的；

（三）劳动者死亡，或者被人民法院宣告死亡或者宣告失踪的；

（四）用人单位被依法宣告破产的；

（五）用人单位被吊销营业执照、责令关闭、撤销或者用人单位决定提前解散的；

（六）法律、行政法规规定的其他情形。

第四十五条 劳动合同期满，有本法第四十二条规定情形之一的，劳动合同应当续延至相应的情形消失时终止。但是，本法第四十二条第二项规定丧失或者部分丧失劳动能力劳动者的劳动合同的终止，按照国家有关工伤保险的规定执行。

第四十六条 有下列情形之一的，用人单位应当向劳动者支付经济补偿：

（一）劳动者依照本法第三十八条规定解除劳动合同的；

（二）用人单位依照本法第三十六条规定向劳动者提出解除劳动合同并与劳动者协商一致解除劳动合同的；

（三）用人单位依照本法第四十条规定解除劳动合同的；

（四）用人单位依照本法第四十一条第一款规定解除劳动合同的；

（五）除用人单位维持或者提高劳动合同约定条件续订劳动合同，劳动者不同意续订的情形外，依照本法第四十四条第一项规定终止固定期限劳动合同的；

（六）依照本法第四十四条第四项、第五项规定终止劳动合同的；

（七）法律、行政法规规定的其他情形。

第四十七条 经济补偿按劳动者在本单位工作的年限，每满一年支付一个月工资的标准向劳动者支付。六个月以上不满一年的，按一年计算；不满六个月的，向劳动者支付半个月工资的经济补偿。

劳动者月工资高于用人单位所在直辖市、设区的市级人民政府公布的本地区上年度职工月平均工资三倍的，向其支付经济补偿的标准按职工月平均工资三倍的数额支付，向其支付经济补偿的年限最高不超过十二年。

本条所称月工资是指劳动者在劳动合同解除或者终止前十二个月的平均工资。

第四十八条 用人单位违反本法规定解除或者终止劳动合同，劳动者要求继续履行劳动合同的，用人单位应当继续履行；劳动者不要求继续履行劳动合同或者劳动合同已经不能继续履行的，用人单位应当依照本法第八十七条规定支付赔偿金。

第四十九条 国家采取措施，建立健全劳动者社会保险关系跨地区转移接续制度。

第五十条 用人单位应当在解除或者终止劳动合同时出具解除或者终止劳动合同的证明，并在十五日内为劳动者办理档案和社会保险关系转移手续。

劳动者应当按照双方约定，办理工作交接。用人单位依照本法有关规定应当向劳动者支付经济补偿的，在办结工作交接时支付。

用人单位对已经解除或者终止的劳动合同的文本，至少保存二年备查。

第五章 特 别 规 定
第一节 集 体 合 同

第五十一条 企业职工一方与用人单位通过平等协商，可以就劳动报酬、工作时间、休息休假、劳动安全卫生、保险福利等事项订立集体合同。集体合同草案应当提交职工代表大会或者全体职工讨论通过。

集体合同由工会代表企业职工一方与用人单位订立；尚未建立工会的用人单位，由上级工会指导劳动者推举的代表与用人单位订立。

第五十二条 企业职工一方与用人单位可以订立劳动安全卫生、女职工权益保护、工资调整机制等专项集体合同。

第五十三条 在县级以下区域内，建筑业、采矿业、餐饮服务业等行业可以由工会与企业方面代表订立行业性集体合同，或者订立区域性集体合同。

第五十四条 集体合同订立后，应当报送劳动行政部门；劳动行政部门自收到集体合同文本之日起十五日内未提出异议的，集体合同即行生效。

依法订立的集体合同对用人单位和劳动者具有约束力。行业性、区域性集体合同对当地本行业、本区域的用人单位和劳动者具有约束力。

第五十五条 集体合同中劳动报酬和劳动条件等标准不得低于当地人民政府规定的最低标准；用人单位与劳动者订立的劳动合同中劳动报酬和劳动条件等标准不得低于集体合同规定的标准。

第五十六条 用人单位违反集体合同，侵犯职工劳动权益的，工会可以依法要求用人单位承担责任；因履行集体合同发生争议，经协商解决不成的，工会可以依法申请仲裁、提起诉讼。

第二节 劳 务 派 遣

第五十七条 经营劳务派遣业务应当具备下列条件：

（一）注册资本不得少于人民币二百万元；

（二）有与开展业务相适应的固定的经营场所和设施；

（三）有符合法律、行政法规规定的劳务派遣管理制度；

（四）法律、行政法规规定的其他条件。

经营劳务派遣业务，应当向劳动行政部门依法申请行政许可；经许可的，依法办理相应的公司登记。未经许可，任何单位和个人不得经营劳务派遣业务。

第五十八条 劳务派遣单位是本法所称用人单位，应当履行用人单位对劳动者的义务。劳务派遣单位与被派遣劳动者订立的劳动合同，除应当载明本法第十七条规定的事项外，还应当载明被派遣劳动者的用工单位以及派遣期限、工作岗位等情况。

劳务派遣单位应当与被派遣劳动者订立二年以上的固定期限劳动合同，按月支付劳动报酬；被派遣劳动者在无工作期间，劳务派遣单位应当按照所在地人民政府规定的最低工资标准，向其按月支付报酬。

第五十九条 劳务派遣单位派遣劳动者应当与接受以劳务派遣形式用工的单位（以下称用工单位）订立劳务派遣协议。劳务派遣协议应当约定派遣岗位和人员数量、派遣期限、劳动报酬和社会保险费的数额与支付方式以及违反协议的责任。

用工单位应当根据工作岗位的实际需要与劳务派遣单位确定派遣期限，不得将连续用工期限分割订立数个短期劳务派遣协议。

第六十条 劳务派遣单位应当将劳务派遣协议的内容告知被派遣劳动者。

劳务派遣单位不得克扣用工单位按照劳务派遣协议支付给被派遣劳动者的劳动报酬。

劳务派遣单位和用工单位不得向被派遣劳动者收取费用。

第六十一条 劳务派遣单位跨地区派遣劳动者的，被派遣劳动者享有的劳动报酬和劳动条件，按照用工单位所在地的标准执行。

第六十二条 用工单位应当履行下列义务：

（一）执行国家劳动标准，提供相应的劳动条件和劳动保护；

（二）告知被派遣劳动者的工作要求和劳动报酬；

（三）支付加班费、绩效奖金，提供与工作岗位相关的福利待遇；

（四）对在岗被派遣劳动者进行工作岗位所必需的培训；

（五）连续用工的，实行正常的工资调整机制。

用工单位不得将被派遣劳动者再派遣到其他用人单位。

第六十三条 被派遣劳动者享有与用工单位的劳动者同工同酬的权利。用工单位应当按照同工同酬原则，对被派遣劳动者与本单位同类岗位的劳动者实行相同的劳动报酬分配办法。用工单位无同类岗位劳动者的，参照用工单位所在地相同或者相近岗位劳动者的劳动报酬确定。

劳务派遣单位与被派遣劳动者订立的劳动合同和与用工单位订立的劳务派遣协议，载明或者约定的向被派遣劳动者支付的劳动报酬应当符合前款规定。

第六十四条 被派遣劳动者有权在劳务派遣单位或者用工单位依法参加或者组织工会，维护自身的合法权益。

第六十五条 被派遣劳动者可以依照本法第三十六条、第三十八条的规定与劳务派遣单位解除劳动合同。

被派遣劳动者有本法第三十九条和第四十条第一项、第二项规定情形的，用工单位可以将劳动者退回劳务派遣单位，劳务派遣单位依照本法有关规定，可以与劳动者解除劳动合同。

第六十六条 劳动合同用工是我国的企业基本用工形式。劳务派遣用工是补充形式，只能在临时性、辅助性或者替代性的工作岗位上实施。

前款规定的临时性工作岗位是指存续时间不超过六个月的岗位；辅助性工作岗位是指为主营业务岗位提供服务的非主营业务岗位；替代性工作岗位是指用工单位的劳动者因脱产学习、休假等原因无法工作的一定期间内，可以由其他劳动者替代工作的岗位。

用工单位应当严格控制劳务派遣用工数量，不得超过其用工总量的一定比例，具体比例由国务院劳动行政部门规定。

第六十七条 用人单位不得设立劳务派遣单位向本单位或者所属单位派遣劳动者。

第三节　非全日制用工

第六十八条 非全日制用工，是指以小时计酬为主，劳动者在同一用人单位一般平均每日工作时间不超过四小时，每周工作时间累计不超过二十四小时的用工形式。

第六十九条 非全日制用工双方当事人可以订立口头协议。

从事非全日制用工的劳动者可以与一个或者一个以上用人单位订立劳动合同；但是，后订立的劳动合同不得影响先订立的劳动合同的履行。

第七十条 非全日制用工双方当事人不得约定试用期。

第七十一条 非全日制用工双方当事人任何一方都可以随时通知对方终止用

工。终止用工，用人单位不向劳动者支付经济补偿。

第七十二条 非全日制用工小时计酬标准不得低于用人单位所在地人民政府规定的最低小时工资标准。

非全日制用工劳动报酬结算支付周期最长不得超过十五日。

第六章 监督检查

第七十三条 国务院劳动行政部门负责全国劳动合同制度实施的监督管理。

县级以上地方人民政府劳动行政部门负责本行政区域内劳动合同制度实施的监督管理。

县级以上各级人民政府劳动行政部门在劳动合同制度实施的监督管理工作中，应当听取工会、企业方面代表以及有关行业主管部门的意见。

第七十四条 县级以上地方人民政府劳动行政部门依法对下列实施劳动合同制度的情况进行监督检查：

（一）用人单位制定直接涉及劳动者切身利益的规章制度及其执行的情况；

（二）用人单位与劳动者订立和解除劳动合同的情况；

（三）劳务派遣单位和用工单位遵守劳务派遣有关规定的情况；

（四）用人单位遵守国家关于劳动者工作时间和休息休假规定的情况；

（五）用人单位支付劳动合同约定的劳动报酬和执行最低工资标准的情况；

（六）用人单位参加各项社会保险和缴纳社会保险费的情况；

（七）法律、法规规定的其他劳动监察事项。

第七十五条 县级以上地方人民政府劳动行政部门实施监督检查时，有权查阅与劳动合同、集体合同有关的材料，有权对劳动场所进行实地检查，用人单位和劳动者都应当如实提供有关情况和材料。

劳动行政部门的工作人员进行监督检查，应当出示证件，依法行使职权，文明执法。

第七十六条 县级以上人民政府建设、卫生、安全生产监督管理等有关主管部门在各自职责范围内，对用人单位执行劳动合同制度的情况进行监督管理。

第七十七条 劳动者合法权益受到侵害的，有权要求有关部门依法处理，或者依法申请仲裁、提起诉讼。

第七十八条 工会依法维护劳动者的合法权益，对用人单位履行劳动合同、集体合同的情况进行监督。用人单位违反劳动法律、法规和劳动合同、集体合同的，工会有权提出意见或者要求纠正；劳动者申请仲裁、提起诉讼的，工会依法给予支持和帮助。

第七十九条 任何组织或者个人对违反本法的行为都有权举报，县级以上人民政府劳动行政部门应当及时核实、处理，并对举报有功人员给予奖励。

第七章 法 律 责 任

第八十条 用人单位直接涉及劳动者切身利益的规章制度违反法律、法规规定的，由劳动行政部门责令改正，给予警告；给劳动者造成损害的，应当承担赔偿责任。

第八十一条 用人单位提供的劳动合同文本未载明本法规定的劳动合同必备条款或者用人单位未将劳动合同文本交付劳动者的，由劳动行政部门责令改正；给劳动者造成损害的，应当承担赔偿责任。

第八十二条 用人单位自用工之日起超过一个月不满一年未与劳动者订立书面劳动合同的，应当向劳动者每月支付二倍的工资。

用人单位违反本法规定不与劳动者订立无固定期限劳动合同的，自应当订立无固定期限劳动合同之日起向劳动者每月支付二倍的工资。

第八十三条 用人单位违反本法规定与劳动者约定试用期的，由劳动行政部门责令改正；违法约定的试用期已经履行的，由用人单位以劳动者试用期满月工资为标准，按已经履行的超过法定试用期的期间向劳动者支付赔偿金。

第八十四条 用人单位违反本法规定，扣押劳动者居民身份证等证件的，由劳动行政部门责令限期退还劳动者本人，并依照有关法律规定给予处罚。

用人单位违反本法规定，以担保或者其他名义向劳动者收取财物的，由劳动行政部门责令限期退还劳动者本人，并以每人五百元以上二千元以下的标准处以罚款；给劳动者造成损害的，应当承担赔偿责任。

劳动者依法解除或者终止劳动合同，用人单位扣押劳动者档案或者其他物品的，依照前款规定处罚。

第八十五条 用人单位有下列情形之一的，由劳动行政部门责令限期支付劳动报酬、加班费或者经济补偿；劳动报酬低于当地最低工资标准的，应当支付其差额部分；逾期不支付的，责令用人单位按应付金额百分之五十以上百分之一百以下的标准向劳动者加付赔偿金：

（一）未按照劳动合同的约定或者国家规定及时足额支付劳动者劳动报酬的；

（二）低于当地最低工资标准支付劳动者工资的；

（三）安排加班不支付加班费的；

（四）解除或者终止劳动合同，未依照本法规定向劳动者支付经济补偿的。

第八十六条 劳动合同依照本法第二十六条规定被确认无效，给对方造成损害的，有过错的一方应当承担赔偿责任。

第八十七条 用人单位违反本法规定解除或者终止劳动合同的，应当依照本法第四十七条规定的经济补偿标准的二倍向劳动者支付赔偿金。

第八十八条 用人单位有下列情形之一的，依法给予行政处罚；构成犯罪的，依法追究刑事责任；给劳动者造成损害的，应当承担赔偿责任：

（一）以暴力、威胁或者非法限制人身自由的手段强迫劳动的；

（二）违章指挥或者强令冒险作业危及劳动者人身安全的；

（三）侮辱、体罚、殴打、非法搜查或者拘禁劳动者的；

（四）劳动条件恶劣、环境污染严重，给劳动者身心健康造成严重损害的。

第八十九条 用人单位违反本法规定未向劳动者出具解除或者终止劳动合同的书面证明，由劳动行政部门责令改正；给劳动者造成损害的，应当承担赔偿责任。

第九十条 劳动者违反本法规定解除劳动合同，或者违反劳动合同中约定的保密义务或者竞业限制，给用人单位造成损失的，应当承担赔偿责任。

第九十一条 用人单位招用与其他用人单位尚未解除或者终止劳动合同的劳动者，给其他用人单位造成损失的，应当承担连带赔偿责任。

第九十二条 违反本法规定，未经许可，擅自经营劳务派遣业务的，由劳动行政部门责令停止违法行为，没收违法所得，并处违法所得一倍以上五倍以下的罚款；没有违法所得的，可以处五万元以下的罚款。

劳务派遣单位、用工单位违反本法有关劳务派遣规定的，由劳动行政部门责令限期改正；逾期不改正的，以每人五千元以上一万元以下的标准处以罚款，对劳务派遣单位，吊销其劳务派遣业务经营许可证。用工单位给被派遣劳动者造成损害的，劳务派遣单位与用工单位承担连带赔偿责任。

第九十三条 对不具备合法经营资格的用人单位的违法犯罪行为，依法追究法律责任；劳动者已经付出劳动的，该单位或者其出资人应当依照本法有关规定向劳动者支付劳动报酬、经济补偿、赔偿金；给劳动者造成损害的，应当承担赔偿责任。

第九十四条 个人承包经营违反本法规定招用劳动者，给劳动者造成损害的，发包的组织与个人承包经营者承担连带赔偿责任。

第九十五条 劳动行政部门和其他有关主管部门及其工作人员玩忽职守、不履行法定职责，或者违法行使职权，给劳动者或者用人单位造成损害的，应当承担赔偿责任；对直接负责的主管人员和其他直接责任人员，依法给予行政处分；构成犯罪的，依法追究刑事责任。

第八章 附 则

第九十六条 事业单位与实行聘用制的工作人员订立、履行、变更、解除或者终止劳动合同，法律、行政法规或者国务院另有规定的，依照其规定；未作规定的，依照本法有关规定执行。

第九十七条 本法施行前已依法订立且在本法施行之日存续的劳动合同，继续履行；本法第十四条第二款第三项规定连续订立固定期限劳动合同的次数，自本法施行后续订固定期限劳动合同时开始计算。

本法施行前已建立劳动关系，尚未订立书面劳动合同的，应当自本法施行之日起一个月内订立。

本法施行之日存续的劳动合同在本法施行后解除或者终止，依照本法第四十六条规定应当支付经济补偿的，经济补偿年限自本法施行之日起计算；本法施行前按照当时有关规定，用人单位应当向劳动者支付经济补偿的，按照当时有关规定执行。

第九十八条 本法自 2008 年 1 月 1 日起施行。

3.《最高人民法院关于审理劳动争议案件适用法律问题的解释（一）》

（2020 年 12 月 29 日）

为正确审理劳动争议案件，根据《中华人民共和国民法典》《中华人民共和国劳动法》《中华人民共和国劳动合同法》《中华人民共和国劳动争议调解仲裁法》《中华人民共和国民事诉讼法》等相关法律规定，结合审判实践，制定本解释。

第一条 劳动者与用人单位之间发生的下列纠纷，属于劳动争议，当事人不服劳动争议仲裁机构作出的裁决，依法提起诉讼的，人民法院应予受理：

（一）劳动者与用人单位在履行劳动合同过程中发生的纠纷；

（二）劳动者与用人单位之间没有订立书面劳动合同，但已形成劳动关系后发生的纠纷；

（三）劳动者与用人单位因劳动关系是否已经解除或者终止，以及应否支付解除或者终止劳动关系经济补偿金发生的纠纷；

（四）劳动者与用人单位解除或者终止劳动关系后，请求用人单位返还其收取的劳动合同定金、保证金、抵押金、抵押物发生的纠纷，或者办理劳动者的人事档案、社会保险关系等移转手续发生的纠纷；

（五）劳动者以用人单位未为其办理社会保险手续，且社会保险经办机构不能补办导致其无法享受社会保险待遇为由，要求用人单位赔偿损失发生的纠纷；

（六）劳动者退休后，与尚未参加社会保险统筹的原用人单位因追索养老金、医疗费、工伤保险待遇和其他社会保险待遇而发生的纠纷；

（七）劳动者因为工伤、职业病，请求用人单位依法给予工伤保险待遇发生的纠纷；

（八）劳动者依据劳动合同法第八十五条规定，要求用人单位支付加付赔偿金发生的纠纷；

（九）因企业自主进行改制发生的纠纷。

第二条 下列纠纷不属于劳动争议：

（一）劳动者请求社会保险经办机构发放社会保险金的纠纷；

（二）劳动者与用人单位因住房制度改革产生的公有住房转让纠纷；

（三）劳动者对劳动能力鉴定委员会的伤残等级鉴定结论或者对职业病诊断鉴定委员会的职业病诊断鉴定结论的异议纠纷；

（四）家庭或者个人与家政服务人员之间的纠纷；

（五）个体工匠与帮工、学徒之间的纠纷；

（六）农村承包经营户与受雇人之间的纠纷。

第三条 劳动争议案件由用人单位所在地或者劳动合同履行地的基层人民法院管辖。

劳动合同履行地不明确的，由用人单位所在地的基层人民法院管辖。

法律另有规定的，依照其规定。

第四条 劳动者与用人单位均不服劳动争议仲裁机构的同一裁决，向同一人民法院起诉的，人民法院应当并案审理，双方当事人互为原告和被告，对双方的诉讼请求，人民法院应当一并作出裁决。在诉讼过程中，一方当事人撤诉的，人民法院应当根据另一方当事人的诉讼请求继续审理。双方当事人就同一仲裁裁决分别向有管辖权的人民法院起诉的，后受理的人民法院应当将案件移送给先受理的人民法院。

第五条 劳动争议仲裁机构以无管辖权为由对劳动争议案件不予受理，当事人提起诉讼的，人民法院按照以下情形分别处理：

（一）经审查认为该劳动争议仲裁机构对案件确无管辖权的，应当告知当事人向有管辖权的劳动争议仲裁机构申请仲裁；

（二）经审查认为该劳动争议仲裁机构有管辖权的，应当告知当事人申请仲裁，并将审查意见书面通知该劳动争议仲裁机构；劳动争议仲裁机构仍不受理，当事人就该劳动争议事项提起诉讼的，人民法院应予受理。

第六条 劳动争议仲裁机构以当事人申请仲裁的事项不属于劳动争议为由，作出不予受理的书面裁决、决定或者通知，当事人不服依法提起诉讼的，人民法院应当分别情况予以处理：

（一）属于劳动争议案件的，应当受理；

（二）虽不属于劳动争议案件，但属于人民法院主管的其他案件，应当依法受理。

第七条 劳动争议仲裁机构以申请仲裁的主体不适格为由，作出不予受理的书面裁决、决定或者通知，当事人不服依法提起诉讼，经审查确属主体不适格的，人民法院不予受理；已经受理的，裁定驳回起诉。

第八条 劳动争议仲裁机构为纠正原仲裁裁决错误重新作出裁决，当事人不服依法提起诉讼的，人民法院应当受理。

第九条 劳动争议仲裁机构仲裁的事项不属于人民法院受理的案件范围，当事人不服依法提起诉讼的，人民法院不予受理；已经受理的，裁定驳回起诉。

第十条 当事人不服劳动争议仲裁机构作出的预先支付劳动者劳动报酬、工伤医疗费、经济补偿或者赔偿金的裁决，依法提起诉讼的，人民法院不予受理。

用人单位不履行上述裁决中的给付义务，劳动者依法申请强制执行的，人民法院应予受理。

第十一条 劳动争议仲裁机构作出的调解书已经发生法律效力，一方当事人反悔提起诉讼的，人民法院不予受理；已经受理的，裁定驳回起诉。

第十二条 劳动争议仲裁机构逾期未作出受理决定或仲裁裁决，当事人直接提起诉讼的，人民法院应予受理，但申请仲裁的案件存在下列事由的除外：

（一）移送管辖的；

（二）正在送达或者送达延误的；

（三）等待另案诉讼结果、评残结论的；

（四）正在等待劳动争议仲裁机构开庭的；

（五）启动鉴定程序或者委托其他部门调查取证的；

（六）其他正当事由。

当事人以劳动争议仲裁机构逾期未作出仲裁裁决为由提起诉讼的，应当提交该仲裁机构出具的受理通知书或者其他已接受仲裁申请的凭证、证明。

第十三条 劳动者依据劳动合同法第三十条第二款和调解仲裁法第十六条规定向人民法院申请支付令，符合民事诉讼法第十七章督促程序规定的，人民法院应予受理。

依据劳动合同法第三十条第二款规定申请支付令被人民法院裁定终结督促程序后，劳动者就劳动争议事项直接提起诉讼的，人民法院应当告知其先向劳动争议仲裁机构申请仲裁。

依据调解仲裁法第十六条规定申请支付令被人民法院裁定终结督促程序后，劳动者依据调解协议直接提起诉讼的，人民法院应予受理。

第十四条 人民法院受理劳动争议案件后，当事人增加诉讼请求的，如该诉讼请求与讼争的劳动争议具有不可分性，应当合并审理；如属独立的劳动争议，应当告知当事人向劳动争议仲裁机构申请仲裁。

第十五条 劳动者以用人单位的工资欠条为证据直接提起诉讼，诉讼请求不涉及劳动关系其他争议的，视为拖欠劳动报酬争议，人民法院按照普通民事纠纷受理。

第十六条 劳动争议仲裁机构作出仲裁裁决后，当事人对裁决中的部分事项不服，依法提起诉讼的，劳动争议仲裁裁决不发生法律效力。

第十七条 劳动争议仲裁机构对多个劳动者的劳动争议作出仲裁裁决后，部分劳动者对仲裁裁决不服，依法提起诉讼的，仲裁裁决对提起诉讼的劳动者不发生法律效力；对未提起诉讼的部分劳动者，发生法律效力，如其申请执行的，人民法院应当受理。

第十八条 仲裁裁决的类型以仲裁裁决书确定为准。仲裁裁决书未载明该裁决为终局裁决或者非终局裁决，用人单位不服该仲裁裁决向基层人民法院提起诉讼的，应当按照以下情形分别处理：

（一）经审查认为该仲裁裁决为非终局裁决的，基层人民法院应予受理；

（二）经审查认为该仲裁裁决为终局裁决的，基层人民法院不予受理，但应告知用人单位可以自收到不予受理裁定书之日起三十日内向劳动争议仲裁机构所在地的中级人民法院申请撤销该仲裁裁决；已经受理的，裁定驳回起诉。

第十九条 仲裁裁决书未载明该裁决为终局裁决或者非终局裁决，劳动者依据调解仲裁法第四十七条第一项规定，追索劳动报酬、工伤医疗费、经济补偿或者赔偿金，如果仲裁裁决涉及数项，每项确定的数额均不超过当地月最低工资标准十二个月金额的，应当按照终局裁决处理。

第二十条 劳动争议仲裁机构作出的同一仲裁裁决同时包含终局裁决事项和非终局裁决事项，当事人不服该仲裁裁决向人民法院提起诉讼的，应当按照非终局裁决处理。

第二十一条 劳动者依据调解仲裁法第四十八条规定向基层人民法院提起诉讼，用人单位依据调解仲裁法第四十九条规定向劳动争议仲裁机构所在地的中级人民法院申请撤销仲裁裁决的，中级人民法院应当不予受理；已经受理的，应当裁定驳回申请。

被人民法院驳回起诉或者劳动者撤诉的，用人单位可以自收到裁定书之日起三十日内，向劳动争议仲裁机构所在地的中级人民法院申请撤销仲裁裁决。

第二十二条 用人单位依据调解仲裁法第四十九条规定向中级人民法院申请撤销仲裁裁决，中级人民法院作出的驳回申请或者撤销仲裁裁决的裁定为终审裁定。

第二十三条 中级人民法院审理用人单位申请撤销终局裁决的案件，应当组成合议庭开庭审理。经过阅卷、调查和询问当事人，对没有新的事实、证据或者理由，合议庭认为不需要开庭审理的，可以不开庭审理。

中级人民法院可以组织双方当事人调解。达成调解协议的，可以制作调解书。一方当事人逾期不履行调解协议的，另一方可以申请人民法院强制执行。

第二十四条 当事人申请人民法院执行劳动争议仲裁机构作出的发生法律效力的裁决书、调解书，被申请人提出证据证明劳动争议仲裁裁决书、调解书有下列情形之一，并经审查核实的，人民法院可以根据民事诉讼法第二百三十七条规定，裁定不予执行：

（一）裁决的事项不属于劳动争议仲裁范围，或者劳动争议仲裁机构无权仲裁的；

（二）适用法律、法规确有错误的；

（三）违反法定程序的；

（四）裁决所根据的证据是伪造的；

（五）对方当事人隐瞒了足以影响公正裁决的证据的；

（六）仲裁员在仲裁该案时有索贿受贿、徇私舞弊、枉法裁决行为的；

（七）人民法院认定执行该劳动争议仲裁裁决违背社会公共利益的。

人民法院在不予执行的裁定书中，应当告知当事人在收到裁定书之次日起三十日内，可以就该劳动争议事项向人民法院提起诉讼。

第二十五条 劳动争议仲裁机构作出终局裁决，劳动者向人民法院申请执行，用人单位向劳动争议仲裁机构所在地的中级人民法院申请撤销的，人民法院应当裁定中止执行。

用人单位撤回撤销终局裁决申请或者其申请被驳回的，人民法院应当裁定恢复执行。仲裁裁决被撤销的，人民法院应当裁定终结执行。

用人单位向人民法院申请撤销仲裁裁决被驳回后，又在执行程序中以相同理由提出不予执行抗辩的，人民法院不予支持。

第二十六条　用人单位与其它单位合并的，合并前发生的劳动争议，由合并后的单位为当事人；用人单位分立为若干单位的，其分立前发生的劳动争议，由分立后的实际用人单位为当事人。

用人单位分立为若干单位后，具体承受劳动权利义务的单位不明确的，分立后的单位均为当事人。

第二十七条　用人单位招用尚未解除劳动合同的劳动者，原用人单位与劳动者发生的劳动争议，可以列新的用人单位为第三人。

原用人单位以新的用人单位侵权为由提起诉讼的，可以列劳动者为第三人。

原用人单位以新的用人单位和劳动者共同侵权为由提起诉讼的，新的用人单位和劳动者列为共同被告。

第二十八条　劳动者在用人单位与其他平等主体之间的承包经营期间，与发包方和承包方双方或者一方发生劳动争议，依法提起诉讼的，应当将承包方和发包方作为当事人。

第二十九条　劳动者与未办理营业执照、营业执照被吊销或者营业期限届满仍继续经营的用人单位发生争议的，应当将用人单位或者其出资人列为当事人。

第三十条　未办理营业执照、营业执照被吊销或者营业期限届满仍继续经营的用人单位，以挂靠等方式借用他人营业执照经营的，应当将用人单位和营业执照出借方列为当事人。

第三十一条　当事人不服劳动争议仲裁机构作出的仲裁裁决，依法提起诉讼，人民法院审查认为仲裁裁决遗漏了必须共同参加仲裁的当事人的，应当依法追加遗漏的人为诉讼当事人。

被追加的当事人应当承担责任的，人民法院应当一并处理。

第三十二条　用人单位与其招用的已经依法享受养老保险待遇或者领取退休金的人员发生用工争议而提起诉讼的，人民法院应当按劳务关系处理。

企业停薪留职人员、未达到法定退休年龄的内退人员、下岗待岗人员以及企业经营性停产放长假人员，因与新的用人单位发生用工争议而提起诉讼的，人民法院应当按劳动关系处理。

第三十三条　外国人、无国籍人未依法取得就业证件即与中华人民共和国境内的用人单位签订劳动合同，当事人请求确认与用人单位存在劳动关系的，人民法院不予支持。

持有《外国专家证》并取得《外国人来华工作许可证》的外国人，与中华人民共和国境内的用人单位建立用工关系的，可以认定为劳动关系。

第三十四条　劳动合同期满后，劳动者仍在原用人单位工作，原用人单位未表示异议的，视为双方同意以原条件继续履行劳动合同。一方提出终止劳动关系的，人民法院应予支持。

根据劳动合同法第十四条规定，用人单位应当与劳动者签订无固定期限劳动合同而未签订的，人民法院可以视为双方之间存在无固定期限劳动合同关系，并以原劳动合同确定双方的权利义务关系。

第三十五条　劳动者与用人单位就解除或者终止劳动合同办理相关手续、支付工资报酬、加班费、经济补偿或者赔偿金等达成的协议，不违反法律、行政法规的强制性规定，且不存在欺诈、胁迫或者乘人之危情形的，应当认定有效。

前款协议存在重大误解或者显失公平情形，当事人请求撤销的，人民法院应予支持。

第三十六条　当事人在劳动合同或者保密协议中约定了竞业限制，但未约定解除或者终止劳动合同后给予劳动者经济补偿，劳动者履行了竞业限制义务，要求用人单位按照劳动者在劳动合同解除或者终止前十二个月平均工资的30%按月支付经济补偿的，人民法院应予支持。

前款规定的月平均工资的30%低于劳动合同履行地最低工资标准的，按照劳动合同履行地最低工资标准支付。

第三十七条　当事人在劳动合同或者保密协议中约定了竞业限制和经济补偿，当事人解除劳动合同时，除另有约定外，用人单位要求劳动者履行竞业限制义务，或者劳动者履行了竞业限制义务后要求用人单位支付经济补偿的，人民法院应予支持。

第三十八条　当事人在劳动合同或者保密协议中约定了竞业限制和经济补偿，劳动合同解除或者终止后，因用人单位的原因导致三个月未支付经济补偿，劳动者请求解除竞业限制约定的，人民法院应予支持。

第三十九条　在竞业限制期限内，用人单位请求解除竞业限制协议的，人民法院应予支持。

在解除竞业限制协议时，劳动者请求用人单位额外支付劳动者三个月的竞业限制经济补偿的，人民法院应予支持。

第四十条　劳动者违反竞业限制约定，向用人单位支付违约金后，用人单位要求劳动者按照约定继续履行竞业限制义务的，人民法院应予支持。

第四十一条　劳动合同被确认为无效，劳动者已付出劳动的，用人单位应当按照劳动合同法第二十八条、第四十六条、第四十七条的规定向劳动者支付劳动报酬和经济补偿。

由于用人单位原因订立无效劳动合同，给劳动者造成损害的，用人单位应当赔偿劳动者因合同无效所造成的经济损失。

第四十二条 劳动者主张加班费的，应当就加班事实的存在承担举证责任。但劳动者有证据证明用人单位掌握加班事实存在的证据，用人单位不提供的，由用人单位承担不利后果。

第四十三条 用人单位与劳动者协商一致变更劳动合同，虽未采用书面形式，但已经实际履行了口头变更的劳动合同超过一个月，变更后的劳动合同内容不违反法律、行政法规且不违背公序良俗，当事人以未采用书面形式为由主张劳动合同变更无效的，人民法院不予支持。

第四十四条 因用人单位作出的开除、除名、辞退、解除劳动合同、减少劳动报酬、计算劳动者工作年限等决定而发生的劳动争议，用人单位负举证责任。

第四十五条 用人单位有下列情形之一，迫使劳动者提出解除劳动合同的，用人单位应当支付劳动者的劳动报酬和经济补偿，并可支付赔偿金：

（一）以暴力、威胁或者非法限制人身自由的手段强迫劳动的；

（二）未按照劳动合同约定支付劳动报酬或者提供劳动条件的；

（三）克扣或者无故拖欠劳动者工资的；

（四）拒不支付劳动者延长工作时间工资报酬的；

（五）低于当地最低工资标准支付劳动者工资的。

第四十六条 劳动者非因本人原因从原用人单位被安排到新用人单位工作，原用人单位未支付经济补偿，劳动者依据劳动合同法第三十八条规定与新用人单位解除劳动合同，或者新用人单位向劳动者提出解除、终止劳动合同，在计算支付经济补偿或赔偿金的工作年限时，劳动者请求把在原用人单位的工作年限合并计算为新用人单位工作年限的，人民法院应予支持。

用人单位符合下列情形之一的，应当认定属于"劳动者非因本人原因从原用人单位被安排到新用人单位工作"：

（一）劳动者仍在原工作场所、工作岗位工作，劳动合同主体由原用人单位变更为新用人单位；

（二）用人单位以组织委派或任命形式对劳动者进行工作调动；

（三）因用人单位合并、分立等原因导致劳动者工作调动；

（四）用人单位及其关联企业与劳动者轮流订立劳动合同；

（五）其他合理情形。

第四十七条　建立了工会组织的用人单位解除劳动合同符合劳动合同法第三十九条、第四十条规定，但未按照劳动合同法第四十三条规定事先通知工会，劳动者以用人单位违法解除劳动合同为由请求用人单位支付赔偿金的，人民法院应予支持，但起诉前用人单位已经补正有关程序的除外。

第四十八条　劳动合同法施行后，因用人单位经营期限届满不再继续经营导致劳动合同不能继续履行，劳动者请求用人单位支付经济补偿的，人民法院应予支持。

第四十九条　在诉讼过程中，劳动者向人民法院申请采取财产保全措施，人民法院经审查认为申请人经济确有困难，或者有证据证明用人单位存在欠薪逃匿可能的，应当减轻或者免除劳动者提供担保的义务，及时采取保全措施。

人民法院作出的财产保全裁定中，应当告知当事人在劳动争议仲裁机构的裁决书或者在人民法院的裁判文书生效后三个月内申请强制执行。逾期不申请的，人民法院应当裁定解除保全措施。

第五十条　用人单位根据劳动合同法第四条规定，通过民主程序制定的规章制度，不违反国家法律、行政法规及政策规定，并已向劳动者公示的，可以作为确定双方权利义务的依据。

用人单位制定的内部规章制度与集体合同或者劳动合同约定的内容不一致，劳动者请求优先适用合同约定的，人民法院应予支持。

第五十一条　当事人在调解仲裁法第十条规定的调解组织主持下达成的具有劳动权利义务内容的调解协议，具有劳动合同的约束力，可以作为人民法院裁判的根据。

当事人在调解仲裁法第十条规定的调解组织主持下仅就劳动报酬争议达成调解协议，用人单位不履行调解协议确定的给付义务，劳动者直接提起诉讼的，人民法院可以按照普通民事纠纷受理。

第五十二条　当事人在人民调解委员会主持下仅就给付义务达成的调解协议，双方认为有必要的，可以共同向人民调解委员会所在地的基层人民法院申请司法确认。

第五十三条　用人单位对劳动者作出的开除、除名、辞退等处理，或者因其他原因解除劳动合同确有错误的，人民法院可以依法判决予以撤销。

对于追索劳动报酬、养老金、医疗费以及工伤保险待遇、经济补偿金、培训费及其他相关费用等案件，给付数额不当的，人民法院可以予以变更。

第五十四条　本解释自 2021 年 1 月 1 日起施行。

九、融资租赁合同纠纷

（一）示范文本

民事起诉状
（融资租赁合同纠纷）

说明：	
为了方便您更好地参加诉讼，保护您的合法权利，请填写本表。	
1. 起诉时需向人民法院提交证明您身份的材料，如身份证复印件、营业执照复印件等。	
2. 本表所列内容是您提起诉讼以及人民法院查明案件事实所需，请务必如实填写。	
3. 本表所涉内容系针对一般融资租赁合同纠纷案件，有些内容可能与您的案件无关，您认为与案件无关的项目可以填"无"或不填；对于本表中勾选项可以在对应项打"√"；您认为另有重要内容需要列明的，可以在本表尾部或者另附页填写。	
★ 特别提示 ★	
《中华人民共和国民事诉讼法》第十三条第一款规定："民事诉讼应当遵循诚信原则。"	
如果诉讼参加人违反上述规定，进行虚假诉讼、恶意诉讼，人民法院将视违法情形依法追究责任。	

当事人信息	
原告（法人、非法人组织）	名称： 住所地（主要办事机构所在地）： 注册地/登记地： 法定代表人/主要负责人：　　职务：　　联系电话： 统一社会信用代码： 类型：有限责任公司□　股份有限公司□　上市公司□　其他企业法人□ 　　　事业单位□　社会团体□　基金会□　社会服务机构□ 　　　机关法人□　农村集体经济组织法人□　城镇农村的合作经济组织法人□　基层群众性自治组织法人□ 　　　个人独资企业□　合伙企业□　不具有法人资格的专业服务机构□ 　　　国有□（控股□参股□）民营□

原告（自然人）	姓名： 性别：男□　女□ 出生日期：　　　年　　月　　　日　　　民族： 工作单位：　　　　　　职务：　　　　　联系电话： 住所地（户籍所在地）： 经常居住地：
委托诉讼代理人	有□ 　　姓名： 　　单位：　　　　　　　职务：　　　　　　联系电话： 　　代理权限：一般授权□　特别授权□ 无□
送达地址（所填信息除书面特别声明更改外，适用于案件一审、二审、再审所有后续程序）及收件人、联系电话	地址： 收件人： 电话：
是否接受电子送达	是□　方式：短信_____　微信_____　传真_____　邮箱_____ 　　　　　其他_____ 否□
被告（法人、非法人组织）	名称： 住所地（主要办事机构所在地）： 注册地/登记地： 法定代表人/主要负责人：　　　　职务：　　　联系电话： 统一社会信用代码： 类型：有限责任公司□　股份有限公司□　上市公司□　其他企 　　业法人□ 　　事业单位□　社会团体□　基金会□　社会服务机构□ 　　机关法人□　农村集体经济组织法人□　城镇农村的合作 　　经济组织法人□　基层群众性自治组织法人□ 　　个人独资企业□　合伙企业□　不具有法人资格的专业服 　　务机构□ 　　国有□（控股□参股□）民营□

被告（自然人）	姓名： 性别：男□　女□ 出生日期：　　年　　月　　日 民族： 工作单位：　　　　　职务：　　　　　联系电话： 住所地（户籍所在地）： 经常居住地：
第三人（法人、非法人组织）	名称： 住所地（主要办事机构所在地）： 注册地/登记地： 法定代表人/主要负责人：　　　　职务：　　　　联系电话： 统一社会信用代码： 类型：有限责任公司□　股份有限公司□　上市公司□　其他企业法人□ 事业单位□　社会团体□　基金会□　社会服务机构□ 机关法人□　农村集体经济组织法人□　城镇农村的合作经济组织法人□　基层群众性自治组织法人□ 个人独资企业□　合伙企业□　不具有法人资格的专业服务机构□ 国有□（控股□参股□）民营□
第三人（自然人）	姓名： 性别：男□　女□ 出生日期：　　年　　月　　日 民族： 工作单位：　　　　　职务：　　　　　联系电话： 住所地（户籍所在地）： 经常居住地：
诉讼请求和依据 **（原告主张支付全部未付租金时，填写第 1 项至第 3 项；原告主张解除合同时，填写第 4 项、第 5 项；第 6 项至第 10 项为共同项）**	
1. 支付全部未付租金	到期未付租金　　　元、未到期租金　　　元、留购价款　　　元（人民币，下同；如外币需特别注明） 明细：
2. 违约金、滞纳金、损害赔偿金	截至　　　年　　月　　日止，违约金　　　元，滞纳金　　　元，损害赔偿金　　　元；自　　　之后的违约金、滞纳金、损害赔偿金，以　　　元为基数按照标准计算至全部款项实际付清之日 明细：

3. 是否确认租赁物归原告所有	是□ 否□
4. 请求解除合同	判令解除融资租赁合同□ 确认融资租赁合同已于　　　年　　月　　　日解除□
5. 返还租赁物，并赔偿因解除合同而受到的损失	支付全部未付租金　　　元，到期未付租金　　　元、未到期租金　　　元、留购价款　　　元（如约定） 截至　　　年　月　　　日止，违约金　　　元，滞纳金　　　元，损害赔偿金　　　元 自　　　　　之后的违约金、滞纳金、损害赔偿金，以　　　元为基数按照标准计算至全部款项实际付清之日 明细：
6. 是否主张担保权利	是□　内容： 否□
7. 是否主张实现债权的费用	是□　费用明细： 否□
8. 其他请求	
9. 标的总额	
10. 请求依据	合同约定： 法律规定：
约定管辖和诉讼保全	
1. 有无仲裁、法院管辖约定	有□　合同条款及内容： 无□
2. 是否申请财产保全措施	已经诉前保全：是□　　　　保全法院：　　　　保全时间： 　　　　　　　　否□ 申请诉讼保全：是□ 　　　　　　　　否□
事实和理由	
1. 合同的签订情况（名称、编号、签订时间、地点）	
2. 签订主体	出租人（买方）： 承租人（卖方）：

3. 租赁物情况（租赁物的选择、名称、规格、质量、数量等）	
4. 合同约定的租金及支付方式	租金　　　元； 以现金□转账□票据□_____（写明票据类型）其他□_____方式一次性□分期□支付 分期方式：
5. 合同约定的租赁期限、费用	租赁期间自　　年　　月　　日起至　　年　　月　　日止 除租金外产生的　　　费用，由　　　承担
6. 到期后租赁物归属	归承租人所有□ 归出租人所有□ 留购价款　　　元
7. 合同约定的违约责任	
8. 是否约定加速到期条款	是□　　具体内容： 否□
9. 是否约定回收租赁物条件	是□　　具体内容： 否□
10. 是否约定解除合同条件	是□　　具体内容： 否□
11. 租赁物交付时间	于　　　年　　月　　日交付租赁物
12. 租赁物情况	质量符合约定或者承租人的使用目的□ 存在瑕疵□　　具体情况：
13. 租金支付情况	自　　年　　月　　日至　　　年　　月　　日，按约定缴纳租金，已付租金　　元，逾期但已支付租金　　元 明细：
14. 逾期未付租金情况	自　　年　　月　　日起，开始欠付租金，截至　　　年　　月　　日，欠付租金　　元、违约金　　元，滞纳金　　元，损害赔偿金　　元，共计　　元 明细：
15. 是否签订物的担保（抵押、质押）合同	是□　　签订时间： 否□
16. 担保人、担保物	担保人： 担保物：

211

17. 是否最高额担保（抵押、质押）	是□　担保债权的确定时间： 　　　担保额度： 否□
18. 是否办理抵押、质押登记	是□　正式登记□ 　　　预告登记□ 否□
19. 是否签订保证合同	是□　签订时间：　　　保证人： 　　　主要内容： 否□
20. 保证方式	一般保证　　　□ 连带责任保证□
21. 其他担保方式	是□　形式：　　　　签订时间： 否□
22. 其他需要说明的内容（可另附页）	
23. 证据清单（可另附页）	

具状人（签字、盖章）：

日期：

民事答辩状
（融资租赁合同纠纷）

说明：

为了方便您更好地参加诉讼，保护您的合法权利，请填写本表。

1. 应诉时需向人民法院提交证明您身份的材料，如身份证复印件、营业执照复印件等。

2. 本表所列内容是您参加诉讼以及人民法院查明案件事实所需，请务必如实填写。

3. 本表所涉内容系针对一般融资租赁合同纠纷案件，有些内容可能与您的案件无关，您认为与案件无关的项目可以填"无"或不填；对于本表中勾选项可以在对应项打"√"；您认为另有重要内容需要列明的，可以在本表尾部或者另附页填写。

★特别提示★

《中华人民共和国民事诉讼法》第十三条第一款规定："民事诉讼应当遵循诚信原则。"

如果诉讼参加人违反上述规定，进行虚假诉讼、恶意诉讼，人民法院将视违法情形依法追究责任。

案号		案由	

当事人信息			
答辩人（法人、非法人组织）	名称： 住所地（主要办事机构所在地）： 注册地/登记地： 法定代表人/主要负责人：　　职务：　　联系电话： 统一社会信用代码： 类型：有限责任公司□　股份有限公司□　上市公司□　其他企业法人□ 　　　事业单位□　社会团体□　基金会□　社会服务机构□ 　　　机关法人□　农村集体经济组织法人□　城镇农村的合作经济组织法人□　基层群众性自治组织法人□ 　　　个人独资企业□　合伙企业□　不具有法人资格的专业服务机构□ 　　　国有□（控股□参股□）民营□		
答辩人（自然人）	姓名： 性别：男□　女□ 出生日期：　　年　　月　　日　　民族： 工作单位：　　职务：　　联系电话： 住所地（户籍所在地）： 经常居住地：		

委托诉讼代理人	有□ 　　姓名： 　　单位：　　　　　职务：　　　　　联系电话： 　　代理权限：一般授权□　特别授权□ 无□
送达地址（所填信息除书面特别声明更改外，适用于案件一审、二审、再审所有后续程序）及收件人、联系电话	地址： 收件人： 联系电话：
是否接受电子送达	是□　方式：短信＿＿＿＿　微信＿＿＿＿　传真＿＿＿＿　邮箱＿＿＿＿ 　　　　　其他＿＿＿＿ 否□

<table>
<tr><th colspan="2" align="center">答辩事项
（对原告诉讼请求的确认或者异议）</th></tr>
<tr><td>1. 对支付全部未付租金的诉请有无异议</td><td>无□
有□　事实和理由：</td></tr>
<tr><td>2. 对违约金、滞纳金、损害赔偿金有无异议</td><td>无□
有□　事实和理由：</td></tr>
<tr><td>3. 对确认租赁物归原告所有有无异议</td><td>无□
有□　事实和理由：</td></tr>
<tr><td>4. 对解除合同有无异议</td><td>无□
有□　事实和理由：</td></tr>
<tr><td>5. 对返还租赁物，并赔偿因解除合同而受到的损失有无异议</td><td>无□
有□　事实和理由：</td></tr>
<tr><td>6. 对担保权利的诉请有无异议</td><td>无□
有□　事实和理由：</td></tr>
<tr><td>7. 对实现债权的费用有无异议</td><td>无□
有□　事实和理由：</td></tr>
<tr><td>8. 对其他请求有无异议</td><td>无□
有□　事实和理由：</td></tr>
<tr><td>9. 对标的总额有无异议</td><td>无□
有□　事实和理由：</td></tr>
</table>

10. 答辩依据	合同约定： 法律规定：
事实与理由 （对起诉状事实与理由的确认或者异议）	
1. 对合同签订情况（名称、编号、签订时间、地点）有无异议	无□ 有□　事实和理由：
2. 对签订主体有无异议	无□ 有□　事实和理由：
3. 对租赁物情况有无异议	无□ 有□　事实和理由：
4. 对合同约定的租金及支付方式有无异议	无□ 有□　事实和理由：
5. 对合同约定的租赁期限、费用有无异议	无□ 有□　事实和理由：
6. 对到期后租赁物归属有无异议	无□ 有□　事实和理由：
7. 对合同约定的违约责任有无异议	无□ 有□　事实和理由：
8. 对是否约定加速到期条款有无异议	无□ 有□　事实和理由：
9. 对是否约定回收租赁物条件有无异议	无□ 有□　事实和理由：
10. 对是否约定解除合同条件有无异议	无□ 有□　事实和理由：
11. 对租赁物交付时间有无异议	无□ 有□　事实和理由：
12. 对租赁物情况有无异议	无□ 有□　事实和理由：
13. 对租金支付情况有无异议	无□ 有□　事实和理由：
14. 对逾期未付租金情况有无异议	无□ 有□　事实和理由：

15. 对是否签订物的担保合同有无异议	无□
	有□　事实和理由：
16. 对担保人、担保物有无异议	无□
	有□　事实和理由：
17. 对最高额抵押担保有无异议	无□
	有□　事实和理由：
18. 对是否办理抵押/质押登记有无异议	无□
	有□　事实和理由：
19. 对是否签订保证合同有无异议	无□
	有□　事实和理由：
20. 对保证方式有无异议	无□
	有□　事实和理由：
21. 对其他担保方式有无异议	无□
	有□　事实和理由：
22. 有无其他免责/减责事由	无□
	有□　事实和理由：
23. 其他需要说明的内容（可另附页）	
24. 证据清单（可另附页）	

答辩人（签字、盖章）：
日期：

实例：

民事起诉状
（融资租赁合同纠纷）

当事人信息	
原告（法人、非法人组织）	名称：××融资租赁有限公司 住所地（主要办事机构所在地）：天津自贸试验区××路××号 注册地/登记地：天津自贸试验区××路××号 法定代表人/主要负责人：徐×× 职务：董事长 联系电话：××××××××××× 统一社会信用代码：911××××××××××× 类型：有限责任公司☑ 股份有限公司□ 上市公司□ 其他企业法人□ 　　　事业单位□ 社会团体□ 基金会□ 社会服务机构□ 　　　机关法人□ 农村集体经济组织法人□ 城镇农村的合作经济组织法人□ 基层群众性自治组织法人□ 　　　个人独资企业□ 合伙企业□ 不具有法人资格的专业服务机构□ 　　　国有☑（控股□ 参股☑） 民营□
原告（自然人）	姓名： 性别：男□ 女□ 出生日期：　　年　　月　　日 民族： 工作单位：　　　　职务：　　　　联系电话： 住所地（户籍所在地）： 经常居住地：

委托诉讼代理人	有☑ 姓名：何×× 单位：天津××律师事务所　职务：律师 联系电话：××××××××× 代理权限：一般授权□　特别授权☑ 无□
送达地址（所填信息除书面特别声明更改外，适用于案件一审、二审、再审所有后续程序）及收件人、联系电话	地址：天津市××区××路××号天津××律师事务所 收件人：何×× 联系电话：××××××××××
是否接受电子送达（若同意使用电子送达，请在所选送达方式后填写收信地址）	是☑　方式：短信 139×××××× 微信 139×××××× 传真_____ 　　　　邮箱×××@ QQ. COM 其他_____ 否□
被告（法人、非法人组织）	名称：龙川公司 住所地（主要办事机构所在地）：龙川县××路矿区 注册地/登记地：龙川县××路矿区 法定代表人/主要负责人：宋××　职务：董事长 联系电话：×××××××××× 统一社会信用代码：911××××××××××× 类型：有限责任公司☑　股份有限公司□　上市公司□　其他企业法人□ 　　　事业单位□　社会团体□　基金会□　社会服务机构□ 　　　机关法人□　农村集体经济组织法人□　城镇农村的合作经济组织法人□　基层群众性自治组织法人□ 　　　个人独资企业□　合伙企业□　不具有法人资格的专业服务机构□ 　　　国有□（控股□参股□）民营☑
被告（自然人）	姓名：谢×× 性别：男☑　女□ 出生日期：1955 年 1 月 1 日 民族：汉 工作单位：×××公司　职务：总经理　联系电话：×××××××××× 住所地（户籍所在地）：上海市浦东新区××路××弄××号 经常居住地：

第三人（法人、非法人组织）	名称： 住所地（主要办事机构所在地）： 注册地/登记地： 法定代表人/主要负责人：　　　职务：　　　联系电话： 统一社会信用代码： 类型：有限责任公司□　股份有限公司□　上市公司□　其他企业法人□ 　　　事业单位□　社会团体□　基金会□　社会服务机构□ 　　　机关法人□　农村集体经济组织法人□　城镇农村的合作经济组织法人□　基层群众性自治组织法人□ 　　　个人独资企业□　合伙企业□　不具有法人资格的专业服务机构□ 　　　国有□（控股□参股□）民营□
第三人（自然人）	姓名： 性别：男□　女□ 出生日期：　　　年　　月　　　日 民族： 工作单位：　　　　职务：　　　　联系电话： 住所地（户籍所在地）： 经常居住地：

诉讼请求和依据

（原告主张支付全部未付租金时，填写第 1 项至第 3 项；原告主张解除合同时，填写第 4 项、第 5 项；第 6 项至第 10 项为共同项）

1. 支付全部未付租金	到期未付租金 11127000 元（暂计）、未到期租金 245050312.50 元、留购价款 10000 元 明细：
2. 违约金、滞纳金、损害赔偿金	截至 2018 年 11 月 15 日止，违约金 214093.50 元，滞纳金　　　元，损害赔偿金　　　元；计算标准：按照逾期未付款项每日万分之五，即逾期付款违约金＝逾期未付款项 0.05%逾期付款天数 是否计算至全部款项实际付清之日止　是☑　否□ 明细：
3. 是否确认租赁物归原告所有	是□ 否□
4. 请求解除合同	判令解除融资租赁合同□ 确认融资租赁合同已于　　　年　　　月　　　日解除□

5. 返还租赁物，并赔偿因解除合同而受到的损失	支付全部未付租金 元，到期未付租金 元、未到期租金 元、留购价款 元（如约定） 截至 年 月 日止，违约金 元，滞纳金 元，损害赔偿金 元 自 之后的违约金、滞纳金、损害赔偿金，以 元为基数按照标准计算至全部款项实际付清之日 明细：
6. 是否主张担保权利	是☑ 内容：谢××对龙川公司的上述全部债务承担连带担保责任 否☐
7. 是否主张实现债权的费用	是☑ 费用明细：律师代理费 200000 元，交通费、食宿等相关费用暂计 20000 元，共计 220000 元 否☐
8. 其他请求	本案一切诉讼费、财产保全费、评估费等费用由被告共同承担
9. 标的总额	暂为 256407312.50 元
10. 请求依据	合同约定：《融资租赁合同》第一条、第三条、第十一条 法律规定：《中华人民共和国合同法》第四十四条、第六十条、第一百零七条，《中华人民共和国物权法》第一百七十九条，《中华人民共和国担保法》第三十三条
约定管辖和诉讼保全	
1. 有无仲裁、法院管辖约定	有☑ 合同条款及内容：如发生争议向人民法院提起诉讼 无☐
2. 是否申请财产保全措施	已经诉前保全：是☐ 保全法院： 保全时间： 否☑ 申请诉讼保全：是☑ 否☐
事实与理由	
1. 合同的签订情况（名称、编号、签订时间、地点等）	2018 年 4 月 3 日，××融资租赁有限公司与龙川公司在××融资租赁有限公司所在地签订《融资租赁合同》
2. 签订主体	出租人（卖方）：××融资租赁有限公司 承租人（买方）：龙川公司

3. 租赁物情况（租赁物的选择、名称、规格、质量、数量等）	龙川公司所有的位于龙川县金属矿的房屋建筑、井巷工程、机器设备、尾矿库工程
4. 合同约定的租金及支付方式	租金 2 亿元； 以现金□ 转账☑ 票据□＿＿＿（写明票据类型）其他□＿＿＿方式一次性□ 分期☑ 支付 分期方式：按照不等额还租法向××融资租赁有限公司支付租金，每 3 个月支付一次，共计 20 期
5. 合同约定的租赁期限、费用	租赁期间自 2018 年 4 月 11 日起 2023 年 4 月 15 日止 除租金外产生的　　费用，由　　承担
6. 到期后租赁物归属	归承租人所有☑ 归出租人所有□ 留购价款 10000 元
7. 合同约定的违约责任	根据《××融资租赁合同》第六款 6.3 约定，龙川公司应就逾期未付款项按日万分之五支付违约金，直至全部付清之日止
8. 是否约定加速到期条款	是□　具体内容： 否□
9. 是否约定回收租赁物条件	是□　具体内容： 否□
10. 是否约定解除合同条件	是□　具体内容： 否□
11. 租赁物交付时间	于 2018 年 4 月 11 日交付租赁物
12. 租赁物情况	质量符合约定或者承租人的使用目的☑ 存在瑕疵□　具体情况：
13. 租金支付情况	自 2018 年 4 月日至 2018 年 7 月 15 日，按约定缴纳租金，已付第 1 期、第 2 期租金 11993999 元，逾期但已支付租金 666999 元 明细：
14. 逾期未付租金情况	自 2018 年 7 月 15 日起，开始欠付租金，截至 2018 年 11 月 15 日，欠付租金 11127000 元、违约金 214093.50 元，滞纳金　　元，损害赔偿金　　元，共计 11341093.5 元（暂计） 明细：
15. 是否签订物的担保（抵押、质押）合同	是☑　签订时间：2018 年 4 月 3 日签订《抵押合同》 否□

16. 担保人、担保物	担保人：谢×× 担保物：商品房一处，不动产权证为粤（2018）广州市不动产权第××号
17. 是否最高额担保（抵押、质押）	是□　担保债权的确定时间： 　　　担保额度： 否☑
18. 是否办理抵押、质押登记	是☑　正式登记☑ 　　　预告登记□ 否□
19. 是否签订保证合同	是□　签订时间：　　保证人： 　　　主要内容： 否☑
20. 保证方式	一般保证　　　□ 连带责任保证□
21. 其他担保方式	是□　形式： 否☑
22. 其他需要说明的内容（可另附页）	
23. 证据清单（可另附页）	后附证据清单

具状人（签字、盖章）：

日期：

民事答辩状
（融资租赁合同纠纷）

说明：

为了方便您更好地参加诉讼，保护您的合法权利，请填写本表。

1. 应诉时需向人民法院提交证明您身份的材料，如身份证复印件、营业执照复印件等。

2. 本表所列内容是您参加诉讼以及人民法院查明案件事实所需，请务必如实填写。

3. 本表所涉内容系针对一般融资租赁合同纠纷案件，有些内容可能与您的案件无关，您认为与案件无关的项目可以填"无"或不填；对于本表中勾选项可以在对应项打"√"；您认为另有重要内容需要列明的，可以在本表尾部或者另附页填写。

★ 特别提示 ★

《中华人民共和国民事诉讼法》第十三条第一款规定："民事诉讼应当遵循诚信原则。"

如果诉讼参加人违反上述规定，进行虚假诉讼、恶意诉讼，人民法院将视违法情形依法追究责任。

案号	（2018）津民初×××号	案由	融资租赁合同纠纷

当事人信息				
答辩人（法人、非法人组织）	名称：龙川公司 住所地（主要办事机构所在地）：龙川县××路矿区 注册地/登记地：龙川县××路矿区 法定代表人/主要负责人：宋×× 职务：董事长 联系电话：××××××××××× 统一社会信用代码：911××××××××××× 类型：有限责任公司☑ 股份有限公司□ 上市公司□ 其他企业法人□ 事业单位□ 社会团体□ 基金会□ 社会服务机构□ 机关法人□ 农村集体经济组织法人□ 城镇农村的合作经济组织法人□ 基层群众性自治组织法人□ 个人独资企业□ 合伙企业□ 不具有法人资格的专业服务机构□ 国有□（控股□参股□）民营☑
答辩人（自然人）	姓名：谢×× 性别：男☑ 女□ 出生日期：1955 年 1 月 1 日 民族：汉 工作单位：×××公司 职务：总经理 联系电话：××××××××× 住所地（户籍所在地）：上海市浦东新区××路××弄××号 经常居住地：

委托诉讼代理人	有☑ 　　姓名：薛×× 　　单位：天津××律师事务所　职务：律师 　　联系电话：××××××××××× 　　代理权限：一般代理☐　特别代理☑ 无☐
送达地址（所填信息除书面特别声明更改外，适用于案件一审、二审、再审所有后续程序）及收件人、联系电话	地址：天津市××区××路 3 号天津××律师事务所 收件人：薛×× 联系电话：××××××××××
是否接受电子送达（若同意使用电子送达，请在所选送达方式后填写收信地址）	是☑　方式：短信_____　微信_____　传真_____ 　　　　　邮箱×××@ QQ.COM 其他_____ 否☐

答辩事项
（对原告诉讼请求的确认或者异议）

1. 对支付全部未付租金的诉请有无异议	无☐ 有☑　事实和理由：原告请求支付的到期未付租金数额不正确，未到期租金中包含未到期利息，不同意支付未到期租金以及利息
2. 对违约金、滞纳金、损害赔偿金有无异议	无☐ 有☑　事实和理由：原告主张的逾期付款违约金过高，请求法院依法调整
3. 对确认租赁物归原告所有有无异议	无☐ 有☐　事实和理由：
4. 对解除合同有无异议	无☐ 有☐　事实和理由：
5. 对返还租赁物，并赔偿因解除合同而受到的损失有无异议	无☐ 有☐　事实和理由：
6. 对担保权利的诉请有无异议	无☐ 有☑　事实和理由：不应对未到期租金承担担保责任
7. 对实现债权的费用有无异议	无☐ 有☑　事实和理由：不同意支付律师代理费、交通费等

8. 对其他请求有无异议	无□ 有□　事实和理由：
9. 对标的总额有无异议	无□ 有☑　事实和理由：同第 1 项异议
10. 答辩依据	合同约定： 法律规定：《中华人民共和国合同法》第一百一十四条
事实和理由 **（对起诉状事实和理由的确认或者异议）**	
1. 对合同签订情况（名称、编号、签订时间、地点等）有无异议	无☑ 有□　事实和理由：
2. 对签订主体有无异议	无☑ 有□　事实和理由：
3. 对租赁物情况有无异议	无☑ 有□　事实和理由：
4. 对合同约定的租金及支付方式有无异议	无☑ 有□　事实和理由：
5. 对合同约定的租赁期限、费用有无异议	无☑ 有□　事实和理由：
6. 对到期后租赁物归属有无异议	无☑ 有□　事实和理由：
7. 对合同约定的违约责任有无异议	无□ 有☑　事实和理由：约定违约金标准过高
8. 对是否约定加速到期条款有无异议	无□ 有□　事实和理由：
9. 对是否约定回收租赁物条件有无异议	无☑ 有□　事实和理由：
10. 对是否约定解除合同条件有无异议	无□ 有□　事实和理由：
11. 对租赁物交付时间有无异议	无☑ 有□　事实和理由：
12. 对租赁物情况有无异议	无☑ 有□　事实和理由：

13. 对租金支付情况有无异议	无☑ 有□ 事实和理由：
14. 对逾期未付租金情况有无异议	无□ 有☑ 事实和理由：数额不正确，且包含了未到期利息，不同意提前支付利息
15. 对是否签订物的担保合同有无异议	无☑ 有□ 事实和理由：
16. 对担保人、担保物有无异议	无☑ 有□ 事实和理由：
17. 对最高额抵押担保有无异议	无□ 有□ 事实和理由：
18. 对是否办理抵押/质押登记有无异议	无☑ 有□ 事实和理由：
19. 对是否签订保证合同有无异议	无□ 有□ 事实和理由：
20. 对保证方式有无异议	无□ 有□ 事实和理由：
21. 对其他担保方式有无异议	无□ 有□ 事实和理由：
22. 有无其他免责/减责事由	无□ 有□ 事实和理由：
23. 其他需要说明的内容（可另附页）	
24. 证据清单（可另附页）	

答辩人（签字、盖章）：

龙川公司　宋××

谢××

日期：××年××月××日

226

（二） 法律依据

1.《中华人民共和国民法典》（2020 年 5 月 28 日）

第七百三十五条 融资租赁合同是出租人根据承租人对出卖人、租赁物的选择，向出卖人购买租赁物，提供给承租人使用，承租人支付租金的合同。

第七百三十六条 融资租赁合同的内容一般包括租赁物的名称、数量、规格、技术性能、检验方法，租赁期限，租金构成及其支付期限和方式、币种，租赁期限届满租赁物的归属等条款。

融资租赁合同应当采用书面形式。

第七百三十七条 当事人以虚构租赁物方式订立的融资租赁合同无效。

第七百三十八条 依照法律、行政法规的规定，对于租赁物的经营使用应当取得行政许可的，出租人未取得行政许可不影响融资租赁合同的效力。

第七百三十九条 出租人根据承租人对出卖人、租赁物的选择订立的买卖合同，出卖人应当按照约定向承租人交付标的物，承租人享有与受领标的物有关的买受人的权利。

第七百四十条 出卖人违反向承租人交付标的物的义务，有下列情形之一的，承租人可以拒绝受领出卖人向其交付的标的物：

（一）标的物严重不符合约定；

（二）未按照约定交付标的物，经承租人或者出租人催告后在合理期限内仍未交付。

承租人拒绝受领标的物的，应当及时通知出租人。

第七百四十一条 出租人、出卖人、承租人可以约定，出卖人不履行买卖合同义务的，由承租人行使索赔的权利。承租人行使索赔权利的，出租人应当协助。

第七百四十二条 承租人对出卖人行使索赔权利，不影响其履行支付租金的义务。但是，承租人依赖出租人的技能确定租赁物或者出租人干预选择租赁物的，承租人可以请求减免相应租金。

第七百四十三条 出租人有下列情形之一，致使承租人对出卖人行使索赔权利失败的，承租人有权请求出租人承担相应的责任：

（一）明知租赁物有质量瑕疵而不告知承租人；

（二）承租人行使索赔权利时，未及时提供必要协助。

出租人怠于行使只能由其对出卖人行使的索赔权利，造成承租人损失的，承租人有权请求出租人承担赔偿责任。

第七百四十四条 出租人根据承租人对出卖人、租赁物的选择订立的买卖合同，未经承租人同意，出租人不得变更与承租人有关的合同内容。

第七百四十五条 出租人对租赁物享有的所有权，未经登记，不得对抗善意第三人。

第七百四十六条 融资租赁合同的租金，除当事人另有约定外，应当根据购买租赁物的大部分或者全部成本以及出租人的合理利润确定。

第七百四十七条 租赁物不符合约定或者不符合使用目的的，出租人不承担责任。但是，承租人依赖出租人的技能确定租赁物或者出租人干预选择租赁物的除外。

第七百四十八条 出租人应当保证承租人对租赁物的占有和使用。

出租人有下列情形之一的，承租人有权请求其赔偿损失：

（一）无正当理由收回租赁物；

（二）无正当理由妨碍、干扰承租人对租赁物的占有和使用；

（三）因出租人的原因致使第三人对租赁物主张权利；

（四）不当影响承租人对租赁物占有和使用的其他情形。

第七百四十九条 承租人占有租赁物期间，租赁物造成第三人人身损害或者财产损失的，出租人不承担责任。

第七百五十条 承租人应当妥善保管、使用租赁物。

承租人应当履行占有租赁物期间的维修义务。

第七百五十一条 承租人占有租赁物期间，租赁物毁损、灭失的，出租人有权请求承租人继续支付租金，但是法律另有规定或者当事人另有约定的除外。

第七百五十二条 承租人应当按照约定支付租金。承租人经催告后在合理期限内仍不支付租金的，出租人可以请求支付全部租金；也可以解除合同，收回租赁物。

第七百五十三条 承租人未经出租人同意，将租赁物转让、抵押、质押、投资入股或者以其他方式处分的，出租人可以解除融资租赁合同。

第七百五十四条 有下列情形之一的，出租人或者承租人可以解除融资租赁合同：

（一）出租人与出卖人订立的买卖合同解除、被确认无效或者被撤销，且未能重新订立买卖合同；

（二）租赁物因不可归责于当事人的原因毁损、灭失，且不能修复或者确定替代物；

（三）因出卖人的原因致使融资租赁合同的目的不能实现。

第七百五十五条 融资租赁合同因买卖合同解除、被确认无效或者被撤销而解除，出卖人、租赁物系由承租人选择的，出租人有权请求承租人赔偿相应损失；但是，因出租人原因致使买卖合同解除、被确认无效或者被撤销的除外。

出租人的损失已经在买卖合同解除、被确认无效或者被撤销时获得赔偿的，承租人不再承担相应的赔偿责任。

第七百五十六条 融资租赁合同因租赁物交付承租人后意外毁损、灭失等不可归责于当事人的原因解除的，出租人可以请求承租人按照租赁物折旧情况给予补偿。

第七百五十七条 出租人和承租人可以约定租赁期限届满租赁物的归属；对租赁物的归属没有约定或者约定不明确，依据本法第五百一十条的规定仍不能确定的，租赁物的所有权归出租人。

第七百五十八条 当事人约定租赁期限届满租赁物归承租人所有，承租人已经支付大部分租金，但是无力支付剩余租金，出租人因此解除合同收回租赁物，收回的租赁物的价值超过承租人欠付的租金以及其他费用的，承租人可以请求相应返还。

当事人约定租赁期限届满租赁物归出租人所有，因租赁物毁损、灭失或者附合、混合于他物致使承租人不能返还的，出租人有权请求承租人给予合理补偿。

第七百五十九条 当事人约定租赁期限届满，承租人仅需向出租人支付象征性价款的，视为约定的租金义务履行完毕后租赁物的所有权归承租人。

第七百六十条 融资租赁合同无效，当事人就该情形下租赁物的归属有约定的，按照其约定；没有约定或者约定不明确的，租赁物应当返还出租人。但是，因承租人原因致使合同无效，出租人不请求返还或者返还后会显著降低租赁物效用的，租赁物的所有权归承租人，由承租人给予出租人合理补偿。

2. 《最高人民法院关于审理融资租赁合同纠纷案件适用法律问题的解释》
（2020 年 12 月 29 日）

为正确审理融资租赁合同纠纷案件，根据《中华人民共和国民法典》《中华人民共和国民事诉讼法》等法律的规定，结合审判实践，制定本解释。

一、融资租赁合同的认定

第一条 人民法院应当根据民法典第七百三十五条的规定，结合标的物的性质、价值、租金的构成以及当事人的合同权利和义务，对是否构成融资租赁法律关系作出认定。

对名为融资租赁合同，但实际不构成融资租赁法律关系的，人民法院应按照其实际构成的法律关系处理。

第二条 承租人将其自有物出卖给出租人，再通过融资租赁合同将租赁物从出租人处租回的，人民法院不应仅以承租人和出卖人系同一人为由认定不构成融资租赁法律关系。

二、合同的履行和租赁物的公示

第三条 承租人拒绝受领租赁物，未及时通知出租人，或者无正当理由拒绝受领租赁物，造成出租人损失，出租人向承租人主张损害赔偿的，人民法院应予支持。

第四条 出租人转让其在融资租赁合同项下的部分或者全部权利，受让方以此为由请求解除或者变更融资租赁合同的，人民法院不予支持。

三、合同的解除

第五条 有下列情形之一，出租人请求解除融资租赁合同的，人民法院应予支持：

（一）承租人未按照合同约定的期限和数额支付租金，符合合同约定的解除条件，经出租人催告后在合理期限内仍不支付的；

（二）合同对于欠付租金解除合同的情形没有明确约定，但承租人欠付租金达到两期以上，或者数额达到全部租金百分之十五以上，经出租人催告后在合理期限内仍不支付的；

（三）承租人违反合同约定，致使合同目的不能实现的其他情形。

第六条 因出租人的原因致使承租人无法占有、使用租赁物，承租人请求解除融资租赁合同的，人民法院应予支持。

第七条 当事人在一审诉讼中仅请求解除融资租赁合同，未对租赁物的归属及损失赔偿提出主张的，人民法院可以向当事人进行释明。

四、违约责任

第八条 租赁物不符合融资租赁合同的约定且出租人实施了下列行为之一，承租人依照民法典第七百四十四条、第七百四十七条的规定，要求出租人承担相应责任的，人民法院应予支持：

（一）出租人在承租人选择出卖人、租赁物时，对租赁物的选定起决定作用的；

（二）出租人干预或者要求承租人按照出租人意愿选择出卖人或者租赁物的；

（三）出租人擅自变更承租人已经选定的出卖人或者租赁物的。

承租人主张其系依赖出租人的技能确定租赁物或者出租人干预选择租赁物的，对上述事实承担举证责任。

第九条 承租人逾期履行支付租金义务或者迟延履行其他付款义务，出租人按照融资租赁合同的约定要求承租人支付逾期利息、相应违约金的，人民法院应予支持。

第十条 出租人既请求承租人支付合同约定的全部未付租金又请求解除融资租赁合同的，人民法院应告知其依照民法典第七百五十二条的规定作出选择。

出租人请求承租人支付合同约定的全部未付租金，人民法院判决后承租人未予履行，出租人再行起诉请求解除融资租赁合同、收回租赁物的，人民法院应予受理。

第十一条 出租人依照本解释第五条的规定请求解除融资租赁合同，同时请求收回租赁物并赔偿损失的，人民法院应予支持。

前款规定的损失赔偿范围为承租人全部未付租金及其他费用与收回租赁物价值的差额。合同约定租赁期间届满后租赁物归出租人所有的，损失赔偿范围还应包括融资租赁合同到期后租赁物的残值。

第十二条 诉讼期间承租人与出租人对租赁物的价值有争议的，人民法院可以按照融资租赁合同的约定确定租赁物价值；融资租赁合同未约定或者约定不明的，可以参照融资租赁合同约定的租赁物折旧以及合同到期后租赁物的残值确定租赁物价值。

承租人或者出租人认为依前款确定的价值严重偏离租赁物实际价值的，可以请求人民法院委托有资质的机构评估或者拍卖确定。

五、其他规定

第十三条 出卖人与买受人因买卖合同发生纠纷，或者出租人与承租人因融资租赁合同发生纠纷，当事人仅对其中一个合同关系提起诉讼，人民法院经审查后认为另一合同关系的当事人与案件处理结果有法律上的利害关系的，可以通知其作为第三人参加诉讼。

承租人与租赁物的实际使用人不一致，融资租赁合同当事人未对租赁物的实际使用人提起诉讼，人民法院经审查后认为租赁物的实际使用人与案件处理结果有法律上的利害关系的，可以通知其作为第三人参加诉讼。

承租人基于买卖合同和融资租赁合同直接向出卖人主张受领租赁物、索赔等买卖合同权利的，人民法院应通知出租人作为第三人参加诉讼。

第十四条 当事人因融资租赁合同租金欠付争议向人民法院请求保护其权利的诉讼时效期间为三年，自租赁期限届满之日起计算。

第十五条 本解释自 2014 年 3 月 1 日起施行。《最高人民法院关于审理融资租赁合同纠纷案件若干问题的规定》（法发〔1996〕19 号）同时废止。

本解释施行后尚未终审的融资租赁合同纠纷案件，适用本解释；本解释施行前已经终审，当事人申请再审或者按照审判监督程序决定再审的，不适用本解释。

十、保证保险合同纠纷

（一）示范文本

民事起诉状
（保证保险合同纠纷）

<table>
<tr>
<td colspan="2">
说明：
为了方便您更好地参加诉讼，保护您的合法权利，请填写本表。
1. 起诉时需向人民法院提交证明您身份的材料，如身份证复印件、营业执照复印件等。
2. 本表所列内容是您提起诉讼以及人民法院查明案件事实所需，请务必如实填写。
3. 本表所涉内容系针对一般保证保险合同纠纷案件，有些内容可能与您的案件无关，您认为与案件无关的项目可以填"无"或不填；对于本表中勾选项可以在对应项打"√"；您认为另有重要内容需要列明的，可以在本表尾部或者另附页填写。
★特别提示★
《中华人民共和国民事诉讼法》第十三条第一款规定："民事诉讼应当遵循诚信原则。"
如果诉讼参加人违反上述规定，进行虚假诉讼、恶意诉讼，人民法院将视违法情形依法追究责任。
</td>
</tr>
<tr>
<td colspan="2" align="center">当事人信息</td>
</tr>
<tr>
<td>原告（法人、非法人组织）</td>
<td>
名称：
住所地（主要办事机构所在地）：
注册地/登记地：
法定代表人/主要负责人：　　　职务：　　　联系电话：
统一社会信用代码：
类型：有限责任公司□　股份有限公司□　上市公司□　其他企业法人□
事业单位□　社会团体□　基金会□　社会服务机构□
机关法人□　农村集体经济组织法人□　城镇农村的合作经济组织法人□　基层群众性自治组织法人□
个人独资企业□　合伙企业□　不具有法人资格的专业服务机构□
国有□（控股□参股□）民营□
</td>
</tr>
</table>

委托诉讼代理人	有□ 　　姓名： 　　单位：　　　　　职务：　　　　　联系电话： 　　代理权限：一般授权□　特别授权□ 无□
送达地址（所填信息除书面特别声明更改外，适用于案件一审、二审、再审所有后续程序）及收件人、联系电话	地址： 收件人： 电话：
是否接受电子送达	是□　方式：短信_____　微信_____　传真_____　邮箱_____ 　　　　　其他_____ 否□
被告（法人、非法人组织）	名称： 住所地（主要办事机构所在地）： 注册地/登记地： 法定代表人/主要负责人：　　　　职务：　　　联系电话： 统一社会信用代码： 类型：有限责任公司□　股份有限公司□　上市公司□　其他企业法人□ 　　　事业单位□　社会团体□　基金会□　社会服务机构□ 　　　机关法人□　农村集体经济组织法人□　城镇农村的合作经济组织法人□　基层群众性自治组织法人□ 　　　个人独资企业□　合伙企业□　不具有法人资格的专业服务机构□ 　　　国有□（控股□参股□）民营□
被告（自然人）	姓名： 性别：男□　女□ 出生日期：　　年　　月　　日　　民族： 工作单位：　　　　职务：　　　联系电话： 住所地（户籍所在地）： 经常居住地：

第三人（法人、非法人组织）	名称： 住所地（主要办事机构所在地）： 注册地/登记地： 法定代表人/主要负责人：　　　职务：　　　联系电话： 统一社会信用代码： 类型：有限责任公司□　股份有限公司□　上市公司□　其他企业法人□ 　　　事业单位□　社会团体□　基金会□　社会服务机构□ 　　　机关法人□　农村集体经济组织法人□　城镇农村的合作经济组织法人□　基层群众性自治组织法人□ 　　　个人独资企业□　合伙企业□　不具有法人资格的专业服务机构□ 　　　国有□（控股□参股□）民营□
第三人（自然人）	姓名： 性别：男□　女□ 出生日期：　　　年　　月　　　日　　　　民族： 工作单位：　　　　　职务：　　　　　联系电话： 住所地（户籍所在地）： 经常居住地：

诉讼请求和依据	
1. 理赔款	支付理赔款　　元（人民币，下同；如外币需特别注明）；
2. 保险费、违约金等	截至　　　年　　月　　　日止，欠保险费、违约金等共计　　　元 自　　　年　月　　　日之后的保险费、违约金等各项费用按照保证保险合同约定计算至实际清偿之日止 明细：
3. 是否主张实现债权的费用	是□　费用明细： 否□
4. 其他请求	
5. 标的总额	
6. 请求依据	合同约定： 法律规定：

约定管辖和诉讼保全	
1. 有无仲裁、法院管辖约定	有□　合同条款及内容： 无□

2. 是否申请财产保全措施	已经诉前保全：是□　　　保全法院：　　保全时间： 　　　　　　　　否□ 申请诉讼保全：是□ 　　　　　　　　否□
事实与理由	
1. 保证保险合同的签订情况（合同名称、主体、签订时间、地点行等）	
2. 保证保险合同的主要约定	保证保险金额： 保费金额： 保险期间： 保险费缴纳方式： 理赔条件： 理赔款项和未付保费的追索： 违约事由及违约责任： 特别约定： 其他：
3. 是否对被告就保证保险合同主要条款进行提示注意、说明	是□　提示说明的具体方式以及时间地点： 否□
4. 被告借款合同的主要约定（借款金额、期限、用途、利息标准、还款方式、担保、违约责任、解除条件、管辖约定）	
5. 被告逾期未还款情况	自　　年　　月　　日至　　年　　月　　日，被告按约定还款，已还款　　元，逾期但已还款　　元，共归还本金　　元，利息　　元 自　　年　　月　　日起，开始逾期不还，截至　　年　　月　　日，被告　　欠付借款本金　　元、利息　　元、罚息　　元、复利　　元、滞纳金　　元、违约金　　元、手续费　　元明细：
6. 保证保险合同的履行情况	原告于　　年　　月　　日进行了理赔，代被告清偿债务，共赔款　　元，于　　年　　月　　日取得权益转让确认书

7. 追索情况	原告于 年 月 日通知被告并向其追索 被告已支付保费 元, 归还借款 元; 尚欠保费 元, 欠 付借款本金 元、利息 元、罚息 元、复利 元、滞 纳金 元、违约金 元、手续费 元 明细:
8. 其他需要说明的内容 （可另附页）	
9. 证据清单（可另附页）	

具状人（签字、盖章）:

日期:

民事答辩状
（保证保险合同纠纷）

案号		案由	

当事人信息			

| 答辩人（法人、非法人组织） | 名称：
住所地（主要办事机构所在地）：
注册地/登记地：
法定代表人/主要负责人：　　职务：　　联系电话：
统一社会信用代码：
类型：有限责任公司□　股份有限公司□　上市公司□　其他企业法人□
事业单位□　社会团体□　基金会□　社会服务机构□
机关法人□　农村集体经济组织法人□　城镇农村的合作经济组织法人□　基层群众性自治组织法人□
个人独资企业□　合伙企业□　不具有法人资格的专业服务机构□
国有□（控股□参股□）民营□ |
| 答辩人（自然人） | 姓名：
性别：男□　女□
出生日期：　　年　　月　　日　　民族：
工作单位：　　职务：　　联系电话：
住所地（户籍所在地）：
经常居住地： |

委托诉讼代理人	有□ 　　姓名： 　　单位：　　　　职务：　　　　联系电话： 　　代理权限：一般授权□　特别授权□ 无□
送达地址（所填信息除书面特别声明更改外，适用于案件一审、二审、再审所有后续程序）及收件人、联系电话	地址： 收件人： 电话：
是否接受电子送达	是□　方式：短信_____　微信_____　传真_____　邮箱_____ 　　　　其他_____ 否□

答辩事项和依据
（对原告诉讼请求的确认或者异议）

1. 对理赔款有无异议	无□ 有□　事实和理由：
2. 对保险费、违约金等有无异议	无□ 有□　事实和理由：
3. 对实现债权的费用有无异议	无□ 有□　事实和理由：
4. 对其他请求有无异议	无□ 有□　事实和理由：
5. 对标的总额有无异议	无□ 有□　事实和理由：
6. 答辩依据	合同约定： 法律规定：

事实和理由
（对起诉状事实与理由的确认或者异议）

1. 对保证保险合同的签订情况有无异议	无□ 有□　事实和理由：
2. 对保证保险合同的主要约定有无异议	无□ 有□　事实和理由：

3. 对原告对被告就保证保险合同主要条款进行提示注意、说明的情况有无异议	无□ 有□	事实和理由：
4. 对被告借款合同的主要约定有无异议	无□ 有□	事实和理由：
5. 对被告逾期未还款情况有无异议	无□ 有□	事实和理由：
6. 对保证保险合同的履行情况有无异议	无□ 有□	事实和理由：
7. 对追索情况有无异议	无□ 有□	事实和理由：
8. 有无其他免责/减责事由	无□ 有□	事实和理由：
9. 其他需要说明的内容（可另附页）		
10. 证据清单（可另附页）		

答辩人（签字、盖章）：

日期：

实例：

民事起诉状
（保证保险合同纠纷）

说明：

　　为了方便您更好地参加诉讼，保护您的合法权利，请填写本表。

　　1. 起诉时需向人民法院提交证明您身份的材料，如身份证复印件、营业执照复印件等。

　　2. 本表所列内容是您提起诉讼以及人民法院查明案件事实所需，请务必如实填写。

　　3. 本表所涉内容系针对一般保证保险合同纠纷案件，有些内容可能与您的案件无关，您认为与案件无关的项目可以填"无"或不填；对于本表中勾选项可以在对应项打"√"；您认为另有重要内容需要列明的，可以在本表尾部或者另附页填写。

★特别提示★

　　《中华人民共和国民事诉讼法》第十三条第一款规定："民事诉讼应当遵循诚信原则。"

　　如果诉讼参加人违反上述规定，进行虚假诉讼、恶意诉讼，人民法院将视违法情形依法追究责任。

当事人信息	
原告	名称：××财产保险股份有限公司 住所地（主要办事机构所在地）：广东省深圳市××区××路 注册地/登记地：广东省深圳市××区××路 法定代表人/主要负责人：孙×× 职务：执行董事 联系电话：××××××××× 统一社会信用代码： 类型：有限责任公司□ 股份有限公司☑ 上市公司□ 其他企业法人□ 　　　事业单位□ 社会团体□ 基金会□ 社会服务机构□ 　　　机关法人□ 农村集体经济组织法人□ 城镇农村的合作经济组织法人□ 基层群众性自治组织法人□ 　　　个人独资企业□ 合伙企业□ 不具有法人资格的专业服务机构□ 　　　国有□（控股☑参股□）民营□
委托诉讼代理人	有☑ 　　　姓名：张×× 　　　单位：北京××律师事务所 职务：律师 　　　联系电话：××××××××××× 　　　代理权限：一般授权□ 特别授权☑ 无□

送达地址（所填信息除书面特别声明更改外，适用于案件一审、二审、再审所有后续程序）及收件人、联系电话	地址：北京市××区××街道北京××律师事务所 收件人：张×× 联系电话：××××××××××
是否接受电子送达	是☑　方式：短信_____　微信_____　传真_____ 　　　　邮箱×××@QQ.COM 其他_____ 否□
被告（法人、非法人组织）	名称： 住所地（主要办事机构所在地）： 注册地/登记地： 法定代表人/主要负责人：　　　职务：　　　联系电话： 统一社会信用代码： 类型：有限责任公司□　股份有限公司□　上市公司□　其他企业法人□ 　　事业单位□　社会团体□　基金会□　社会服务机构□ 　　机关法人□　农村集体经济组织法人□　城镇农村的合作经济组织法人□　基层群众性自治组织法人□ 　　个人独资企业□　合伙企业□　不具有法人资格的专业服务机构□ 　　国有□（控股□参股□）民营□
被告（自然人）	姓名：杜×× 性别：男☑　女□ 出生日期：19××年××月××日 民族：×族 工作单位：××公司　职务：职员　联系电话：×××××××××× 住所地（户籍所在地）：北京市××区××街××号 经常居住地：北京市××区××街××号

	名称：
	住所地（主要办事机构所在地）：
	注册地/登记地：
	法定代表人/主要负责人：　　　职务：　　　联系电话：
	统一社会信用代码：
第三人（法人、非法人组织）	类型：有限责任公司□　股份有限公司□　上市公司□　其他企业法人□
	事业单位□　社会团体□　基金会□　社会服务机构□
	机关法人□　农村集体经济组织法人□　城镇农村的合作经济组织法人□　基层群众性自治组织法人□
	个人独资企业□　合伙企业□　不具有法人资格的专业服务机构□
	国有□（控股□参股□）民营□

诉讼请求和依据	
1. 理赔款	643035.61 元（人民币，下同）
2. 保险费、违约金等	截至 20××年××月××日止，欠保险费共计 3559.84 元、滞纳金　元；自 20××年××月××日之后的保险费、滞纳金等各项费用按照保证保险合同约定计算至实际清偿之日止 明细：每笔滞纳金以相应代偿款为基数，自 2022 年 4 月 15 日起按全国银行间同业拆借中心发布的一年期贷款市场报价利率（LPR）4 倍计算至实际清偿之日止）理赔金额（元）＊0.12%/30 日＊逾期日+理赔金额（元）＊0.063%＝3559.84 元
3. 是否主张实现债权的费用	是☑　费用明细：律师费 7000 元 否□
4. 其他请求	判令原告就位于北京市通州区房产（房屋产权证号：×京房权证通字第×号）的拍卖、变卖所得款在上述诉讼请求范围内享有优先受偿权；诉讼费由被告承担
5. 标的总额	653595.45 元（计至起诉时）
6. 请求依据	合同约定：《关于保证保险业务及债务清偿安排之协议书》第 3 条、第 10 条 法律规定：《中华人民共和国民法典》第四百一十条、第四百一十三条、第四百二十条、第五百七十七条、第六百七十四条、第六百七十五条、第六百七十六条；《中华人民共和国保险法》第六十条；《最高人民法院关于适用〈中华人民共和国保险法〉若干问题的解释（四）》第八条等

约定管辖和诉讼保全	
1. 有无仲裁、法院管辖约定	有☑　合同条款及内容：第 12 条　发生纠纷诉至人民法院解决 无□
2. 是否申请财产保全措施	已经诉前保全：是□　否□ 保全法院：　　　　　保全时间： 申请诉讼保全：是☑　否□

事实和理由	
1. 保证保险合同的签订情况（合同名称、主体、签订时间、地点行等）	2019 年 3 月 22 日××财险公司与杜××在公司营业地签署《关于保证保险业务及债务清偿安排之协议书》
2. 保证保险合同的主要约定	保证保险金额：累计最高不超过 132 万元 保费金额：保险费月缴，每月费率 0.12% 保险期间：自个人借款合同项下借款发放之日起，至个人借款合同约定的清偿全部借款本息之日止，最长不超过 3 年 保险费缴纳方式：现金支付 理赔条件：超过 90 日未向债权人偿还借款，由保险人进行理赔 理赔款项和未付保费的追索：被保险借款的本金、利息、罚息、费用等 违约事由及违约责任：杜某某超过 90 日未偿还借款，保险人代为理赔 特别约定： 其他：
3. 是否对被告就保证保险合同主要条款进行提示注意、说明	是☑　提示说明的具体方式以及时间地点：《协议》第八条黑体加粗部分特别提示：投保人拖欠任何一期借款达到 80 天，保险人依据保险合同约定向被保险人进行理赔 否□
4. 被告借款合同的主要约定（借款金额、期限、用途、利息标准、还款方式、担保、违约责任、解除条件、管辖约定等）	2019 年 3 月，出借人××信托公司与借款人杜××签订《个人贷款授信额度合同》，约定××信托公司为杜××在授信额度内提供循环借款。双方签订了 2 份《借款合同》，借款金额分别为 499000 元、426000 元，借款年利率均为 9.2%

5. 被告逾期未还款情况	就 499000 元借款合同，杜××正常还款至第 17 期（2022 年 1 月 3 日），第 18 期开始逾期还款，数额为 387162.77 元。就 426000 元借款合同，杜××正常还款至第 16 期（2022 年 2 月 22 日），第 17 期开始逾期还款 明细：
6. 保证保险合同的履行情况	2022 年 4 月 15 日，××财险公司向××信托公司转账 387162.77 元。 2022 年 4 月 15 日，××财险公司向××信托公司转账 255872.84 元。 共赔款 643035.61 元
7. 追索情况	2022 年 4 月 16 日、17 日，××财险公司系统先后向杜××发送通知，告知杜××前述代偿事实 明细：
8. 其他需要说明的内容（可另附页）	
9. 证据清单（可另附页）	后附证据清单

具状人（签字、盖章）：
××财产保险股份有限公司　孙××
日期：××年××月××日

民事答辩状
（保证保险合同纠纷）

说明：

为了方便您更好地参加诉讼，保护您的合法权利，请填写本表。

1. 应诉时需向人民法院提交证明您身份的材料，如身份证复印件、营业执照复印件等。

2. 本表所列内容是您参加诉讼以及人民法院查明案件事实所需，请务必如实填写。

3. 本表所涉内容系针对一般保证保险合同纠纷案件，有些内容可能与您的案件无关，您认为与案件无关的项目可以填"无"或不填；对于本表中勾选项可以在对应项打"√"；您认为另有重要内容需要列明的，可以在本表尾部或者另附页填写。

★ 特别提示 ★

《中华人民共和国民事诉讼法》第十三条第一款规定："民事诉讼应当遵循诚信原则。"

如果诉讼参加人违反上述规定，进行虚假诉讼、恶意诉讼，人民法院将视违法情形依法追究责任。

案号	（2022）京××民初××号	案由	保证保险合同纠纷

当事人信息	
答辩人（法人、非法人组织）	名称： 住所地（主要办事机构所在地）： 注册地/登记地： 法定代表人/主要负责人：　　　职务：　　　联系电话： 统一社会信用代码： 类型：有限责任公司□　股份有限公司□　上市公司□　其他企业法人□ 　　　事业单位□　社会团体□　基金会□　社会服务机构□ 　　　机关法人□　农村集体经济组织法人□　城镇农村的合作经济组织法人□　基层群众性自治组织法人□ 　　　个人独资企业□　合伙企业□　不具有法人资格的专业服务机构□ 　　　国有□（控股□参股□）民营□
答辩人（自然人）	姓名：杜×× 性别：男☑　女□ 出生日期：19××年××月××日 民族：×族 工作单位：××公司　职务：职员　联系电话：××××××××× 住所地（户籍所在地）：北京市××区××街××号 经常居住地：北京市××区××街××号

委托诉讼代理人	有□ 　　姓名： 　　单位：　　　　　　职务：　　　　　　联系电话： 　　代理权限：一般授权□　特别授权□ 无☑
送达地址（所填信息除书面特别声明更改外，适用于案件一审、二审、再审所有后续程序）及收件人、联系电话	地址：北京市××区××街××号 收件人：杜×× 联系电话：××××××××××
是否接受电子送达	是☑　方式：短信_____　微信139×××××　传真_____ 　　　　　　邮箱_____　其他_____ 否□

答辩事项和依据
（对原告诉讼请求的确认或者异议）

1. 对理赔款有无异议	无□ 有☑　事实和理由：不能确认原告已经支付的理赔款数额；从2019年4月25日开始被告已经还款196万元，本金基本已还清
2. 对保险费、违约金等有无异议	无□ 有☑　事实和理由：原告各项费率约定过高
3. 对实现债权的费用有无异议	无□ 有☑　事实和理由：原告聘请律师享受法律服务，应自负律师费
4. 对其他请求有无异议	无□ 有□　事实和理由：
5. 对标的总额有无异议	无□ 有☑　事实和理由：答辩人已将本金基本还清，部分款项被原告截留，应当予以扣减
6. 答辩依据	合同约定：《关于保证保险业务及债务清偿安排之协议书》 法律规定：《中华人民共和国保险法》

事实和理由
（对起诉状事实与理由的确认或者异议）

1. 对保证保险合同的签订情况有无异议	无☑ 有□　事实和理由：

247

2. 对保证保险合同的主要约定有无异议	无☐ 有☑ 事实和理由：合同约定的滞纳金标准过高
3. 对原告对被告就保证保险合同主要条款进行提示注意、说明的情况有无异议	无☐ 有☑ 事实和理由：签订协议时相关费率约定并未明确提示
4. 对被告借款合同的主要约定有无异议	无☐ 有☑ 事实和理由：合同约定的各项费率标准过高；答辩人除了和××信托公司线下签了一个借款合同，其余全是线上签订，原告提交的 5 个合同中，其中有 2 个合同上的签字不是答辩人本人所签，借款合同是否有效不能确定
5. 对被告逾期未还款情况有无异议	无☐ 有☑ 事实和理由：答辩人已将本金基本还清
6. 对保证保险合同的履行情况有无异议	无☐ 有☑ 事实和理由：原告是否已支付理赔款不能确定
7. 对追索情况有无异议	无☐ 有☑ 事实和理由：答辩人未收到原告追索相关信息
8. 有无其他免责/减责事由	无☐ 有☐ 事实和理由：
9. 其他需要说明的内容（可另附页）	债权人××信托公司是否具备向社会不特定对象发放贷款的资质不能确认，答辩人与债权人之间的借款合同无效
10. 证据清单（可另附页）	

答辩人（签字、盖章）：杜××

日期：××年××月××日

（二）法律依据

1.《中华人民共和国民法典》（2020 年 5 月 28 日）

第十三章　保证合同

第一节　一般规定

第六百八十一条　保证合同是为保障债权的实现，保证人和债权人约定，当债务人不履行到期债务或者发生当事人约定的情形时，保证人履行债务或者承担责任的合同。

第六百八十二条　保证合同是主债权债务合同的从合同。主债权债务合同无效的，保证合同无效，但是法律另有规定的除外。

保证合同被确认无效后，债务人、保证人、债权人有过错的，应当根据其过错各自承担相应的民事责任。

第六百八十三条　机关法人不得为保证人，但是经国务院批准为使用外国政府或者国际经济组织贷款进行转贷的除外。

以公益为目的的非营利法人、非法人组织不得为保证人。

第六百八十四条　保证合同的内容一般包括被保证的主债权的种类、数额，债务人履行债务的期限，保证的方式、范围和期间等条款。

第六百八十五条　保证合同可以是单独订立的书面合同，也可以是主债权债务合同中的保证条款。

第三人单方以书面形式向债权人作出保证，债权人接收且未提出异议的，保证合同成立。

第六百八十六条　保证的方式包括一般保证和连带责任保证。

当事人在保证合同中对保证方式没有约定或者约定不明确的，按照一般保证承担保证责任。

第六百八十七条　当事人在保证合同中约定，债务人不能履行债务时，由保证人承担保证责任的，为一般保证。

一般保证的保证人在主合同纠纷未经审判或者仲裁，并就债务人财产依法强制执行仍不能履行债务前，有权拒绝向债权人承担保证责任，但是有下列情形之一的除外：

（一）债务人下落不明，且无财产可供执行；

（二）人民法院已经受理债务人破产案件；

（三）债权人有证据证明债务人的财产不足以履行全部债务或者丧失履行债务能力；

（四）保证人书面表示放弃本款规定的权利。

第六百八十八条　当事人在保证合同中约定保证人和债务人对债务承担连带责任的，为连带责任保证。

连带责任保证的债务人不履行到期债务或者发生当事人约定的情形时，债权人可以请求债务人履行债务，也可以请求保证人在其保证范围内承担保证责任。

第六百八十九条　保证人可以要求债务人提供反担保。

第六百九十条　保证人与债权人可以协商订立最高额保证的合同，约定在最高债权额限度内就一定期间连续发生的债权提供保证。

最高额保证除适用本章规定外，参照适用本法第二编最高额抵押权的有关规定。

第二节　保证责任

第六百九十一条　保证的范围包括主债权及其利息、违约金、损害赔偿金和实现债权的费用。当事人另有约定的，按照其约定。

第六百九十二条　保证期间是确定保证人承担保证责任的期间，不发生中止、中断和延长。

债权人与保证人可以约定保证期间，但是约定的保证期间早于主债务履行期限或者与主债务履行期限同时届满的，视为没有约定；没有约定或者约定不明确的，保证期间为主债务履行期限届满之日起六个月。

债权人与债务人对主债务履行期限没有约定或者约定不明确的，保证期间自债权人请求债务人履行债务的宽限期届满之日起计算。

第六百九十三条　一般保证的债权人未在保证期间对债务人提起诉讼或者申请仲裁的，保证人不再承担保证责任。

连带责任保证的债权人未在保证期间请求保证人承担保证责任的，保证人不再承担保证责任。

第六百九十四条　一般保证的债权人在保证期间届满前对债务人提起诉讼或者申请仲裁的，从保证人拒绝承担保证责任的权利消灭之日起，开始计算保证债务的诉讼时效。

连带责任保证的债权人在保证期间届满前请求保证人承担保证责任的，从债权人请求保证人承担保证责任之日起，开始计算保证债务的诉讼时效。

第六百九十五条 债权人和债务人未经保证人书面同意，协商变更主债权债务合同内容，减轻债务的，保证人仍对变更后的债务承担保证责任；加重债务的，保证人对加重的部分不承担保证责任。

债权人和债务人变更主债权债务合同的履行期限，未经保证人书面同意的，保证期间不受影响。

第六百九十六条 债权人转让全部或者部分债权，未通知保证人的，该转让对保证人不发生效力。

保证人与债权人约定禁止债权转让，债权人未经保证人书面同意转让债权的，保证人对受让人不再承担保证责任。

第六百九十七条 债权人未经保证人书面同意，允许债务人转移全部或者部分债务，保证人对未经其同意转移的债务不再承担保证责任，但是债权人和保证人另有约定的除外。

第三人加入债务的，保证人的保证责任不受影响。

第六百九十八条 一般保证的保证人在主债务履行期限届满后，向债权人提供债务人可供执行财产的真实情况，债权人放弃或者怠于行使权利致使该财产不能被执行的，保证人在其提供可供执行财产的价值范围内不再承担保证责任。

第六百九十九条 同一债务有两个以上保证人的，保证人应当按照保证合同约定的保证份额，承担保证责任；没有约定保证份额的，债权人可以请求任何一个保证人在其保证范围内承担保证责任。

第七百条 保证人承担保证责任后，除当事人另有约定外，有权在其承担保证责任的范围内向债务人追偿，享有债权人对债务人的权利，但是不得损害债权人的利益。

第七百零一条 保证人可以主张债务人对债权人的抗辩。债务人放弃抗辩的，保证人仍有权向债权人主张抗辩。

第七百零二条 债务人对债权人享有抵销权或者撤销权的，保证人可以在相应范围内拒绝承担保证责任。

2. 《最高人民法院关于保证保险合同纠纷案件法律适用问题的答复》（2010年6月24日）

辽宁省高级人民法院：

你院《关于保证保险问题的请示报告》〔〔2006〕辽高法疑字第4号〕收悉。经研究答复如下：

汽车消费贷款保证保险是保险公司开办的一种保险业务。在该险种的具体实施中，由于合同约定的具体内容并不统一，在保险公司、银行和汽车销售代理商、购车人之间会形成多种法律关系。在当时法律规定尚不明确的情况下，应依据当事人意思自治原则确定合同的性质。你院请示所涉中国建设银行股份有限公司葫芦岛分行诉中国人民保险股份有限公司葫芦岛分公司保证保险合同纠纷案，在相关协议、合同中，保险人没有作出任何担保承诺的意思表示。因此，此案所涉保险单虽名为保证保险单，但性质上应属于保险合同。同意你院审判委员会多数意见，此案的保证保险属于保险性质。

　　此复

十一、证券虚假陈述责任纠纷

（一）示范文本

民事起诉状
（证券虚假陈述责任纠纷）

说明：
为了方便您更好地参加诉讼，保护您的合法权利，请填写本表。
1. 起诉时需向人民法院提交证明您身份的材料，如身份证复印件、营业执照复印件等。
2. 本表所列内容是您提起诉讼以及人民法院查明案件事实所需，请务必如实填写。
3. 本表所涉内容系针对一般证券虚假陈述责任纠纷案件，有些内容可能与您的案件无关，您认为与案件无关的项目可以填"无"或不填；对于本表中勾选项可以在对应项打"√"；您认为另有重要内容需要列明的，可以在本表尾部或者另附页填写。
★特别提示★
《中华人民共和国民事诉讼法》第十三条第一款规定："民事诉讼应当遵循诚信原则。"
如果诉讼参加人违反上述规定，进行虚假诉讼、恶意诉讼，人民法院将视违法情形依法追究责任。

当事人信息	
原告（自然人）	姓名： 性别：男□ 女□ 出生日期： 年 月 日 民族： 工作单位： 职务： 联系电话： 住所地（户籍所在地）： 经常居住地：

原告（法人、非法人组织）	名称： 住所地（主要办事机构所在地）： 注册地/登记地： 法定代表人/主要负责人：　　职务：　　联系电话： 统一社会信用代码： 类型：有限责任公司□　股份有限公司□　上市公司□　其他企业法人□ 　　　事业单位□　社会团体□　基金会□　社会服务机构□ 　　　机关法人□　农村集体经济组织法人□　城镇农村的合作经济组织法人□　基层群众性自治组织法人□ 　　　个人独资企业□　合伙企业□　不具有法人资格的专业服务机构□ 　　　国有□（控股□参股□）民营□
委托诉讼代理人	有□ 　　姓名： 　　单位：　　　　职务：　　　　联系电话： 　　代理权限：一般授权□　特别授权□ 无□
送达地址（所填信息除书面特别声明更改外，适用于案件一审、二审、再审所有后续程序）及收件人、联系电话	地址： 收件人： 电话：
是否接受电子送达	是□　方式：短信_____ 微信_____ 传真_____ 邮箱_____ 　　　　其他_____ 否□

被告（法人、非法人组织)	名称： 住所地（主要办事机构所在地)： 注册地/登记地： 法定代表人/主要负责人：　　职务：　　联系电话： 统一社会信用代码： 类型：有限责任公司□　股份有限公司□　上市公司□　其他企业法人□ 　　　事业单位□　社会团体□　基金会□　社会服务机构□ 　　　机关法人□　农村集体经济组织法人□　城镇农村的合作经济组织法人□　基层群众性自治组织法人□ 　　　个人独资企业□　合伙企业□　不具有法人资格的专业服务机构□ 　　　国有□（控股□参股□）民营□
被告（自然人）	姓名： 性别：男□　女□ 出生日期：　　年　　月　　日　　　民族： 工作单位：　　　职务：　　　联系电话： 住所地（户籍所在地)： 经常居住地：
第三人（法人、非法人组织)	名称： 住所地（主要办事机构所在地)： 注册地/登记地： 法定代表人/主要负责人：　　职务：　　联系电话： 统一社会信用代码： 类型：有限责任公司□　股份有限公司□　上市公司□　其他企业法人□ 　　　事业单位□　社会团体□　基金会□　社会服务机构□ 　　　机关法人□　农村集体经济组织法人□　城镇农村的合作经济组织法人□　基层群众性自治组织法人□ 　　　个人独资企业□　合伙企业□　不具有法人资格的专业服务机构□ 　　　国有□（控股□参股□）民营□

第三人（自然人）	姓名： 性别：男□　女□ 出生日期：　　　年　　　月　　　日 民族： 工作单位：　　　　职务：　　　　联系电话： 住所地（户籍所在地）： 经常居住地：

诉讼请求和依据	
1. 赔偿因虚假陈述导致的损失	投资差额损失　　　元、佣金损失　　　元、印花税损失　　　元（人民币，下同；如外币需特别注明）
2. 是否主张连带责任	是□　责任主体及责任范围： 否□
3. 是否主张实现债权的费用	是□　费用明细： 否□
4. 其他请求	
5. 标的总额	
6. 请求依据	合同约定： 法律规定：

约定管辖和诉讼保全	
1. 有无仲裁、法院管辖约定	有□　合同条款及内容： 无□
2. 是否申请财产保全措施	已经诉前保全：是□　　　保全法院：　　　保全时间： 　　　　　　　　否□ 申请诉讼保全：是□ 　　　　　　　　否□

事实和理由	
1. 被告存在虚假陈述行为的情况	具体虚假陈述行为： 虚假陈述行为实施日： 虚假陈述行为揭露日： 虚假陈述行为更正日： 虚假陈述基准日：

2. 有无监管部门的认定、处罚	有□　具体情况： 无□
3. 原告交易情况	买入情况（日期、数量、单价）： 卖出情况（日期、数量、单价）：
4. 虚假陈述的重大性	
5. 虚假陈述与原告交易行为之间的因果关系	
6. 虚假陈述与原告损失之间的因果关系	
7. 原告损失情况	因虚假陈述所造成的投资差额损失： 佣金和印花税损失： 其他： 明细：
8. 请求发行人的控股股东、实际控制人、董监高、相关责任人员承担连带责任的情况	
9. 请求保荐机构、承销机构、律师事务所、会计师事务所等其他机构及其相关责任人员承担连带责任的情况	
10. 其他需要说明的内容（可另附页）	
11. 证据清单（可另附页）	

具状人（签字、盖章）：

日期：

民事答辩状
（证券虚假陈述责任纠纷）

案号		案由	

当事人信息			
答辩人（法人、非法人组织）	名称： 住所地（主要办事机构所在地）： 注册地/登记地： 法定代表人/主要负责人：　　　　职务：　　　　联系电话： 统一社会信用代码： 类型：有限责任公司□　股份有限公司□　上市公司□　其他企业法人□ 　　　事业单位□　社会团体□　基金会□　社会服务机构□ 　　　机关法人□　农村集体经济组织法人□　城镇农村的合作经济组织法人□　基层群众性自治组织法人□ 　　　个人独资企业□　合伙企业□　不具有法人资格的专业服务机构□ 　　　国有□（控股□参股□）民营□		
答辩人（自然人）	姓名： 性别：男□　女□ 出生日期：　　　年　　月　　日　　　民族： 工作单位：　　　　职务：　　　　联系电话： 住所地（户籍所在地）： 经常居住地：		

258

委托诉讼代理人	有□
	    姓名：
	    单位： 职务： 联系电话：
	    代理权限：一般授权□ 特别授权□
	无□

送达地址（所填信息除书面特别声明更改外，适用于案件一审、二审、再审所有后续程序）及收件人、电话	地址： 收件人： 电话：
是否接受电子送达	是□ 方式：短信_____ 微信_____ 传真_____ 邮箱_____ 其他_____ 否□
答辩事项和依据 **（对原告诉讼请求的确认或者异议）**	
1. 对赔偿因虚假陈述导致的损失有无异议	无□ 有□ 事实和理由：
2. 对主张连带责任有无异议	无□ 有□ 事实和理由：
3. 对实现债权的费用有无异议	无□ 有□ 事实和理由：
4. 对其他请求有无异议	无□ 有□ 事实和理由：
5. 对标的总额有无异议	无□ 有□ 事实和理由：
6. 答辩依据	合同约定： 法律规定：
事实和理由 **（对起诉状事实与理由的确认或者异议）**	
1. 对存在虚假陈述行为的情况有无异议	无□ 有□ 事实和理由：
2. 对有无监管部门的认定、处罚有无异议	无□ 有□ 事实和理由：

3. 对原告交易情况有无异议	无☐ 有☐ 事实和理由：
4. 对虚假陈述的重大性有无异议	无☐ 有☐ 事实和理由：
5. 对虚假陈述与原告交易行为之间的因果关系有无异议	无☐ 有☐ 事实和理由：
6. 对虚假陈述与原告损失之间的因果关系有无异议	无☐ 有☐ 事实和理由：
7. 对原告损失情况有无异议	无☐ 有☐ 事实和理由：
8. 对原告请求发行人的控股股东、实际控制人、董监高、相关责任人员承担连带责任的情况有无异议	无☐ 有☐ 事实和理由：
9. 对原告请求保荐机构、承销机构、律师事务所、会计师事务所等其他机构及其相关责任人员承担连带责任的情况有无异议	无☐ 有☐ 事实和理由：
10. 有无其他免责/减责事由	无☐ 有☐ 事实和理由：
11. 其他需要说明的内容（可另附页）	
12. 证据清单（可另附页）	

答辩人（签字、盖章）：

日期：

260

实例：

民事起诉状
（证券虚假陈述责任纠纷）

说明：

为了方便您更好地参加诉讼，保护您的合法权利，请填写本表。

1. 起诉时需向人民法院提交证明您身份的材料，如身份证复印件、营业执照复印件等。

2. 本表所列内容是您提起诉讼以及人民法院查明案件事实所需，请务必如实填写。

3. 本表所涉内容系针对一般证券虚假陈述责任纠纷案件，有些内容可能与您的案件无关，您认为与案件无关的项目可以填写"无"或不填；对于本表中勾选项可以在对应项打"√"；您认为另有重要内容需要列明的，可以在本表尾部或者另附页填写。

★ **特别提示** ★

《中华人民共和国民事诉讼法》第十三条第一款规定："民事诉讼应当遵循诚信原则。"

如果诉讼参加人违反上述规定，进行虚假诉讼、恶意诉讼，人民法院将视违法情形依法追究责任。

当事人信息	
原告（法人、非法人组织）	名称： 住所地（主要办事机构所在地）： 注册地/登记地： 法定代表人/主要负责人：　　　职务：　　联系电话： 统一社会信用代码： 类型：有限责任公司□　股份有限公司□　上市公司□　其他企业法人□ 　　事业单位□　社会团体□　基金会□　社会服务机构□ 　　机关法人□　农村集体经济组织法人□　城镇农村的合作经济组织法人□　基层群众性自治组织法人□ 　　个人独资企业□　合伙企业□　不具有法人资格的专业服务机构□ 　　国有□（控股□参股□）民营□
原告（自然人）	姓名：朱×× 性别：男☑　女□ 出生日期：19××年××月××日 民族：×族 工作单位：××公司　职务：职员　联系电话：××××××××× 住所地（户籍所在地）：福建省××县××镇××村××号 经常居住地：上海市××区××街道

委托诉讼代理人	有☑ 姓名：吴× 单位：上海××律师事务所　职务：律师 联系电话：×××××××× 代理权限：一般授权□　特别授权☑ 无□
送达地址（所填信息除书面特别声明更改外，适用于案件一审、二审、再审所有后续程序）及收件人、联系电话	地址：上海市××区××路××中心上海××律师事务所 收件人：吴× 联系电话：××××××××××
是否接受电子送达	是☑　方式：短信_____　微信 139×××××× 传真_____ 　　　　邮箱×××@ QQ. COM 其他_____ 否□
被告（法人、非法人组织）	名称：上海××股份有限公司 住所地（主要办事机构所在地）：上海市××区××路××号 注册地/登记地：上海市××区××路××号 法定代表人/主要负责人：李××　职务：董事长 联系电话：×××××××× 统一社会信用代码：911×××××××××× 类型：有限责任公司□　股份有限公司☑　上市公司☑　其他企业法人□ 事业单位□　社会团体□　基金会□　社会服务机构□ 机关法人□　农村集体经济组织法人□　城镇农村的合作经济组织法人□　基层群众性自治组织法人□ 个人独资企业□　合伙企业□　不具有法人资格的专业服务机构□ 国有□（控股□参股□）民营☑

被告（法人、非法人组织）	名称：安徽××有限责任公司 住所地（主要办事机构所在地）：安徽省××县××镇××路 注册地/登记地：安徽省××县××镇××路 法定代表人/主要负责人：李×× 职务：董事长 联系电话：××××××××× 统一社会信用代码：911××××××××× 类型：有限责任公司☑ 股份有限公司□ 上市公司□ 其他企业法人□ 　　　事业单位□ 社会团体□ 基金会□ 社会服务机构□ 　　　机关法人□ 农村集体经济组织法人□ 城镇农村的合作经济组织法人□ 基层群众性自治组织法人□ 　　　个人独资企业□ 合伙企业□ 不具有法人资格的专业服务机构□ 　　　国有□（控股□参股□）民营☑
被告（自然人）	姓名： 性别：男□ 女□ 出生日期： 年 月 日 民族： 工作单位： 职务： 联系电话： 住所地（户籍所在地）： 经常居住地：
第三人（法人、非法人组织）	名称： 住所地（主要办事机构所在地）： 注册地/登记地： 法定代表人/主要负责人： 职务： 联系电话： 统一社会信用代码： 类型：有限责任公司□ 股份有限公司□ 上市公司□ 其他企业法人□ 　　　事业单位□ 社会团体□ 基金会□ 社会服务机构□ 　　　机关法人□ 农村集体经济组织法人□ 城镇农村的合作经济组织法人□ 基层群众性自治组织法人□ 　　　个人独资企业□ 合伙企业□ 不具有法人资格的专业服务机构□ 　　　国有□（控股□参股□）民营□

第三人（自然人）	姓名： 性别：男□ 女□ 出生日期： 年 月 日 民族： 工作单位： 职务： 联系电话： 住所地（户籍所在地）： 经常居住地：
诉讼请求和依据	
1. 赔偿因虚假陈述导致的损失	投资差额损失 314248 元、佣金损失 314.25 元、印花税损失 314.25 元（人民币，下同）
2. 是否主张连带责任	是☑ 责任主体及责任范围：控股股东安徽××有限责任公司承担连带责任 否□
3. 是否主张实现债权的费用	是☑ 费用明细：请求被告承担律师费 50000 元 否□
4. 其他请求	诉讼费用由被告承担
5. 标的总额	314876.5 元
6. 请求依据	合同约定： 法律规定：《中华人民共和国证券法》（2014）第六十九条、《最高人民法院关于审理证券市场虚假陈述侵权民事赔偿案件的若干规定》第十条
约定管辖和诉讼保全	
1. 有无仲裁、法院管辖约定	有□ 合同条款及内容： 无☑
2. 是否申请财产保全措施	已经诉前保全：是□ 保全法院： 保全时间： 　　　　　　　否☑ 申请诉讼保全：是□ 　　　　　　　否☑

事实与理由	
1. 被告存在虚假陈述行为的情况	具体虚假陈述行为：《关于收到中国证券监督管理委员会调查通知书的公告》《中国证券监督管理委员会××监管局行政处罚决定书（20××）××号》已认定，被告××股份公司虚增盈利且披露文件存在虚假记载、误导性陈述 虚假陈述行为实施日：20××年××月××日 虚假陈述行为揭露日：20××年××月××日 虚假陈述行为更正日：20××年××月××日 虚假陈述基准日：20××年××月××日
2. 有无监管部门的认定、处罚	有☑　具体情况：《中国证券监督管理委员会××监管局行政处罚决定书（20××）××号》认定上海××股份有限公司存在以下信息披露违法违规行为：一、未按规定披露关联交易事项，导致2015年至2017年年度报告存在重大遗漏。二、虚增2016年度、2017年度营业收入和利润，导致2016年、2017年年度报告存在虚假记载。三、未按规定及时披露为控股股东及其关联方提供担保事项 无☐
3. 原告交易情况	买入情况（日期、数量、单价）：20××年××月××日分别以均价×××元、×××元、×××元分别买入×××××股、××××股、××××股 卖出情况（日期、数量、单价）：20××年××月××日以均价××元卖出××××股
4. 虚假陈述的重大性	被告作为上市公司，未按规定披露关联交易和对外担保事项，虚构保理和原油转口贸易业务，披露的2015年至2017年年度报告存在虚假记载、重大遗漏等行为
5. 虚假陈述与原告交易行为之间的因果关系	原告买入股票系因被告所披露文件存在虚假记载、误导性陈述引起
6. 虚假陈述与原告损失之间的因果关系	因被告所披露文件存在虚假记载、误导性陈述，致使原告大量购入被告公司股票，但实际情况与其披露内容相反，造成原告直接损失314876.5元
7. 原告损失情况	因虚假陈述所造成的投资差额损失：314248元 佣金和印花税损失：628.5元 其他： 明细：
8. 请求发行人的控股股东、实际控制人、董监高、相关责任人员承担连带责任的情况	请求发行人的控股股东安徽××有限责任公司承担原告损失314876.5元的连带责任

9. 请求保荐机构、承销机构、律师事务所、会计师事务所等其他机构及其相关责任人员承担连带责任的情况	
10. 其他需要说明的内容（可另附页）	
11. 证据清单（可另附页）	后附证据清单

具状人（签字、盖章）：朱××

日期：××年××月××日

民事答辩状
（证券虚假陈述责任纠纷）

说明：

为了方便您更好地参加诉讼，保护您的合法权利，请填写本表。

1. 应诉时需向人民法院提交证明您身份的材料，如身份证复印件、营业执照复印件等。

2. 本表所列内容是您参加诉讼以及人民法院查明案件事实所需，请务必如实填写。

3. 本表所涉内容系针对一般证券虚假陈述责任纠纷案件，有些内容可能与您的案件无关，您认为与案件无关的项目可以填"无"或不填；对于本表中勾选项可以在对应项打"√"；您认为另有重要内容需要列明的，可以在本表尾部或者另附页填写。

★特别提示★

《中华人民共和国民事诉讼法》第十三条第一款规定："民事诉讼应当遵循诚信原则。"

如果诉讼参加人违反上述规定，进行虚假诉讼、恶意诉讼，人民法院将视违法情形依法追究责任。

案号	（2021）沪××民初××号	案由	证券虚假陈述责任纠纷

当事人信息			

答辩人（法人、非法人组织）	名称：上海××股份有限公司 住所地（主要办事机构所在地）：上海市××区××路××号 注册地/登记地：上海市××区××路××号 法定代表人/主要负责人：李××　职务：董事长 联系电话：××××××××××× 统一社会信用代码：911××××××××××× 类型：有限责任公司□　股份有限公司☑　上市公司☑　其他企业法人□ 　　　事业单位□　社会团体□　基金会□　社会服务机构□ 　　　机关法人□　农村集体经济组织法人□　城镇农村的合作经济组织法人□　基层群众性自治组织法人□ 　　　个人独资企业□　合伙企业□　不具有法人资格的专业服务机构□ 　　　国有□（控股□参股□）民营☑
委托诉讼代理人	有☑ 　　姓名：赵×× 　　单位：上海××律师事务所　职务：律师 　　联系电话：××××××××××× 　　代理权限：一般授权□　特别授权☑ 无□

送达地址（所填信息除书面特别声明更改外，适用于案件一审、二审、再审所有后续程序）及收件人、联系电话	地址：上海市××区××路上海××律师事务所 收件人：赵×× 联系电话：××××××××××
是否接受电子送达	是☑ 方式：短信_____ 微信 139××××× 传真_____ 　　　　　邮箱×××@ QQ. COM 其他_____ 否☐
答辩人（法人、非法人组织）	名称：安徽××有限责任公司 住所地（主要办事机构所在地）：安徽省××县××镇 注册地/登记地：安徽省××县××镇 法定代表人/主要负责人：李×× 职务：董事长 联系电话：×××××××××× 统一社会信用代码：911×××××××××× 类型：有限责任公司☑ 股份有限公司☐ 上市公司☐ 其他企业法人☐ 　　　事业单位☐ 社会团体☐ 基金会☐ 社会服务机构☐ 　　　机关法人☐ 农村集体经济组织法人☐ 城镇农村的合作经济组织法人☐ 基层群众性自治组织法人☐ 　　　个人独资企业☐ 合伙企业☐ 不具有法人资格的专业服务机构☐ 　　　国有☐（控股☐参股☐） 民营☑
委托诉讼代理人	有☑ 　　　姓名：徐×× 　　　单位：安徽××律师事务所 职务：律师 　　　联系电话：×××××××××× 　　　代理权限：一般授权☐ 特别授权☑ 无☐
送达地址（所填信息除书面特别声明更改外，适用于案件一审、二审、再审所有后续程序）及收件人、联系电话	地址：安徽省××合肥市××路 2 号安徽××律师事务所 收件人：徐×× 联系电话：××××××××××
是否接受电子送达	是☑ 方式：短信_____ 微信 139××××× 传真_____ 　　　　　邮箱×××@ QQ. COM 其他_____ 否☐

268

答辩人（自然人）	姓名： 性别：男□　女□ 出生日期：　　年　　月　　日 民族： 工作单位：　　　　职务：　　　　联系电话： 住所地（户籍所在地）： 经常居住地：
委托诉讼代理人	有□ 　　姓名： 　　单位：　　　　职务：　　　　联系电话： 　　代理权限：一般授权□　特别授权□ 无□
送达地址（所填信息除书面特别声明更改外，适用于案件一审、二审、再审所有后续程序）及收件人、联系电话	地址： 收件人： 电话：
是否接受电子送达	是□　方式：短信_____　微信_____　传真_____　邮箱_____ 　　　　其他_____ 否□

答辩事项和依据

（对原告诉讼请求的确认或者异议）

1. 对赔偿因虚假陈述导致的损失有无异议	无□ 有☑　事实和理由：上海××股份有限公司实施的虚假陈述不具有重大性，原告在实施日后购入上海××股份有限公司股票的交易行为是受到虚假陈述实施后发生的重大资产重组等其他重大事件的影响，而非受到证券虚假陈述的影响，本案交易因果关系不成立，上海××股份有限公司不应承担任何赔偿责任
2. 对主张连带责任有无异议	无□ 有☑　事实和理由：安徽××有限责任公司并非被告上海××股份有限公司2015年至2017年年度报告的信息披露义务人，也未参与上市公司对外信息披露行为，对上市公司未按规定披露信息不存在过错，无须对虚假陈述给投资者造成的损失承担连带责任

3. 对实现债权的费用有无异议	无□ 有☑　事实和理由：原告请求被告支付律师费没有事实和法律依据
4. 对其他请求有无异议	无□ 有☑　事实和理由：由原告承担诉讼费
5. 对标的总额有无异议	无□ 有☑　事实和理由：原告的损失系其参与股市交易行为的正常风险，所产生的价格落差损失，应由其自行承担
6. 答辩依据	合同约定： 法律规定：《中华人民共和国证券法》（2014）第六十九条、《最高人民法院关于审理证券市场虚假陈述侵权民事赔偿案件的若干规定》第十条

事实和理由
（对起诉状事实与理由的确认或者异议）

1. 对存在虚假陈述行为的情况有无异议	无☑ 有□　事实和理由：
2. 对有无监管部门的认定、处罚有无异议	无☑ 有□　事实和理由：
3. 对原告交易情况有无异议	无☑ 有□　事实和理由：
4. 对虚假陈述的重大性有无异议	无□ 有☑　上海××股份有限公司实施的虚假陈述不具有重大性
5. 对虚假陈述与原告交易行为之间的因果关系有无异议	无□ 有☑　事实和理由：原告在实施日后购入上海××股份有限公司股票的交易行为，是受到了虚假陈述实施后发生的重大资产重组等其他重大事件的影响，而并非受到证券虚假陈述的影响，本案中交易因果关系不成立
6. 对虚假陈述与原告损失之间的因果关系有无异议	无□ 有☑　事实和理由：原告的损失系其参与股市交易行为的正常风险，所产生的价格落差损失，应由其自行承担
7. 对原告损失情况有无异议	无□ 有☑　事实和理由：被告不应向原告承担损失赔偿责任

8. 对原告请求发行人的控股股东、实际控制人、董监高、相关责任人员承担连带责任的情况有无异议	无□ 有☑　事实和理由：安徽××有限责任公司未参与虚假陈述行为，不应承担连带责任
9. 对原告请求保荐机构、承销机构、律师事务所、会计师事务所等其他机构及其相关责任人员承担连带责任的情况有无异议	无□ 有□　事实和理由：
8. 有无其他免责/减责事由	无□ 有□　事实和理由：
9. 其他需要说明的内容（可另附页）	
10. 证据清单（可另附页）	

答辩人（签字、盖章）：

上海××股份有限公司　李××

安徽××有限责任公司　李××

日期：××年××月××日

（二）法律依据

1. 《中华人民共和国证券法》（2019 年 12 月 28 日）

第五十三条 证券交易内幕信息的知情人和非法获取内幕信息的人，在内幕信息公开前，不得买卖该公司的证券，或者泄露该信息，或者建议他人买卖该证券。

持有或者通过协议、其他安排与他人共同持有公司百分之五以上股份的自然人、法人、非法人组织收购上市公司的股份，本法另有规定的，适用其规定。

内幕交易行为给投资者造成损失的，应当依法承担赔偿责任。

第六十九条 收购要约提出的各项收购条件，适用于被收购公司的所有股东。

上市公司发行不同种类股份的，收购人可以针对不同种类股份提出不同的收购条件。

第八十条 发生可能对上市公司、股票在国务院批准的其他全国性证券交易场所交易的公司的股票交易价格产生较大影响的重大事件，投资者尚未得知时，公司应当立即将有关该重大事件的情况向国务院证券监督管理机构和证券交易场所报送临时报告，并予公告，说明事件的起因、目前的状态和可能产生的法律后果。

前款所称重大事件包括：

（一）公司的经营方针和经营范围的重大变化；

（二）公司的重大投资行为，公司在一年内购买、出售重大资产超过公司资产总额百分之三十，或者公司营业用主要资产的抵押、质押、出售或者报废一次超过该资产的百分之三十；

（三）公司订立重要合同、提供重大担保或者从事关联交易，可能对公司的资产、负债、权益和经营成果产生重要影响；

（四）公司发生重大债务和未能清偿到期重大债务的违约情况；

（五）公司发生重大亏损或者重大损失；

（六）公司生产经营的外部条件发生的重大变化；

（七）公司的董事、三分之一以上监事或者经理发生变动，董事长或者经理无法履行职责；

（八）持有公司百分之五以上股份的股东或者实际控制人持有股份或者控制公司的情况发生较大变化，公司的实际控制人及其控制的其他企业从事与公司相同或者相似业务的情况发生较大变化；

（九）公司分配股利、增资的计划，公司股权结构的重要变化，公司减资、合并、分立、解散及申请破产的决定，或者依法进入破产程序、被责令关闭；

（十）涉及公司的重大诉讼、仲裁，股东大会、董事会决议被依法撤销或者宣告无效；

（十一）公司涉嫌犯罪被依法立案调查，公司的控股股东、实际控制人、董事、监事、高级管理人员涉嫌犯罪被依法采取强制措施；

（十二）国务院证券监督管理机构规定的其他事项。

公司的控股股东或者实际控制人对重大事件的发生、进展产生较大影响的，应当及时将其知悉的有关情况书面告知公司，并配合公司履行信息披露义务。

第八十一条 发生可能对上市交易公司债券的交易价格产生较大影响的重大事件，投资者尚未得知时，公司应当立即将有关该重大事件的情况向国务院证券监督管理机构和证券交易场所报送临时报告，并予公告，说明事件的起因、目前的状态和可能产生的法律后果。

前款所称重大事件包括：

（一）公司股权结构或者生产经营状况发生重大变化；

（二）公司债券信用评级发生变化；

（三）公司重大资产抵押、质押、出售、转让、报废；

（四）公司发生未能清偿到期债务的情况；

（五）公司新增借款或者对外提供担保超过上年末净资产的百分之二十；

（六）公司放弃债权或者财产超过上年末净资产的百分之十；

（七）公司发生超过上年末净资产百分之十的重大损失；

（八）公司分配股利，作出减资、合并、分立、解散及申请破产的决定，或者依法进入破产程序、被责令关闭；

（九）涉及公司的重大诉讼、仲裁；

（十）公司涉嫌犯罪被依法立案调查，公司的控股股东、实际控制人、董事、监事、高级管理人员涉嫌犯罪被依法采取强制措施；

（十一）国务院证券监督管理机构规定的其他事项。

第八十二条 发行人的董事、高级管理人员应当对证券发行文件和定期报告签署书面确认意见。

发行人的监事会应当对董事会编制的证券发行文件和定期报告进行审核并提出书面审核意见。监事应当签署书面确认意见。

发行人的董事、监事和高级管理人员应当保证发行人及时、公平地披露信息，所披露的信息真实、准确、完整。

董事、监事和高级管理人员无法保证证券发行文件和定期报告内容的真实性、准确性、完整性或者有异议的，应当在书面确认意见中发表意见并陈述理由，发行人应当披露。发行人不予披露的，董事、监事和高级管理人员可以直接申请披露。

第八十五条 信息披露义务人未按照规定披露信息，或者公告的证券发行文件、定期报告、临时报告及其他信息披露资料存在虚假记载、误导性陈述或者重大遗漏，致使投资者在证券交易中遭受损失的，信息披露义务人应当承担赔偿责任；发行人的控股股东、实际控制人、董事、监事、高级管理人员和其他直接责任人员以及保荐人、承销的证券公司及其直接责任人员，应当与发行人承担连带赔偿责任，但是能够证明自己没有过错的除外。

第九十五条 投资者提起虚假陈述等证券民事赔偿诉讼时，诉讼标的是同一种类，且当事人一方人数众多的，可以依法推选代表人进行诉讼。

对按照前款规定提起的诉讼，可能存在有相同诉讼请求的其他众多投资者的，人民法院可以发出公告，说明该诉讼请求的案件情况，通知投资者在一定期间向人民法院登记。人民法院作出的判决、裁定，对参加登记的投资者发生效力。

投资者保护机构受五十名以上投资者委托，可以作为代表人参加诉讼，并为经证券登记结算机构确认的权利人依照前款规定向人民法院登记，但投资者明确表示不愿意参加该诉讼的除外。

第一百六十三条 证券服务机构为证券的发行、上市、交易等证券业务活动制作、出具审计报告及其他鉴证报告、资产评估报告、财务顾问报告、资信评级报告或者法律意见书等文件，应当勤勉尽责，对所依据的文件资料内容的真实性、准确性、完整性进行核查和验证。其制作、出具的文件有虚假记载、误导性陈述或者重大遗漏，给他人造成损失的，应当与委托人承担连带赔偿责任，但是能够证明自己没有过错的除外。

第一百九十三条 违反本法第五十六条第一款、第三款的规定，编造、传播虚假信息或者误导性信息，扰乱证券市场的，没收违法所得，并处以违法所得一倍以上十倍以下的罚款；没有违法所得或者违法所得不足二十万元的，处以二十万元以上二百万元以下的罚款。

违反本法第五十六条第二款的规定，在证券交易活动中作出虚假陈述或者信息误导的，责令改正，处以二十万元以上二百万元以下的罚款；属于国家工作人员的，还应当依法给予处分。

传播媒介及其从事证券市场信息报道的工作人员违反本法第五十六条第三款的规定，从事与其工作职责发生利益冲突的证券买卖的，没收违法所得，并处以买卖证券等值以下的罚款。

2.《最高人民法院关于审理证券市场虚假陈述侵权民事赔偿案件的若干规定》（2022 年 1 月 21 日）

为正确审理证券市场虚假陈述侵权民事赔偿案件，规范证券发行和交易行为，保护投资者合法权益，维护公开、公平、公正的证券市场秩序，根据《中华人民共和国民法典》《中华人民共和国证券法》《中华人民共和国公司法》《中华人民共和国民事诉讼法》等法律规定，结合审判实践，制定本规定。

一、一般规定

第一条 信息披露义务人在证券交易场所发行、交易证券过程中实施虚假陈述引发的侵权民事赔偿案件，适用本规定。

按照国务院规定设立的区域性股权市场中发生的虚假陈述侵权民事赔偿案件，可以参照适用本规定。

第二条 原告提起证券虚假陈述侵权民事赔偿诉讼，符合民事诉讼法第一百二十二条规定，并提交以下证据或者证明材料的，人民法院应当受理：

（一）证明原告身份的相关文件；

（二）信息披露义务人实施虚假陈述的相关证据；

（三）原告因虚假陈述进行交易的凭证及投资损失等相关证据。

人民法院不得仅以虚假陈述未经监管部门行政处罚或者人民法院生效刑事判决的认定为由裁定不予受理。

第三条 证券虚假陈述侵权民事赔偿案件，由发行人住所地的省、自治区、直辖市人民政府所在的市、计划单列市和经济特区中级人民法院或者专门人民法院管辖。《最高人民法院关于证券纠纷代表人诉讼若干问题的规定》等对管辖另有规定的，从其规定。

省、自治区、直辖市高级人民法院可以根据本辖区的实际情况，确定管辖第一审证券虚假陈述侵权民事赔偿案件的其他中级人民法院，报最高人民法院备案。

二、虚假陈述的认定

第四条 信息披露义务人违反法律、行政法规、监管部门制定的规章和规范性文件关于信息披露的规定，在披露的信息中存在虚假记载、误导性陈述或者重大遗漏的，人民法院应当认定为虚假陈述。

虚假记载，是指信息披露义务人披露的信息中对相关财务数据进行重大不实记载，或者对其他重要信息作出与真实情况不符的描述。

误导性陈述，是指信息披露义务人披露的信息隐瞒了与之相关的部分重要事实，或者未及时披露相关更正、确认信息，致使已经披露的信息因不完整、不准确而具有误导性。

重大遗漏，是指信息披露义务人违反关于信息披露的规定，对重大事件或者重要事项等应当披露的信息未予披露。

第五条 证券法第八十五条规定的"未按照规定披露信息"，是指信息披露义务人未按照规定的期限、方式等要求及时、公平披露信息。

信息披露义务人"未按照规定披露信息"构成虚假陈述的，依照本规定承担民事责任；构成内幕交易的，依照证券法第五十三条的规定承担民事责任；构成公司法第一百五十二条规定的损害股东利益行为的，依照该法承担民事责任。

第六条 原告以信息披露文件中的盈利预测、发展规划等预测性信息与实际经营情况存在重大差异为由主张发行人实施虚假陈述的，人民法院不予支持，但有下列情形之一的除外：

（一）信息披露文件未对影响该预测实现的重要因素进行充分风险提示的；

（二）预测性信息所依据的基本假设、选用的会计政策等编制基础明显不合理的；

（三）预测性信息所依据的前提发生重大变化时，未及时履行更正义务的。

前款所称的重大差异，可以参照监管部门和证券交易场所的有关规定认定。

第七条 虚假陈述实施日，是指信息披露义务人作出虚假陈述或者发生虚假陈述之日。

信息披露义务人在证券交易场所的网站或者符合监管部门规定条件的媒体上公告发布具有虚假陈述内容的信息披露文件，以披露日为实施日；通过召开业绩说明会、接受新闻媒体采访等方式实施虚假陈述的，以该虚假陈述的内容在具有全国性影响的媒体上首次公布之日为实施日。信息披露文件或者相关报导内容在交易日收市后发布的，以其后的第一个交易日为实施日。

因未及时披露相关更正、确认信息构成误导性陈述，或者未及时披露重大事件或者重要事项等构成重大遗漏的，以应当披露相关信息期限届满后的第一个交易日为实施日。

第八条 虚假陈述揭露日，是指虚假陈述在具有全国性影响的报刊、电台、电视台或监管部门网站、交易场所网站、主要门户网站、行业知名的自媒体等媒体上，首次被公开揭露并为证券市场知悉之日。

人民法院应当根据公开交易市场对相关信息的反应等证据，判断投资者是否知悉了虚假陈述。

除当事人有相反证据足以反驳外，下列日期应当认定为揭露日：

（一）监管部门以涉嫌信息披露违法为由对信息披露义务人立案调查的信息公开之日；

（二）证券交易场所等自律管理组织因虚假陈述对信息披露义务人等责任主体采取自律管理措施的信息公布之日。

信息披露义务人实施的虚假陈述呈连续状态的，以首次被公开揭露并为证券市场知悉之日为揭露日。信息披露义务人实施多个相互独立的虚假陈述的，人民法院应当分别认定其揭露日。

第九条 虚假陈述更正日，是指信息披露义务人在证券交易场所网站或者符合监管部门规定条件的媒体上，自行更正虚假陈述之日。

三、重大性及交易因果关系

第十条 有下列情形之一的，人民法院应当认定虚假陈述的内容具有重大性：

（一）虚假陈述的内容属于证券法第八十条第二款、第八十一条第二款规定的重大事件；

（二）虚假陈述的内容属于监管部门制定的规章和规范性文件中要求披露的重大事件或者重要事项；

（三）虚假陈述的实施、揭露或者更正导致相关证券的交易价格或者交易量产生明显的变化。

前款第一项、第二项所列情形，被告提交证据足以证明虚假陈述并未导致相关证券交易价格或者交易量明显变化的，人民法院应当认定虚假陈述的内容不具有重大性。

被告能够证明虚假陈述不具有重大性，并以此抗辩不应当承担民事责任的，人民法院应当予以支持。

第十一条 原告能够证明下列情形的，人民法院应当认定原告的投资决定与虚假陈述之间的交易因果关系成立：

（一）信息披露义务人实施了虚假陈述；

（二）原告交易的是与虚假陈述直接关联的证券；

（三）原告在虚假陈述实施日之后、揭露日或更正日之前实施了相应的交易行为，即在诱多型虚假陈述中买入了相关证券，或者在诱空型虚假陈述中卖出了相关证券。

第十二条 被告能够证明下列情形之一的，人民法院应当认定交易因果关系不成立：

（一）原告的交易行为发生在虚假陈述实施前，或者是在揭露或更正之后；

（二）原告在交易时知道或者应当知道存在虚假陈述，或者虚假陈述已经被证券市场广泛知悉；

（三）原告的交易行为是受到虚假陈述实施后发生的上市公司的收购、重大资产重组等其他重大事件的影响；

（四）原告的交易行为构成内幕交易、操纵证券市场等证券违法行为的；

（五）原告的交易行为与虚假陈述不具有交易因果关系的其他情形。

四、过错认定

第十三条 证券法第八十五条、第一百六十三条所称的过错，包括以下两种情形：

（一）行为人故意制作、出具存在虚假陈述的信息披露文件，或者明知信息披露文件存在虚假陈述而不予指明、予以发布；

（二）行为人严重违反注意义务，对信息披露文件中虚假陈述的形成或者发布存在过失。

第十四条 发行人的董事、监事、高级管理人员和其他直接责任人员主张对虚假陈述没有过错的，人民法院应当根据其工作岗位和职责、在信息披露资料的形成和发布等活动中所起的作用、取得和了解相关信息的渠道、为核验相关信息所采取的措施等实际情况进行审查认定。

前款所列人员不能提供勤勉尽责的相应证据，仅以其不从事日常经营管理、无相关职业背景和专业知识、相信发行人或者管理层提供的资料、相信证券服务机构出具的专业意见等理由主张其没有过错的，人民法院不予支持。

第十五条 发行人的董事、监事、高级管理人员依照证券法第八十二条第四款的规定，以书面方式发表附具体理由的意见并依法披露的，人民法院可以认定其主观上没有过错，但在审议、审核信息披露文件时投赞成票的除外。

第十六条　独立董事能够证明下列情形之一的，人民法院应当认定其没有过错：

（一）在签署相关信息披露文件之前，对不属于自身专业领域的相关具体问题，借助会计、法律等专门职业的帮助仍然未能发现问题的；

（二）在揭露日或更正日之前，发现虚假陈述后及时向发行人提出异议并监督整改或者向证券交易场所、监管部门书面报告的；

（三）在独立意见中对虚假陈述事项发表保留意见、反对意见或者无法表示意见并说明具体理由的，但在审议、审核相关文件时投赞成票的除外；

（四）因发行人拒绝、阻碍其履行职责，导致无法对相关信息披露文件是否存在虚假陈述作出判断，并及时向证券交易场所、监管部门书面报告的；

（五）能够证明勤勉尽责的其他情形。

独立董事提交证据证明其在履职期间能够按照法律、监管部门制定的规章和规范性文件以及公司章程的要求履行职责的，或者在虚假陈述被揭露后及时督促发行人整改且效果较为明显的，人民法院可以结合案件事实综合判断其过错情况。

外部监事和职工监事，参照适用前两款规定。

第十七条　保荐机构、承销机构等机构及其直接责任人员提交的尽职调查工作底稿、尽职调查报告、内部审核意见等证据能够证明下列情形的，人民法院应当认定其没有过错：

（一）已经按照法律、行政法规、监管部门制定的规章和规范性文件、相关行业执业规范的要求，对信息披露文件中的相关内容进行了审慎尽职调查；

（二）对信息披露文件中没有证券服务机构专业意见支持的重要内容，经过审慎尽职调查和独立判断，有合理理由相信该部分内容与真实情况相符；

（三）对信息披露文件中证券服务机构出具专业意见的重要内容，经过审慎核查和必要的调查、复核，有合理理由排除了职业怀疑并形成合理信赖。

在全国中小企业股份转让系统从事挂牌和定向发行推荐业务的证券公司，适用前款规定。

第十八条　会计师事务所、律师事务所、资信评级机构、资产评估机构、财务顾问等证券服务机构制作、出具的文件存在虚假陈述的，人民法院应当按照法律、行政法规、监管部门制定的规章和规范性文件，参考行业执业规范规定的工作范围和程序要求等内容，结合其核查、验证工作底稿等相关证据，认定其是否存在过错。

证券服务机构的责任限于其工作范围和专业领域。证券服务机构依赖保荐机构或者其他证券服务机构的基础工作或者专业意见致使其出具的专业意见存在虚假陈述，能够证明其对所依赖的基础工作或者专业意见经过审慎核查和必要的调查、复核，排除了职业怀疑并形成合理信赖的，人民法院应当认定其没有过错。

第十九条 会计师事务所能够证明下列情形之一的，人民法院应当认定其没有过错：

（一）按照执业准则、规则确定的工作程序和核查手段并保持必要的职业谨慎，仍未发现被审计的会计资料存在错误的；

（二）审计业务必须依赖的金融机构、发行人的供应商、客户等相关单位提供不实证明文件，会计师事务所保持了必要的职业谨慎仍未发现的；

（三）已对发行人的舞弊迹象提出警告并在审计业务报告中发表了审慎审计意见的；

（四）能够证明没有过错的其他情形。

五、责任主体

第二十条 发行人的控股股东、实际控制人组织、指使发行人实施虚假陈述，致使原告在证券交易中遭受损失的，原告起诉请求直接判令该控股股东、实际控制人依照本规定赔偿损失的，人民法院应当予以支持。

控股股东、实际控制人组织、指使发行人实施虚假陈述，发行人在承担赔偿责任后要求该控股股东、实际控制人赔偿实际支付的赔偿款、合理的律师费、诉讼费用等损失的，人民法院应当予以支持。

第二十一条 公司重大资产重组的交易对方所提供的信息不符合真实、准确、完整的要求，导致公司披露的相关信息存在虚假陈述，原告起诉请求判令该交易对方与发行人等责任主体赔偿由此导致的损失的，人民法院应当予以支持。

第二十二条 有证据证明发行人的供应商、客户，以及为发行人提供服务的金融机构等明知发行人实施财务造假活动，仍然为其提供相关交易合同、发票、存款证明等予以配合，或者故意隐瞒重要事实致使发行人的信息披露文件存在虚假陈述，原告起诉请求判令其与发行人等责任主体赔偿由此导致的损失的，人民法院应当予以支持。

第二十三条 承担连带责任的当事人之间的责任分担与追偿，按照民法典第一百七十八条的规定处理，但本规定第二十条第二款规定的情形除外。

保荐机构、承销机构等责任主体以存在约定为由，请求发行人或者其控股股东、实际控制人补偿其因虚假陈述所承担的赔偿责任的，人民法院不予支持。

六、损失认定

第二十四条 发行人在证券发行市场虚假陈述，导致原告损失的，原告有权请求按照本规定第二十五条的规定赔偿损失。

第二十五条 信息披露义务人在证券交易市场承担民事赔偿责任的范围，以原告因虚假陈述而实际发生的损失为限。原告实际损失包括投资差额损失、投资差额损失部分的佣金和印花税。

第二十六条 投资差额损失计算的基准日，是指在虚假陈述揭露或更正后，为将原告应获赔偿限定在虚假陈述所造成的损失范围内，确定损失计算的合理期间而规定的截止日期。

在采用集中竞价的交易市场中，自揭露日或更正日起，被虚假陈述影响的证券集中交易累计成交量达到可流通部分100%之日为基准日。

自揭露日或更正日起，集中交易累计换手率在10个交易日内达到可流通部分100%的，以第10个交易日为基准日；在30个交易日内未达到可流通部分100%的，以第30个交易日为基准日。

虚假陈述揭露日或更正日起至基准日期间每个交易日收盘价的平均价格，为损失计算的基准价格。

无法依前款规定确定基准价格的，人民法院可以根据有专门知识的人的专业意见，参考对相关行业进行投资时的通常估值方法，确定基准价格。

第二十七条 在采用集中竞价的交易市场中，原告因虚假陈述买入相关股票所造成的投资差额损失，按照下列方法计算：

（一）原告在实施日之后、揭露日或更正日之前买入，在揭露日或更正日之后、基准日之前卖出的股票，按买入股票的平均价格与卖出股票的平均价格之间的差额，乘以已卖出的股票数量；

（二）原告在实施日之后、揭露日或更正日之前买入，基准日之前未卖出的股票，按买入股票的平均价格与基准价格之间的差额，乘以未卖出的股票数量。

第二十八条 在采用集中竞价的交易市场中，原告因虚假陈述卖出相关股票所造成的投资差额损失，按照下列方法计算：

（一）原告在实施日之后、揭露日或更正日之前卖出，在揭露日或更正日之后、基准日之前买回的股票，按买回股票的平均价格与卖出股票的平均价格之间的差额，乘以买回的股票数量；

（二）原告在实施日之后、揭露日或更正日之前卖出，基准日之前未买回的股票，按基准价格与卖出股票的平均价格之间的差额，乘以未买回的股票数量。

第二十九条　计算投资差额损失时，已经除权的证券，证券价格和证券数量应当复权计算。

第三十条　证券公司、基金管理公司、保险公司、信托公司、商业银行等市场参与主体依法设立的证券投资产品，在确定因虚假陈述导致的损失时，每个产品应当单独计算。

投资者及依法设立的证券投资产品开立多个证券账户进行投资的，应当将各证券账户合并，所有交易按照成交时间排序，以确定其实际交易及损失情况。

第三十一条　人民法院应当查明虚假陈述与原告损失之间的因果关系，以及导致原告损失的其他原因等案件基本事实，确定赔偿责任范围。

被告能够举证证明原告的损失部分或者全部是由他人操纵市场、证券市场的风险、证券市场对特定事件的过度反应、上市公司内外部经营环境等其他因素所导致的，对其关于相应减轻或者免除责任的抗辩，人民法院应当予以支持。

七、诉讼时效

第三十二条　当事人主张以揭露日或更正日起算诉讼时效的，人民法院应当予以支持。揭露日与更正日不一致的，以在先的为准。

对于虚假陈述责任人中的一人发生诉讼时效中断效力的事由，应当认定对其他连带责任人也发生诉讼时效中断的效力。

第三十三条　在诉讼时效期间内，部分投资者向人民法院提起人数不确定的普通代表人诉讼的，人民法院应当认定该起诉行为对所有具有同类诉讼请求的权利人发生时效中断的效果。

在普通代表人诉讼中，未向人民法院登记权利的投资者，其诉讼时效自权利登记期间届满后重新开始计算。向人民法院登记权利后申请撤回权利登记的投资者，其诉讼时效自撤回权利登记之次日重新开始计算。

投资者保护机构依照证券法第九十五条第三款的规定作为代表人参加诉讼后，投资者声明退出诉讼的，其诉讼时效自声明退出之次日起重新开始计算。

八、附　则

第三十四条　本规定所称证券交易场所，是指证券交易所、国务院批准的其他全国性证券交易场所。

本规定所称监管部门，是指国务院证券监督管理机构、国务院授权的部门及有关主管部门。

本规定所称发行人，包括证券的发行人、上市公司或者挂牌公司。

本规定所称实施日之后、揭露日或更正日之后、基准日之前，包括该日；所称揭露日或更正日之前，不包括该日。

第三十五条 本规定自 2022 年 1 月 22 日起施行。《最高人民法院关于受理证券市场因虚假陈述引发的民事侵权纠纷案件有关问题的通知》《最高人民法院关于审理证券市场因虚假陈述引发的民事赔偿案件的若干规定》同时废止。《最高人民法院关于审理涉及会计师事务所在审计业务活动中民事侵权赔偿案件的若干规定》与本规定不一致的，以本规定为准。

本规定施行后尚未终审的案件，适用本规定。本规定施行前已经终审，当事人申请再审或者按照审判监督程序决定再审的案件，不适用本规定。

3.《最高人民法院关于证券市场虚假陈述侵权民事赔偿案件诉讼时效衔接适用相关问题的通知》（2022 年 1 月 29 日）

各省、自治区、直辖市高级人民法院，解放军军事法院，新疆维吾尔自治区高级人民法院生产建设兵团分院：

《最高人民法院关于审理证券市场因虚假陈述引发的民事赔偿案件的若干规定》（法释〔2003〕2 号，以下简称原司法解释）在规定前置程序的同时，将行政处罚决定或生效刑事判决作出之日作为诉讼时效的起算点。但是，根据《中华人民共和国民法典》第一百八十八条规定，诉讼时效期间自权利人知道或者应当知道权利受到损害以及义务人之日起计算。具体到证券市场上，投资者知道或者应当知道虚假陈述之日，是其知道或者应当知道权利受到损害以及义务人之日。在废除前置程序的情况下，以行政处罚决定或生效刑事判决作出之日起算诉讼时效不符合民法典等法律的规定。据此，《最高人民法院关于审理证券市场虚假陈述侵权民事赔偿案件的若干规定》（法释〔2022〕2 号，以下简称《规定》）第三十二条规定，当事人主张以揭露日或更正日起算诉讼时效的，人民法院应当予以支持。由于新旧司法解释在诉讼时效方面的规定发生了明显变化，为避免出现投资者因未及时主张权利而无法得到救济的情况发生，充分保护投资者的诉讼权利和合法民事权利，现就《规定》施行后诉讼时效的衔接适用问题，通知如下：

一、在《规定》施行前国务院证券监督管理机构、国务院授权的部门及有关主管部门已经做出行政处罚决定的证券市场虚假陈述侵权民事赔偿案件，诉讼时效仍按照原司法解释第五条的规定计算。

二、在《规定》施行前国务院证券监督管理机构、国务院授权的部门及有关主管部门已经对虚假陈述进行立案调查，但尚未作出处罚决定的证券市场虚假陈述侵权民事赔偿案件，自立案调查日至《规定》施行之日已经超过三年，或者按照揭露日或更正日起算至《规定》施行之日诉讼时效期间已经届满或不足六个月的，从《规定》施行之日起诉讼时效继续计算六个月。

特此通知。

4.《最高人民法院、中国证券监督管理委员会关于适用〈最高人民法院关于审理证券市场虚假陈述侵权民事赔偿案件的若干规定〉有关问题的通知》（2022年1月21日）

各省、自治区、直辖市高级人民法院，新疆维吾尔自治区高级人民法院生产建设兵团分院；中国证券监督管理委员会各派出机构、各交易所、各下属单位、各协会：

《最高人民法院关于审理证券市场虚假陈述侵权民事赔偿案件的若干规定》（以下简称《若干规定》）已于2021年12月30日由最高人民法院审判委员会第1860次会议通过。为更好地发挥人民法院和监管部门的协同作用，依法保护投资者合法权益，维护公开、公平、公正的资本市场秩序，促进资本市场健康发展，现就《若干规定》实施中的有关问题通知如下：

一、人民法院受理证券市场虚假陈述侵权民事赔偿案件后，应当在十个工作日内将案件基本情况向发行人、上市或者挂牌公司所在辖区的中国证券监督管理委员会（以下简称中国证监会）派出机构通报，相关派出机构接到通报后应当及时向中国证监会报告。

二、当事人对自己的主张，应当提供证据加以证明。为了查明事实，人民法院可以依法向中国证监会有关部门或者派出机构调查收集有关证据。

人民法院和中国证监会有关部门或者派出机构在调查收集证据时要加强协调配合，以有利于监管部门履行监管职责与人民沄院查明民事案件事实为原则。在充分沟通的基础上，人民法院依照《中华人民共和国民事诉讼法》及相关司法解释等规定调查收集证据，中国证监会有关部门或者派出机构依法依规予以协助配合。

人民法院调查收集的证据，应当按照法定程序当庭出示并由各方当事人质证。但是涉及国家秘密、工作秘密、商业秘密和个人隐私或者法律规定其他应当保密的证据，不得公开质证。

三、人民法院经审查，认为中国证监会有关部门或者派出机构对涉诉虚假陈述的立案调查不影响民事案件审理的，应当继续审理。

四、案件审理过程中，人民法院可以就诉争虚假陈述行为违反信息披露义务规定情况、对证券交易价格的影响、损失计算等专业问题征求中国证监会或者相关派出机构、证券交易场所、证券业自律管理组织、投资者保护机构等单位的意

284

见。征求意见的时间，不计入案件审理期限。

五、取消前置程序后，人民法院要根据辖区内的实际情况，在法律规定的范围内积极开展专家咨询和专业人士担任人民陪审员的探索，中国证监会派出机构和有关部门要做好相关专家、专业人士担任人民陪审员的推荐等配合工作，完善证券案件审理体制机制，不断提升案件审理的专业化水平。

六、在协调沟通过程中，相关人员要严格遵守保密纪律和工作纪律，不得泄露国家秘密、工作秘密、商业秘密和个人隐私，不得对民事诉讼案件的审理和行政案件的调查施加不正当影响。

七、地方各级人民法院、中国证监会各派出机构和相关单位要积极组织学习培训，拓宽培训形式，尽快准确掌握《若干规定》的内容与精神，切实提高案件审理和监管执法水平。对于适用中存在的问题，请按隶属关系及时层报最高人民法院和中国证监会。

图书在版编目（CIP）数据

民事起诉状、答辩状示范文本 ：制作规范与法律依据 ／ 法律应用研究中心编. -- 北京 ： 中国法制出版社，2024. 8. -- ISBN 978-7-5216-4662-7

Ⅰ．D926.13

中国国家版本馆 CIP 数据核字第 2024F3Z179 号

责任编辑：韩璐玮　　　　　　　　　　　　　　　　　封面设计：李　宁

民事起诉状、答辩状示范文本：制作规范与法律依据
MINSHI QISUZHUANG、DABIANZHUANG SHIFAN WENBEN：ZHIZUO GUIFAN YU FALÜ YIJU

编者/法律应用研究中心
经销/新华书店
印刷/三河市紫恒印装有限公司
开本/730 毫米×1030 毫米　16 开　　　　　　　印张/ 18. 25　字数/ 223 千
版次/2024 年 8 月第 1 版　　　　　　　　　　　　2024 年 8 月第 1 次印刷

中国法制出版社出版
书号 ISBN 978-7-5216-4662-7　　　　　　　　　　定价：58. 00 元

北京市西城区西便门西里甲 16 号西便门办公区
邮政编码 100053　　　　　　　　　　　　　　传真：010-63141600
网址：http：//www. zgfzs. com　　　　　　编辑部电话：010-63141790
市场营销部电话：010-63141612　　　　　　印务部电话：010-63141606

（如有印装质量问题，请与本社印务部联系。）